品牌寻迹

BRAND

世界著名品牌的成长之路

主　编◎许　晖　　陈家刚
副主编◎薛子超

中国经济出版社
CHINA ECONOMIC PUBLISHING HOUSE
·北京·

图书在版编目（CIP）数据

品牌寻迹／许晖，陈家刚主编．-- 北京：中国经济出版社，2020.6（2020. 8重印）
ISBN 978-7-5136-6108-9

Ⅰ．①品… Ⅱ．①许… ②陈… Ⅲ．①品牌战略—研究 Ⅳ．① F273.2

中国版本图书馆 CIP 数据核字（2020）第 047239 号

责任编辑 张梦初 杨元丽
责任印制 巢新强
封面设计 任燕飞设计

出版发行 中国经济出版社
印 刷 者 北京建宏印刷有限公司
经 销 者 各地新华书店
开　　本 710mm × 1000mm　1/16
印　　张 15.25
字　　数 203 千字
版　　次 2020 年 6 月第 1 版
印　　次 2020 年 8 月第 2 次
定　　价 68.00 元
广告经营许可证 京西工商广字第 8179 号

中国经济出版社 网址 www.economyph.com **社址** 北京市东城区安定门外大街 58 号 **邮编** 100011

本版图书如存在印装质量问题，请与本社销售中心联系调换（联系电话：010-57512564）

INTRODUCTION 引　言

生产力的进步为消费者带来了极大的商品选择空间，伴随着市场经济的日趋成熟，市场竞争也已经从质量、服务、创意乃至管理模式等方面延伸到品牌层面。无论产品、企业还是区域层面，围绕着品牌开展的市场争夺已经全面展开。一场以全球市场为舞台、品牌为主角的宏大剧目开始缓缓展现它的精彩。

品牌，一种由产品价值优势而派生出来的产品标识，在商品经济时代，日益焕发出耀眼的光芒，进而跃升为一个企业、一个区域乃至一个国家最为闪亮的产业标志，不断为消费者所追捧、为制造者所向往、为管理者所期待。本书中，我们选取了欧亚地区（英国、法国、瑞士、北欧、印度）具有代表性的产品（产业）品牌，全面梳理了品牌诞生的环境、品牌成长的历程、品牌产生的效应以及品牌的国际影响等内容，通过讲述各自的品牌成长故事，深入探究了品牌生成的路径，分析品牌背后的文化根基，以期从中提取成功品牌背后的发展经验与失败教训，为我国企业提升品牌发展意识、积累品牌发展资源、创造品牌发展优势、参与国际品牌竞争提供参考与借鉴，助其在日趋激烈的国际品牌大战中横扫千军、攻城略地。

从地理位置上看，英国、法国、瑞士、北欧、印度这五个国家和地区，北起北极圈，南至印度洋，东达次大陆、西接大西洋，涵盖了斯堪的纳维亚半岛、西欧平原、英伦三岛、阿尔卑斯山以及南亚在内的广袤区域，以勺子型分布于欧亚两个大洲。广阔的面积囊括了多元化的地理特征，多元化的地理特征又孕育了迥异的区域文明。置身在人类两大文明古陆上的五个国家和地区，不仅深深印刻上了欧亚两地的自然地域特色，更满满吸吮和浸透着欧罗巴和亚细亚两大古老文明的精华，这五个国家和地区在包括品牌生长与发展在内的各种外化形象与表征方面，无不与欧亚大陆的自然、人文以及区域特色密切相关。英国的端庄与保守在其汽车品牌当中被展现得淋漓尽致；法国的浪漫与热烈使其在全球时尚品牌领域独领风骚；瑞士的钟表品牌无声诉说着高山民族的精致与内敛；北欧的科技品牌将简约与务实融入产品与服务的点点滴滴；后起之秀的印度把传统与厚重成功写入了民族品牌，在世界品牌之林中独树一帜。这些隐藏于品牌之后的特质，正是这些国家（区域）地理环境、地域风貌、人文精神的真实写照。从某种意义上讲，地理环境是品牌生成的物质基础，丰富的资源能够为品牌建设提供源源不断的能量与动力；地域风貌是品牌成长的生态环境，和谐有序的环境能够为品牌发展创造良好的机遇与平台；人文精神是品牌内涵的真实流露，深厚的文化底蕴能够为品牌建设注入“灵魂”，令原本冰冷的品牌标识拥有生命的温度。

从地域环境出发，细细品味当地的文化与传统，会让我们对诞生于其上的各个品牌及其生长环境有更为深刻的认识和理解。这说明品牌的诞生与成长并非偶然或灵光一现，它是深深根植于当地的自然沃土之上、成长于当地的历史文化环境之中、得益于时代潮流的推动而发展起来的一种兼具地域特色与强大品质保障的有形外化符号。鲜明的地域特色和无可替代的质量优势，为品牌增添了独特和深厚的文化内涵。

本书所摘取的英国、法国、瑞士、北欧、印度这五个国家和地区的品牌故事，从我国品牌发展的现实需要出发，本着参考、借鉴和学习的目的，期望找到适合我国特色的品牌化发展路径。这些品牌故事有四个看点。其一，选取国家（区域）的商品经济均较为发达、产业基础雄厚、品牌效能显著，在国际市场中享有较高的知名度与美誉度，如英国的汽车品牌和法国的奢侈品品牌。这一类品牌在国际竞争中占据先发优势地位，在某些特定领域当中拥有绝对发言权。其二，选取国家（区域）的品牌历史悠久、产品质量过硬、品牌影响力深远，其品牌溢价效果明显，在国际市场中拥有独一无二的品牌竞争优势，如瑞士的钟表品牌。这一类品牌在国际竞争中同样占据优势地位，凭借经验积累与技术创新，在某些细分市场的垄断地位牢不可破。其三，立足信息化、智能化时代的大背景下，关注创新引领、科技支撑、人文关怀所孕育的改变人类生活质量的新兴品牌，这一类品牌的发展速度极快，面临挑战的形势也更加严峻，对市场反应速度的要求达到了前所未有的高度，如芬兰的诺基亚品牌。这一类品牌是国际市场的新进入者与垄断品牌的挑战者，其发展思路通常具有颠覆性，对传统的恪守不甚严格，敢于打破常规，勇于挑战。其四，选取植根于市场、依赖于文化、集群化发展的民族特色品牌，如印度塔塔集团。这一类品牌通常诞生于第二次世界大战后独立的第三世界国家，或者发展中国家。在世界市场中，这一类品牌毫无疑问是新进入者，其背后或多或少带有复兴民族经济、重振民族雄风的多重色彩。因此，这一类品牌除了经济目标，还带有社会目标、文化目标等。透过欧亚这五个国家和地区品牌故事的四个看点，希望能对我国日益兴盛的品牌化发展之路有所启示与借鉴。

通读英国、法国、瑞士、北欧、印度这五个国家和地区的品牌故事，一方面，希望广大读者能够初步认知品牌的发生、发展规律，在生产生活中运用品牌视角，积极思考品牌发展对我们的影响；另一方面，希望通过本书，能够将品牌意识带给更多读者，进而积极打造我们身边的品牌文化事业。大至国家层面，小至个人层面，都是品牌发挥作用的立足点。国家品牌为民族经济振兴、民族企业发展背书；产业品牌为经济规模壮大、经济质量提升做后盾；企业品牌为参与市场竞争、督促自我提升提供借鉴；产品品牌直接创造价值，增强产品的市场竞争力；个人品牌是实现个人发展、充分融入社会的良好履历。现阶段，我国正处于从单纯注重数量向既注重数量又注重质量转变的经济转型期，发展品牌经济尤为重要。在产品质量、服务创新、管理模式等诸多领域的竞争难分高下之时，品牌竞争成为打造核心竞争力、确立差异化竞争优势最为有效的手段。加强品牌研究，学习品牌思维，发挥品牌作用，实现品牌提升，必将有助于五千年泱泱华夏屹立于世界民族之林。这是我们的写作初衷，更是实现中国梦的美好愿望。

本书受国家科技支撑计划“品牌评价技术标准研制与应用示范”项目（2015BAK46B00）、“品牌评价关键技术研究（2015BAK46B01）、南开大学中央高校基本科研业务费专项资金资助项目（63192405）的课题支持，基于作者团队多年对品牌发展及其相关领域的研究成果编撰完成。同时，本书也是南开大学商学院品牌研究团队的所有成员及博士、硕士研究生共同努力、集体智慧的结晶。本书由许晖教授与陈家刚教授主编，负责设计总体框架和写作思路并总纂全书。副主编为南开大学商学院企业管理专业薛子超博士。薛子超博士对本书作了初步统稿，许晖教授与陈家刚教授最终对全书修改定稿。本书各篇的主要编写人员为：英国篇，郭连文；法国篇，王宇含、单宇；瑞士篇，王丽娟、薛子超；北欧篇，周明月、孟昕；印度篇，赵宇煊。

本书编撰于中华人民共和国70周年华诞以及南开大学100周年校庆之际，谨以此书为双庆献礼！另外，由于作者水平有限，书中难免有疏漏和不足之处，在此，殷切期望得到各位读者、专家学者的指正和赐教。

CONTENTS **目　录**

北欧篇

印度篇

英国篇

日不落凤凰涅槃，英伦风历久弥新
——英国品牌发展档案

从第一次工业革命至今，世界形势风云变幻，快速发展的同时夹杂着动荡与挑战。工业革命大幅提高生产力水平，人类文明走向新高度。但两次世界大战以及席卷全球的资本主义经济危机，使得人类文明的演进之路布满荆棘。英国品牌就是在这样的机遇与挑战中不断求索，在英国文化的浸染下愈加厚重，形成了独具特色的品牌形象。

一、长路漫漫，起伏求索

英国长期保持世界经济领先水平，其品牌得以长足发展，数百年的品牌发展历史为后人认识品牌发展规律留下了宝贵的资源。回望英国品牌的发展历程，其大致经历了成长、挫折、重振和精进四个阶段。从第一次工业革命结束到第一次世界大战前夕的半个多世纪是英国品牌的成长阶段。英国作为世界上最早完成工业革命的国家，率先进入了“蒸汽时代”，手工生产被机器所替代，劳动生产率迅速提高，商品生产门槛的降低使得生产同种产品的竞争者数量增加，因而生产者需要在商品上添加一定的标记以区别商品的来源，品牌得以萌芽。19世纪60年代的第二次工业革命将人类带入“电气时代”，生产力水平有了更大幅度的提高，英国品牌有了初步成长。在品牌萌芽和发展的初级阶段，品牌不仅数量少，而且内涵单一，品牌的作用主要在于帮助消费者区分不同的产品、识别商品的来源。如英国于1875年注册的第一个商标只是一个简单的“红三角”（见图

1-1），由英国啤酒和饮料公司巴斯（BASS）所有。

图 1-1　英国第一个注册商标，为图案较为简单的红三角

资料来源：http://www.ad518.com。

英国生产力水平的提高和经济的发展，为商品及品牌创新提供了动力。为了进一步提高商品的辨识度，扩大市场份额，企业开始更加重视产品的名称、外观和包装等因素，逐渐促进了产品品牌的成熟和完善。如19世纪80年代中期，英国快消业巨头联合利华公司（Unilever）的前身威廉·利华（William Lever）成功生产出一种以椰子油或松仁油作为原料的新型香皂，这种香皂比传统的香皂更易起泡，将香皂命名为阳光（Sunlight），并加上了与众不同的醒目包装，使其脱颖而出（见图1-2）。值得一提的是，阳光香皂品牌正是世界知名品牌力士（Lux）的前身。1900年，为适应社会变迁，威廉·利华公司将阳光正式更名为力士。

图 1-2　联合利华阳光（Sunlight）香皂与众不同的包装

资料来源：联合利华中国官网，www.unilever.com.cn。

随着品牌意识的不断成熟，英国新品牌不断涌现，其中豪华汽车品牌劳斯莱斯（Rolls-Royce）、阿斯顿·马丁（Aston Martin），权威男士奢侈品牌登喜路（Dunhill）等陆续诞生。除社会生产力水平提高之外，英国品牌的蓬勃发展与品牌保护制度的初步形成息息相关。品牌的保护以承载识别功能的品牌标识为核心，这是各国现行商标法立法的理论基础所在。作为世界上最早实行知识产权保护的国家，英国在1624年就已经颁布了《垄断法》，其以国家立法形式保护知识产权的做法领先世界。英国对商标的保护最早可以追溯到普通法中的"欺诈之诉"。其时英国议院认为品牌代表着英国贵族的身份和地位，若确立商标权将促成商标的买卖，致使品牌落入下层之手，因而并没有通过确立商标专有权的立法，所以对其他生产者仿冒、伪造商标的行为，英国法院通常判决被告行为属于欺诈，而非侵权行为。但不可否认的是，普通法中的"欺诈之诉"在保护商标人利益上仍然作用显著。随后在工商业主的强烈呼声下，英国先后颁布施行了《1862年商品标记法》《1875年商标登记簿法》，直到1905年颁布实行了第一部成文的商标法。英国商标法的不断发展、完善为品牌的成长提供了制度保障。

从第一次世界大战开始到第二次世界大战结束的30多年间，英国乃至整个世界的经济发展都处于动荡之中。国内外宏观环境的动荡致使英国品牌发展遭遇挫折。两次规模空前的世界大战和席卷全球的资本主义经济危机，致使自由主义经济观念被政府对经济的控制所取代。市场经济因缺乏有效环境而一度受阻，品牌发展无疑也遭遇挫折。同时此时英国经济发展缓慢，在第一次世界大战爆发之前并未完全进入垄断资本主义时期，在发展势头上逐渐被美国和德国赶超。英国政府为巩固其国际地位，推行"产业合理化政策"，以行政手段促使垄断企业形成，极大地影响了品牌的有序发展。

第二次世界大战结束后，资本主义发展进入"黄金时期"，英国等主要资本主义国家经济迅速恢复并超越了战前水平，英国品牌也伴随着经济的发展而蓬勃发展。企业越发重视品牌的作用，品牌推广方式也不断革新，电视等新兴传播媒介的应用极大地提高了品牌传播的速度和范围，新奇的广告内容也被用以提高品牌知名度。1955年，联合利华推出了第一个电视广告，并在商业电视频道上首次推出以伦敦动物园一群黑猩猩进行茶话会为主题的广告，这使联合利华的产品广受追捧，成为英国最大的茶饮料品牌。然而品牌推广活动的魔幻效应并没有持续下去，因部分生产者借助大肆的广告宣传出售低质量产品，损害消费者利益，导致消费者对广告等品牌推广活动的认知快速降温，并逐渐趋于理性。

20世纪70年代后，英国经济陷入“滞胀”，极高的通胀率冲淡了企业快速发展的热情，企业发展在一定程度上受到阻碍，品牌发展也进入“精进”阶段。一方面企业实施聚焦战略，集中力量发展核心品牌，大幅削减边缘品牌；另一方面企业探索新的发展道路，文创和时尚品牌迅速成长的同时，经典品牌积极转型并为自己注入时尚的元素。以高街（Highstreet）品牌为代表的快时尚品牌迅速崛起。高街时尚将引领当下潮流的产品迅速生产出来并销售给广大消费者，相对奢侈品牌而言，高街品牌产品一般价格较低。其中顶售（Topshop）以其价格亲民、新品推出迅速、产品质量较高、种类丰富等特征，引领着高街品牌的全球风潮，将英伦风刮向全球。作为高街品牌的代表，预售代表着英国品牌在新时代的竞争力。

二、英伦风尚，卓尔不凡

风靡全球的英伦风尚是英国品牌形象的核心体现，自然、优雅、含蓄、高贵，既传承英国的传统贵族文化，又能大胆融入时尚元素，具有古典、成熟却又时尚、叛逆的矛盾内涵。英国品牌将品质与奢华演绎到了极致，顶尖的英国品牌往往以其卓越隽永的品质、经典优雅的外观等在同类型品牌中脱颖而出，成为经典的定义者和书写者。

英国品牌最独特之处在于古典与时尚的巧妙融合。古典诉说着英国作为老牌强国、曾经世界经济“领头羊”的辉煌；时尚表现出新时代下英国的创新和活力。英国在第二次工业革命中发展速度逐渐落后于美国、德国等新兴国家，未能站在电气化的浪潮之巅，同时受两次世界大战的影响，品牌发展一度停滞。同时英国文化的怀旧和保守特征也使英国品牌未能在二战后的经济恢复中形成足够的创新力。因而英国品牌表现出落后、保守的特征，虽富有历史气息但显得过于古板，对以年轻人为核心的新兴市场缺乏吸引力。20世纪末，针对这一问题，英国品牌进行了一系列变革，在巩固现有市场的基础上，不断扩大新兴市场占有率，逐渐把自身品牌推向全球，把时尚元素注入古典风格，采用积极的品牌推广方式，打造英伦风尚，使其品牌获得了较高的国际声誉。以英国服饰品牌博柏利（Burberry）为例，20世纪末为迎合新兴市场，重塑品牌形象，博柏利从早期的作品中汲取灵感，设计新款女装系列，重新打造“英伦风格”形象，既继承了博柏利的传统风格，又创造了新的服装样式，将古典沉稳的外表与新的流苏装饰相融合，模糊了正式与休闲的界限。通过时尚与古典的结合，博柏利不仅没有被时代所抛弃，反而因品牌所传达出独特的历史内涵别具一格。

三、植根文化，保障品牌

英国品牌之所以能成功实现古典与时尚，将品质与奢华演绎到极致，离不开曾经的“日不落”帝国所积累的高超工业技术水平和深厚的历史文化，包括人才培养在内的一系列制度创新，为产品研发、品牌塑造提供了持续优势和不竭动力。

作为最早开始工业化进程的国家，百年的工业化历史为英国积淀了深厚的工业文化，成为国家和社会的共同价值追求。英国有着独特的技术人才培养模式，其中之一便是产学研结合模式，以沃里克（Warwick）模式和教学公司模式最为成熟。沃里克模式是以沃里克大学为代表的研究机构实现产学研结合的举措。作为欧洲“创业型大学”代表的沃里克大学建校之初财政困难，为走出窘境，沃里克大学转变发展方式，开拓出多元利益相关的“共同治理模式”。将产学研紧密结合起来，通过学术创新和校内资源向外辐射实现产业发展。鼓励教授带头创建公司，将学术创新作为大学的存在价值，并通过在校外建立科研机构来寻找研究问题，拓宽研究视野。与此同时，为调动高等教育面向社会实际开展科研和教学，英国政府自1975年起组建了全国性的教学公司，这一机构的形成标志着英国产学研结合走向成熟。产学研结合使企业、人才多方受益，对英国品牌发展具有重要作用。

同时，数百年的工业发展所积淀的工业文化使得英国品牌发展受益良多。英国文化中对历史传统的自信和对现有规则的挑战、对人文精神的关注和对工具理性的崇尚相互交织，赋予了英国品牌独特的风格和气质，成为品牌发展的重要支撑力量。长期以来积淀的工业文化在促进科技发展，提升产品质量的同时，以追求极致的工匠精神和不断创新、敢于挑战的企业家精神为品牌成长提供精神源泉。

四、非凡贵族，涅槃重生

在全球最大的综合性知名品牌咨询公司Interbrand发布的2017年全球最佳品牌（Best Global Brands）百强排行榜中，英国品牌共有5个，在上榜的所有16个国家中位列第5，居于美国、德国、法国和日本之后。上榜品牌分别为汇丰银行（HSBC）、路虎（Land Rover）、博柏利（Burberry）、迷你（MINI）和尊尼获加（Johnnie Walker），分属金融服务、汽车、奢侈品和酒类等。这一数据在2018年基本保持平稳，2018年全球最佳品牌榜单中上榜的英国品牌仍为上述5个品牌，在奢侈品品牌强势入围的背景下表现出一定的稳定性（见表1-1）。

表 1-1　2018 年 Interbrand 全球最佳品牌百强排行榜榜单中英国品牌

品牌名称	排名	所属行业	品牌价值/亿元	增长率/%
汇丰银行	46	金融服务	112.08	+6
路虎	78	汽车	62.21	+2
迷你	90	汽车	51.14	+3
巴宝莉	94	奢侈品	49.99	−3
尊尼获加	97	酒类	47.31	+7
总计	—	—	312.83	—

数据来源：Interbrand《2018年全球最佳品牌》报告。

从Interbrand排行中可以看出，虽然英国在科技方面缺乏优势品牌，但在奢侈品、汽车和金融服务等方面都占有一席之地。以汽车品牌为例，虽然劳斯莱斯、阿斯顿·马丁等代表英国汽车行业的经典品牌所有权已经易主，英国汽车产业也不似往日一般具有难以撼动的优势地位，但其并未止步不前，而是在政策支持和赛车产业带动下充分发挥制造能力，逐渐恢复了活力和竞争力。目前英国拥有36家可批量生产各种汽车的制造商，其中包括7家轿车制造商、8家商用车制造商、11家公交车客车制造商、逾10家大型高档车兼跑车制造商。2016年英国汽车总产量达到172.27万辆，创近17年来新高，同比增长8.5%。由于近年来英国积极投资建设世界级的生产设施，不断引进尖端技术，集聚汽车产业高技术人才，使得英国成为仅次于德国的欧洲大型豪华汽车生产国。深厚的技术积累和文化底蕴为英国汽车产业打下了良好的基础，重振之路上的英国汽车工业亦极富竞争力。

案例：

百年尊贵，凤凰涅槃

——劳斯莱斯品牌成长之路

作为世界上知名度最高的豪华汽车之一，数百年来，劳斯莱斯不仅象征着荣耀和权力，也成为财富的代名词。1904年由佛雷德烈·亨利·莱斯（Frederick Henry Royce）爵士和查尔斯·施华特·劳斯（Charles Stewart Rolls）创立劳斯莱斯公司以来，劳斯莱斯始终以超高品质和先进技术立于浪潮之巅。不论是富于独创的外观设计，还是极具动感、充满活力的驾驶体验，都令人耳目一新，其早期的代表车型“银魅”（Silver Ghost）将劳斯莱斯的国际声誉推向了顶峰，并使它成功打入英国上层社会。两次世界大战给英国本土品牌发展带来严峻的挑战，动荡环境下对奢侈品的消费热情势必会降低，特别是对豪华汽车品牌而言。但挑战也伴随着机遇，劳斯莱斯公司凭借过硬的技术水平和产品质量以及超前的眼光和选择，在战争中获得巨大发展。在两次世界大战中，劳斯莱斯公司敏锐地观察到航空发动机的巨大机遇并投身其中，制造出性能优越的战斗机发动机。二战中装备劳斯莱斯公司制造的“梅林”（Merlin）式发动机的喷火式战斗机成为抗击纳粹的“空中战神”，从此劳斯莱斯公司便开始了豪华汽车和航空发动机“两条腿走路”的发展模式。

二战后劳斯莱斯推出“幻影”（Phantom）系列豪华轿车，凭借无限奢华成为英国皇室专用车辆，同时它也积极探索豪华敞篷跑车领域。“另一条腿”航空发动机领域也颇为成功，20世纪60年代，劳斯莱斯公司已经跻身世界三大航空发动机供应商之列。但在英国宏观经济开始陷入“滞胀”之际，劳斯莱斯公司出现了严重危机。1971年劳斯莱斯公司投入巨额资金开发RB211发动机，由于技术没有取得突破，劳斯莱斯公司陷入了财务危机，不得不在英国政府的直接干预下一分为二，拆分成为汽车公司和航空发动机公司，劳斯莱斯汽车公司由英国国防装备集团维克斯（Vickers）公司接管。在此后的近20年中，劳斯莱斯汽车虽做出了改善经营的努力，但在用户偏好和社会环境变迁的影响下，市场反应依旧惨淡，劳斯莱斯品牌因此蒙上了阴影。1997年，维克斯公司出售劳斯莱斯汽车业务，最终劳斯莱斯汽车公司和劳斯莱斯品牌花落宝马（BMW）公司，在其支持下获得新生，很快重返世界顶尖汽车的行列。劳斯莱斯品牌在百年历程中，历经辉煌，也遭遇低谷，但无论如何，其依旧是世界上最具知名度的品牌之一、豪华汽车品牌中的佼佼者、财富和身份的象征。图1-3展示了劳斯莱斯品牌发展的四个阶段。

品牌认知阶段
(1904—1945年)

1904年，劳斯与莱斯正式合作，创立劳斯莱斯品牌
1907年，“银魅”诞生，至1924年生产了6173台，成为当时的经典车型
1911年，“欢庆女神”徽标进入设计阶段
1914年，莱斯开始研制飞机发动机，并成为劳斯莱斯的主营业务
1925年，进入“幻影”时代
1931年，收购宾利，并着手研发“幻影3”

品牌提升阶段
(1946—1972年)

1946年，战后第一款量产车“宾利马克六型”诞生
1948年，“银色黎明”诞生，这也是战后首款自己品牌的产品
1948年，“幻影4”诞生，意味着劳斯莱斯迈向超高端
20世纪50年代，研制出“达特”和“莱茵”两款涡轮螺旋桨发动机
1955年，“银云”面世，引领着一个时代的开始
1971年，劳斯莱斯首款敞篷车面世

品牌衰落阶段
(1973—2002年)

1980年，劳斯莱斯汽车被维克斯公司收购
1998年，维克斯公司出售劳斯莱斯汽车业务，大众接手
2003年，劳斯莱斯品牌归宝马集团所有

品牌重振阶段
(2003年至今)

2003年，宝马接手后的首款车型全新“幻影”诞生，手工打造并采用Bespoke定制服务
2012年，针对中国市场特别系列贺新禧龙年
2014年，劳斯莱斯汽车年销售量首次突破4000辆，为品牌创立111年来新高
2016年，劳斯莱斯推出电动汽车，向新能源领域迈进

图 1-3　劳斯莱斯品牌发展的四个阶段

一、罗罗联手，品牌初创

从劳斯莱斯品牌名称Rolls-Royce和双R标志中，大概不难猜到“劳斯莱斯”这一名称是源于某一个有着特殊贡献之人的姓名，但这个猜测只

对了一半，劳斯莱斯确实是其创始人的姓氏，但并非一个人，而是两个创始人姓氏的组合。1904年，英国贵族查尔斯·劳斯和富有工匠精神的曼彻斯特工程师亨利·莱斯在一家酒店决定携手制造汽车，家庭出身、爱好和性格都不相同的二人凭借着对汽车制造的热情和向往，就此“罗罗联手”拉开了一段汽车界神话的帷幕。有着巨大身份和社会地位差异的两个人能迅速达成可能改变彼此一生的共识，这看起来是令人难以置信的，出身名门望族的查尔斯·劳斯能同普通工人家庭出身的工程师亨利·莱斯共商创业，与亨利·莱斯无与伦比的造车天赋有很大的关系。1904年，亨利·莱斯凭借自己非凡的造车技艺生产出三辆汽车，这对尚无自主品牌汽车的英国而言十分重要，但由于英国民众向来并不信任未经权威认证的产品，亨利·莱斯的发明没有给英国汽车行业和社会带来震动。

当这个消息被经营汽车销售业务的查尔斯·劳斯知道后，他便决意同亨利·莱斯联手创立自己的汽车公司，以期做到生产并销售自己的汽车。查尔斯·劳斯出身于贵族世家，与当时许多只关心信贷的贵族不同，他对技术和机械制造有着浓厚的兴趣。查尔斯·劳斯在中学时便亲手安装过发电机，而后进入剑桥大学土木工程系学习，其间钟情于各种各样的冒险运动，尤其酷爱赛车。成长环境和兴趣爱好帮助他培养了外向开朗的性格，因而在劳斯莱斯公司成立后由查尔斯·劳斯负责汽车销售业务。亨利·莱斯出身于普通工人家庭，由于生活所迫，14岁时就开始在铁路工厂当学徒，凭着他高超的天赋和对汽车的潜心研发，30岁时，亨利·莱斯已经成为曼彻斯特城不可多得的发动机工程师，因而由他负责汽车的生产和设计。两个有着鲜明特点的创始人自此开启了劳斯莱斯汽车的辉煌旅程。

这一阶段可以认为是品牌认知阶段，有以下几个主要特征。

（一）臻于质量，盛名远扬

1906年，劳斯莱斯汽车公司正式成立，次年便在巴黎汽车博览会上推出第一辆劳斯莱斯汽车“银魅”。“银魅”以其长车头短车身的造型、马车式后开门以及金色钟顶形散热器等别具一格的设计惊艳了整个英国。这些设计元素至今仍为最新生产的劳斯莱斯汽车所采用，是劳斯莱斯汽车的标志性外观，象征着劳斯莱斯汽车的恒久隽永。同年，在英国举行的盛大旅游赛事上，劳斯莱斯汽车以精巧灵活、充满活力、极具动感的特点又一次脱颖而出。“银魅”在伦敦和格拉斯哥之间几乎不间断地往返行驶了27次，行驶里程达14371英里（约23128千米），这在汽车制造工艺臻于完善的今天看来似乎并不难完成，但在20世纪初期的技术水平下，从来没有一辆汽车能够连续行驶超过一万英里，同乘的记者将劳斯莱斯汽车描述为“世界上最好的汽车”。劳斯莱斯汽车这一成就的实现得益于领先同期的强大技术支撑：强制润滑，7升6缸发动机输出功率可达48马力，最高车速达110千米每小时，极大地突破了同时代汽车动力参数的纪录。

劳斯莱斯汽车从创立到被誉为“世界上最好的汽车”所经历的时间并不算多，其中的关键就在于绝对领先的质量和技术，而这一切显然得益于其创始人亨利·莱斯这位技艺精湛的工程师。亨利·莱斯设计制造的发动机具有动力输出均匀、持久耐用两大优势，这恰是劳斯莱斯汽车能够长时间运转、奔驰数万英里的秘诀。亨利·莱斯对自己生产的汽车质量有着极高的要求，他认为“车的价格会被人忘记，而车的质量却长久存在”，因此造车和做其他任何事情一样，都必须力臻完美，追求卓越。这种“质量至上、精益求精”的理念成为劳斯莱斯汽车的基因，为确保每一辆汽车的超高品质奠定了基础。正是这种坚持和追求，使得自1907年生产第一辆汽车起到现在，超过60%的劳斯莱斯汽车仍然能够良好运转。精雕细琢保证了汽车的质量，而公司的技术领先则保证产品能满足顾客的功能性需求。劳斯莱斯“幻影”的三挡和四挡都带有同步器，并采用了独特的悬挂和传动装置，在保证了汽车稳定性的同时使得劳斯莱斯汽车屡次刷新速度纪录。劳斯莱斯公司提供的高质量产品直接推动了品牌形象的塑造。

此外，劳斯莱斯公司具有超越时代的服务理念，以完善的售后服务体系赢得了购买者的赞许，使得豪华汽车的品牌形象更加丰满。其商业负责人克劳德·约翰逊意识到，产品在市场上的领先地位不仅依靠品质，还需要向客户提供优质的售后服务，只有这样才能进一步培养他们对品牌的忠诚度。因此，劳斯莱斯公司决定由本公司的机械师定期上门为顾客检查车况，另外还建立了一个专业司机培训学校，提供司机培训服务以满足高端市场的需求。劳斯莱斯汽车凭借完善的售后服务不仅在英国取得良好反响，在境外也取得空前成功，数年后，巴黎、柏林和马德里等城市都出现了提供专业售后服务的劳斯莱斯维修厂。

为扩大品牌影响力，丰富劳斯莱斯的品牌载体，劳斯莱斯公司请来著名的雕刻家查尔斯·赛克斯设计立体车标，需要设计师塑造一个能够展示劳斯莱斯汽车所有优秀品质，并能提升其外观效果的作品。最终，位于巴黎卢浮宫艺术品走廊中的一尊有着两千年历史的“胜利女神”雕像为设计师带来了灵感，他以朋友蒙塔的秘书埃莉诺·桑顿小姐为原型，精雕细琢了一个双手牵住裙摆，迎风舒展双臂的女孩，著名的“欢庆女神”雕像由此诞生。同时，劳斯莱斯公司也将代表两位创始人精诚团结、共创事业的“双R”标志从红色改成黑色，以突显整车庄重尊贵的风格，与车身整体颜色和外观更加搭配（见图1-4）。

图1 4　劳斯莱斯汽车标志和“欢庆女神”

资料来源：劳斯莱斯官网，www.rolls-roycemotorcars.com.cn。

（二）定位豪华，初露锋芒

卓越的品质不仅为劳斯莱斯汽车赢得了广泛的赞誉，更重要的是保证它成功地打入了英国上层社会，并彻底改变了英国贵族不肯乘坐汽车的观念。1925年劳斯莱斯“幻影”超长车型几经改进，终被选为英国王室御用专车，用作接待外国元首的开道车，从此劳斯莱斯汽车声名大振。随后英国女王宣布一般出行不再乘坐马车而改乘劳斯莱斯轿车，这一重大改变对英国社会和劳斯莱斯公司而言都极为重要，来自英国皇室的认可使得劳斯莱斯汽车披上了贵族的外衣，自此大步迈向豪华汽车行列。

值得一提的是，迈入高端汽车行列、打造豪华汽车这一决定对劳斯莱斯而言颇为重要，这直接决定了其未来的发展方向，但这一决定无疑是艰难的。由于当时其他汽车品牌均生产低成本的、面向社会大众的汽车，劳斯莱斯开创豪华汽车销售领域为许多业内人士所怀疑，市场开拓极为困难，公司创立之初劳斯莱斯汽车的销量并不突出，公司业绩十分惨淡。但创始人对制造高品质汽车的坚定信仰使得公司面对重重困难依旧坚持下来，最终顺应英国社会环境，填补了豪华汽车领域的空白。

进入20世纪20年代，劳斯莱斯公司发展更加兴旺，除继续生产“银魅”系列汽车外，还积极打造新产品、努力开拓国际市场，并进行其他品牌收购。1922年，劳斯莱斯公司在美国生产了具有美国风格的“银魅”豪华汽车，圆桶式车头、流线型车顶、反倾式车后背均为美国风格，其水箱格栅也与欧洲迥然不同。劳斯莱斯在德美等国家的尝试推动了品牌国际化进程，也促使劳斯莱斯品牌扬名海外。

在这个时期，劳斯莱斯推出了另一个产生巨大影响的车型“幻影”系列。“幻影”整车性能更为优越，代表了这一时期劳斯莱斯造车技艺的巅峰。特别是1929年在英国本土生产的“幻影Ⅱ”，不仅一改之前劳斯莱斯汽车敞篷的设计缺陷，且升级了全新的横流式气缸盖，匹配4速手动变速箱，还采用了全新的底盘，整体制造技术水平进一步提升。同时，为扩大车型体系，劳斯莱斯公司收购了运动车型宾利（Bentley）并将其转向豪华车型。1931年，宾利公司由于经营不善而破产，劳斯莱斯公司在激烈的角逐后获得购买权。收购宾利不仅丰富了劳斯莱斯的车型，而且得到了宾利的B60和B80发动机制造技术。在此基础上加以改进研发出了搭载于“幻影三代”上的V12发动机，为新车型提供了更为稳定的动力支持。

（三）“野马”飞腾，迈向航空

1910年，劳斯莱斯公司创始人查尔斯·劳斯因飞机失事遇难，失去挚友使得亨利·莱斯打造高品质航空发动机的信念更加坚定，他决心光大查尔斯·劳斯未竟的事业，涉足航空发动机领域，依托领先的技术寻找在航空发动机领域发展的可能性。1914年，第一次世界大战爆发，恰逢劳斯莱斯公司生产的航空发动机通过高级评审，得到行业的认可。英国作为参战国，立即放弃装备原定的法国发动机，将订单改签给劳斯莱斯公司。英国军方的举动也影响了其他国家，其后约有一半的协约国争相使用劳斯莱斯公司生产的航空发动机，极大地提高了劳斯莱斯航空发动机的影响力。

一战结束后，劳斯莱斯公司锐意进取，继续深耕航空发动机领域，加大航空发动机技术研发领域的投入，将军用发动机投入到民航、农业等领域。1935年，劳斯莱斯公司成功研制出“梅林”活塞式航空发动机，又一次在航空发动机制造中获得领先地位。但随即爆发的第二次世界大战显然没有给劳斯莱斯公司留下足够的发展空间，受战争影响，豪华汽车销量锐减，致使其因缺乏足够的资金无法同时开展汽车和航空发动机两个项目的研发。管理层当即做出决定：优先发展梅林发动机，暂缓幻影三代的研发。不久后管理层的明智之举即见成效，二战中几乎所有的反法西斯同盟国战机都装备了劳斯莱斯公司参与生产的航空发动机。劳斯莱斯公司的“梅林”活塞式发动机在“二战”期间生产总量超过16000台，被安装在“飓风”（Hurricane）式战斗机、“喷火”（Spitfire）式战斗机、“蚊式”（Mosquito）轰炸机、“兰卡斯特”（Lancastrian）轰炸机等反法西斯同盟国的军用飞机上。安装有“梅林”发动机的美国P-51“野马”(Mustang)式战斗机成为二战中最炫、最威武的战斗机，只有这款战斗机能实现为轰炸机全程护航的任务，保证了盟军空军打击的有效性。因此，凭借优越性能和战斗表现，P-51成为当之无愧的“歼击机之王”，作为反法西斯战争胜利功臣的劳斯莱斯品牌又一次声名大振。

图1-5显示了劳斯莱斯品牌形象认知阶段，通过打造内在和外在识别，不断开拓市场，以及推动品牌延伸实现品牌形象认知的发展机制。

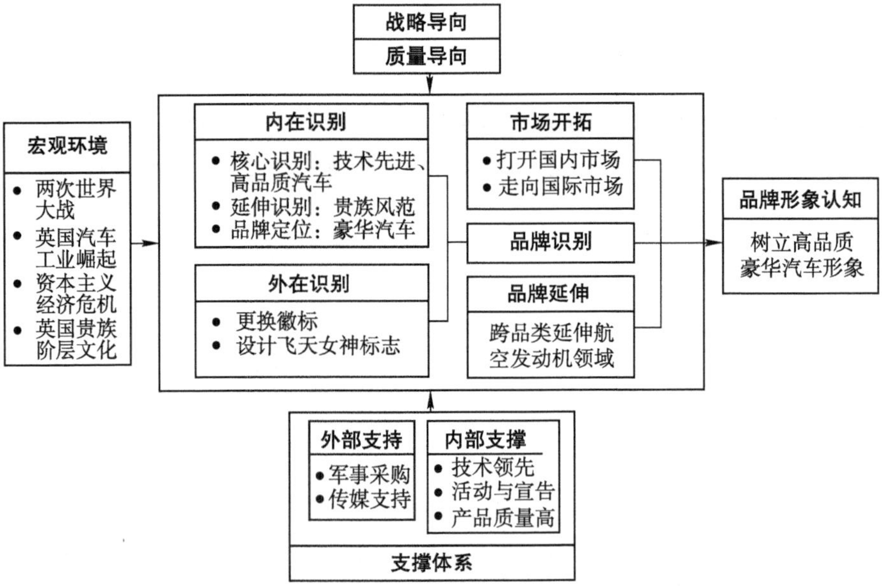

图1-5 劳斯莱斯品牌形象认知阶段发展机制

总体而言，自1904年至1945年二战结束的近半个世纪是劳斯莱斯品牌的初创阶段。这一时期，世界笼罩着战争的阴霾和存在贸易保护主义等诸多问题，大多数品牌遭遇挫折，前期的成长势头难再延续。

劳斯莱斯公司实施质量导向战略，在军事采购和媒体等外部力量支撑下，为品牌初创提供了方向和良好的环境。企业内部对品牌的支持主要包括表层支持、内层支持和核心层支持，在这一阶段，劳斯莱斯内部对品牌的支持包括领先同类产品的技术和质量与设计，以及不断参与各类活动向世界展示汽车的品质，而首当其冲的是技术创新。

劳斯莱斯在品牌初创阶段，品牌外部识别方面，为塑造品牌形象进行品牌标识的设计；内部识别方面，以打造技术先进的高品质汽车为核心识别，以高品质和领先的技术获取消费者的青睐。品牌延伸识别以满足顾客精神需求为目的，强调品牌的文化内涵，通过披上贵族的外衣获得关注和认可。在产品定位方面，将其产品定位为高质量的豪华轿车，坚持纯手工打造高质量、面向少数群体的豪华轿车。

这一阶段，劳斯莱斯着力开拓国内外市场，进行品牌延伸。以高质量的产品和大量参与赛事活动，成功打开了英国贵族市场，确立了豪华轿车的形象，品牌知名度大大提高。同时积极开拓国际市场，推动品牌走出国门，实现品牌国际化。在品牌延伸方面，劳斯莱斯公司将品牌跨品类延伸至航空发动机领域，用汽车和航空发动机“两条腿走路”。

二、打造高端，彰显价值

从第二次世界大战结束到劳斯莱斯公司解体是劳斯莱斯品牌价值提升阶段。战争结束后，各参战国经济逐渐恢复，资本主义迎来发展的20年“黄金时期”。劳斯莱斯公司延续了“两条腿走路”的策略，航空发动机与汽车制造并举，继续将品牌推向顶峰。

劳斯莱斯品牌价值提升阶段有以下几个主要特征。

（一）航空巨擘，大放异彩

二战中的英勇表现使得劳斯莱斯航空发动机的品质广为人知，为战后的发展奠定了坚实的基础。携二战余威，劳斯莱斯公司在航空发动机领域不断巩固自身地位，并向当时最大的航空发动机制造商通用电气（GE）公司发起挑战。20世纪50年代，在世界民用航空发动机涡轮化浪潮中，劳斯莱斯成功研制出两款高性能的涡轮式螺旋桨发动机“达特”（Dart）和“苔茵”（Tyne）。涡轮式螺旋桨发动机能大幅提高燃油经济性，保证长距离飞行，极大地缩短了大洲之间长途飞行的时间，被大范围应用于民航和军事领域。“达特”和“苔茵”都是英国河流的名称，劳斯莱斯航空发动机命名方式颇为独特，在涡轮发动机研发时采用传统的数字命名方式，等到交货时再以英国的河流命名，以体现涡轮发动机不同于冲程式活塞发动机的源源动力。

20世纪60年代之后，劳斯莱斯公司先后合并布里斯托尔公司、布莱克本公司和纳皮尔公司，成为英国最大的航空发动机制造商，完成了英国航空发动机制造产业的合理调整。有着国际竞争力的航空发动机公司必须面向国际化，具备处理大规模复杂问题和调动足够资金及资源的能力，劳斯莱斯公司对本国其他公司的收购，不仅有效防止了国外发动机公司联合起来挑战劳斯莱斯公司在英国的地位，而且整合了英国优质的航空发动机制造资源和制造技术，使英国在航空发动机制造领域长期处于世界领先水平。

（二）皇室御用，登峰造极

与航空发动机的“大步迈进”不同，劳斯莱斯汽车的发展显得相对“稳重”，以精雕细琢推动品质与奢华进一步升级，其迈向奢华巅峰的标志就是“幻影Ⅳ”的推出。1950年劳斯莱斯公司为当时的伊丽莎白公主夫妇量身打造了“幻影Ⅳ”，该车由劳斯莱斯公司生产“可行驶的底盘”，随后将其交付给车身制造商穆林纳（H.J.Mulliner），后者用了近1年时间定制车身，终于在1950年7月6日正式完工。“幻影Ⅳ”以车头标志性的屈膝跪式“欢庆女神”为标志，搭载一台当时最先进的5.7升直列8缸B80发动机，保证其在低速行驶时拥有卓越的表现，因而成为游行仪式的必备用车。1952年，伊丽莎白二世登基，劳斯莱斯汽车作为女王的专用座驾，受到英国无数民众的关注和追捧。从此，劳斯莱斯汽车成为英国皇室的御用专车，并于1955年被授权皇室专用徽章。此后，英国女王一直以劳斯莱斯汽车为座驾，各国元首和贵族富豪也竞相以拥有劳斯莱斯汽车为傲，彰显自身的尊贵地位。

“幻影Ⅳ”延续了劳斯莱斯一贯的设计传统，依旧将整体设计重点放在驾驶席后座的“王座”上，打造无与伦比的乘用体验。由于“幻影Ⅳ”的后座高于驾驶席，因而坐在后座上可以一览伸展的超长发动机罩，其上展翅欲飞的“欢庆女神”宛若王冠上的明珠，将尊贵与奢华展现得淋漓尽致。生产过程中的手工工艺同样登峰造极，“幻影Ⅳ”追求高档质量已经到了不计成本的地步，其内饰所用的皮料全部选用斯堪的纳维亚半岛的牛皮，皮质细腻没有瘢痕，一辆顶级轿车消耗的牛皮多达27张，缝制工时超过150个小时。同时配以严格挑选的上等胡桃木来制作内饰，每一辆劳斯莱斯汽车木饰的纹理都自成一体，桃木纹理都会有记录归档，日后若有损伤而车主要求修补时，即可按照原状恢复。

第一台“幻影Ⅳ”面世之后，在各国皇室家族和元首的要求下，劳斯莱斯又生产了17个底盘，交付给车身制造商打造符合顾客定制要求的汽车。从1950年到1956年，总共只生产了18台“幻影Ⅳ”，它们的主人都是皇室成员和国家元首，足以体现劳斯莱斯“幻影Ⅳ”的超然地位。与元首级别的配置相对应的，是“幻影Ⅳ”远超飞机造价的高昂价格，因而也决定了其难以实现量产。但这种模式使劳斯莱斯公司保持了超高的盈利率，也使其在豪华汽车市场极具竞争力。随着豪华汽车市场颇有竞争力的凯迪拉克（Cadillac）和奔驰（Mercedes-Benz）不断提高产量，整个超豪华汽车市场几乎都留给了劳斯莱斯汽车。

除了登峰造极的“幻影Ⅳ”汽车，劳斯莱斯公司还在较为亲民的领域做出尝试。1955年，劳斯莱斯公司研发出“银云”(Silver Cloud)和“宾利S”，这两款车型除进气格栅和发动机罩的设计有所不同外，发动机和其他配置完全一样，是劳斯莱斯汽车在新领域的尝试。这两款几乎一样的车以其亲民感逐渐进入到大众视野，显著拉动了劳斯莱斯汽车的销量。1965

年，“银影”(Silver Shadow)和“宾利T”诞生，取代了“银云”和“宾利S”。“银影”是第一辆采用承载式车身的劳斯莱斯汽车，也是劳斯莱斯在实用车型中的重要尝试，这让其成为劳斯莱斯销量最大的汽车，共产销34000余辆，这对于采用手工方式打造的劳斯莱斯公司来说无异于是天文数字。同时，为进一步提升影响力，增加汽车销量，劳斯莱斯公司聘请了“广告教皇”大卫·奥格威（David Ogilvy）撰写宣传广告，其中“每个企业都要给董事长买一辆劳斯莱斯吗？”以及“这辆新型劳斯莱斯在时速60英里每小时（约97千米每小时、)，最大闹声是来自电钟”等广告语为一代代广告人所传诵，极大地提高了劳斯莱斯品牌的知名度。图1-6展示了劳斯莱斯在品牌价值提升阶段，不断打造高端品牌，运用营销组合和次级联想实现品牌价值进一步提升的发展机制。

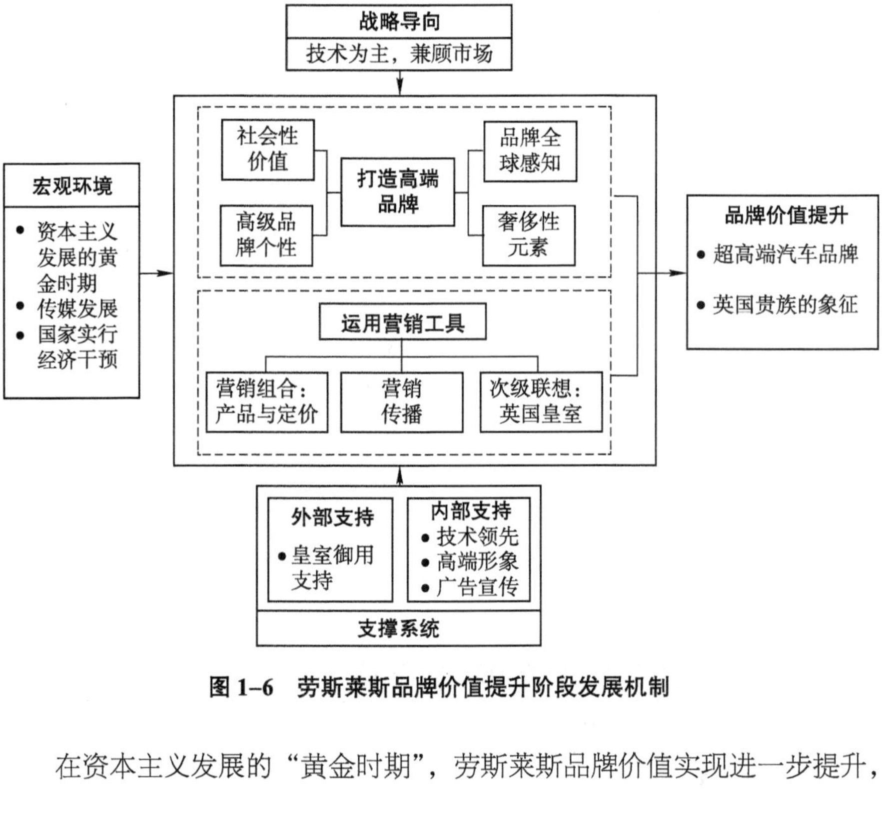

图1-6　劳斯莱斯品牌价值提升阶段发展机制

在资本主义发展的“黄金时期”，劳斯莱斯品牌价值实现进一步提升，成为超豪华汽车的典范。政府为平衡收支和应对全球“美元荒”而制定集中全力“出口换美元”的政策，促进了英国汽车工业的飞速发展，加之1957年国际贸易自由化扩大了进出口贸易，为汽车涉足国际市场提供了契机。同时广播电视等大众传媒快速发展，在舆论宣传、规范价值观和构建群体认同等方面发挥重要影响。

第二次世界大战以后，劳斯莱斯公司坚持的发展战略为“技术为主，兼顾市场”。其汽车制造技术不断取得突破，但对市场的关注程度较低，超豪华汽车的定位使其难以完全关注大众市场需求。这一阶段品牌发展的内部支撑包括已经形成的高端品牌形象和技术突破，技术又促进高端品牌形象的维护，给予品牌提升价值的动力。外部支撑主要来自英国皇室的支持，英国皇室将劳斯莱斯汽车作为御用座驾，并授予皇室专用徽章，为劳斯莱斯品牌作出了最生动的背书，直接推动了劳斯莱斯品牌价值的提升。

这一阶段，劳斯莱斯公司通过打造高端品牌和利用营销工具，实现了品牌价值的提升，树立起超高端汽车的形象。一方面，打造高端品牌要打造品牌的社会性价值，使消费者认识到品牌所带来的社会价值；塑造高级的品牌个性，建立品牌的全球性感知，并注入奢侈性的高附加值元素，这与劳斯莱斯汽车的导向颇为符合。另一方面，利用营销工具是品牌价值传播、促进品牌价值提升的重要手段。营销工具包括营销组合策略、整合营销传播和次级联想杠杆，劳斯莱斯公司推出的“银云”和“宾利S”等，适当降低产品价格，利用产品和价格实现营销。聘请大卫·奥格威撰写广告词进行品牌推广，进行相应的营销传播活动去宣传品牌高品质与贵族形象。次级品牌联想杠杆是利用品牌本身的联想，将品牌与某些实体联系起来。劳斯莱斯所联系起来的，是英国皇室以及英国贵族，特别是劳斯莱斯“幻影Ⅳ”成为女王的专用汽车，为品牌带来了尊贵的次级联想，使品牌具有更强的财富、地位象征。

三、内忧外患，陷入低谷

自1973年劳斯莱斯公司解体到2003年被宝马公司收购，是劳斯莱斯品牌衰落阶段。伴随着20世纪70年代初英国整体经济陷入“滞胀”，公司自身也因技术研发成果难以突破而陷入危机，劳斯莱斯公司不得不宣布解体，曾经代表着英国皇室荣耀的劳斯莱斯汽车数次易主，难续往日辉煌。

劳斯莱斯品牌衰落阶段有以下几个主要特征。

（一）技术失利，走向解体

劳斯莱斯公司凭借强大的航空发动机制造技术，数次承接了来自世界不同飞机制造公司的订单，并顺利完成了技术突破，这给其强大的信心去承接不同类型的订单。20世纪50年代中期，为降低飞行成本，航空公司纷纷鼓励飞机供应商研发大型宽体客机。作为实力雄厚的军用飞机制造商，美国洛克希德公司（Lockheed Martin）认为公司应借此机会重回民用飞机市场，而其在民用飞机市场中与麦道公司（McDonnell-Douglas）竞争的关键就在于L-1011客机。但对于L-1011客机来说，曾经的RB207发动机过于沉重且动力过大，因此需要研制更为经济的RB211三轴发动机。经过与通用公司和惠特尼公司（Pratt & Whitney）的激烈竞争，1967年，劳斯莱斯公司成功中标RB211发动机项目，被选为美国洛克希德新一代宽体客机L-1011发动机的唯一生产商。洛克希德公司向劳斯莱斯公司发出了用于配装150架飞机的RB211-22发动机订单，这是劳斯莱斯公司历史上获得的最大订单。当时的公司资源极力向航空发动机研制倾斜，根据协议要求于1971年开始进行RB211大涵道比涡轮风扇航空发动机的研发。但由于RB211发动机要求更为轻便节能，其关键的三转子属于科技攻关项目，加之复合材料风扇技术也一直是劳斯莱斯公司的短板，因而需要更长的研发周期和更多的资金投入。然而长期以来习惯了成功的管理层严重低估了RB211的研发要求，并未就该项目准备充分的预算，使得项目研发资金捉襟见肘。

同时，组织构架的变革给新发动机的研发带来巨大阻力。1964年，劳斯莱斯公司使用新的组织架构，即“工程项目导向架构”，这一架构使得年轻设计师无法从年长设计师那里获得技术经验，同时也使高级项目工程师与设计师之间的协作变得不如以前紧密，发动机的设计、制造和测验环节信息交流不畅。管理、技术和资金等问题使得研发项目一拖再拖，消耗了公司大量资源，这使公司不得不放弃其他研发项目，甚至是表现良好的“银影”汽车的研发。最终公司依旧无法按期交付RB211发动机（见图1-7），需要支付项目延期赔偿金，加上RB211项目研发带来的损失，劳斯莱斯公司已经资不抵债，只能向英国政府申请破产。由于航空发动机制造关系到国家安全，因而英国政府直接出手干预了劳斯莱斯的破产事宜，将劳斯莱斯公司一分为二，劳斯莱斯航空发动机收归国有，而劳斯莱斯汽车公司则由国防装备集团公司维克斯（Vickers）接管。

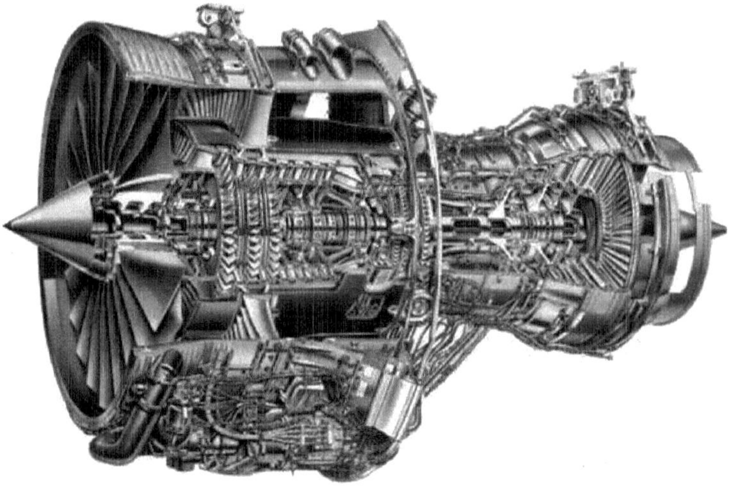

图1-7 RB211系列发动机示意图

（二）三易其主，前路漫漫

维克斯公司接手劳斯莱斯汽车后，便推出了新车型“银灵”（Silver Spirit）和“银刺”（Silver Spur），并于1988年相继推出了“滨海道Ⅱ”

（Corniche Ⅱ）和“滨海道Ⅲ”（Corniche Ⅲ）。但主要从事兵器生产的维克斯公司的努力并无特别成效，劳斯莱斯汽车始终在困境中挣扎。特别是1991年英美经济遭遇困难，政府加征奢侈税，使劳斯莱斯汽车的销量锐减，定价过高的劳斯莱斯汽车完全脱离了市场，公司也出现了巨额亏损。终于，回天乏术的维克斯公司于1997年宣布出售劳斯莱斯汽车公司，并且不限于英国境内。

自此，一场关于劳斯莱斯汽车的争夺战在宝马（BMW）和大众（Volkswagen）两家公司之间展开。由于宝马公司早期就与劳斯莱斯航空发动机公司关系密切，且宝马公司负责提供劳斯莱斯汽车的发动机，因此维克斯公司首先与宝马公司就接手劳斯莱斯汽车公司事宜进行谈判。到1998年4月，维克斯公司正式接受宝马公司3.4亿英镑的报价，初步决定将劳斯莱斯出售给宝马公司。但深知劳斯莱斯价值的大众公司也不肯就此放弃，开出了4.3亿英镑高价收购劳斯莱斯汽车公司，并许诺保持原有的管理模式。大众公司的高价策略成效显著，维克斯集团转而要求宝马公司提高报价，但遭到拒绝。最终，维克斯公司选择了能为其带来更大经济收益的大众公司，以14.4亿马克将劳斯莱斯汽车公司卖给大众公司。但大众公司并未得到劳斯莱斯航空发动机公司的支持，后者拥有劳斯莱斯品牌的名称权和商标权，并拒绝将其授予大众公司使用。如此一来，大众公司得到的只是宾利汽车和劳斯莱斯汽车的外观设计和“欢庆女神”立体车标，但不能制造带有“劳斯莱斯”标志并以劳斯莱斯命名的汽车。最终，大众公司和宝马公司通过谈判解决了争端。宝马公司以6800万美元的价格拿到劳斯莱斯的名称和商标的使用权，允许大众公司使用到2002年底。大众公司获得宾利品牌，并可以在英国克鲁郡生产劳斯莱斯和宾利汽车直至2002年底。2003年以后，大众公司将劳斯莱斯的生产权转交宝马公司，劳斯莱斯汽车及商标归宝马公司所有。图1–8展示了劳斯莱斯品牌衰落阶段，公司内部面临危机，出现品牌形象保守、品牌定位脱离市场等问题，最终导致品牌走向衰落的内在机制。

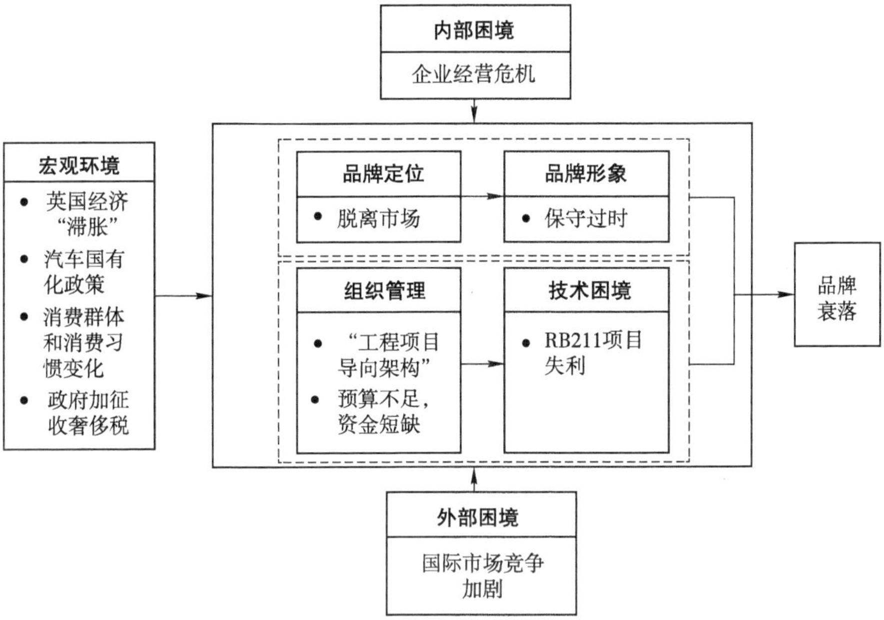

图 1–8　劳斯莱斯品牌衰落阶段影响机制

总体而言，在这一阶段，宏观经济衰退和政府政策给予豪华汽车迎面一击。20世纪70年代以来，英国经济发展陷入“滞胀”，社会出现了严重的贫富分化。作为英国制造业最重要组成部分的汽车制造业开始急剧衰落，英国政府开始汽车工业国有化运动，“保姆式”的保护使得本土汽车工业很难与外国汽车竞争，最终难逃被收购的命运。20世纪90年代，面对撒切尔政府改革遗留的贫富差距不断扩大等问题，新工党政府加征奢侈税，以期促进英国经济与社会的协调发展，这对定位于豪华汽车的劳斯莱斯而言无疑是雪上加霜。

劳斯莱斯公司所面临的内部的经营困境直接给品牌发展蒙上阴影。日系和美系汽车进入欧洲市场，与长期受政府关税保护的英国汽车展开竞争，日系、美系的标准化、流水线生产方式较劳斯莱斯公司的手工生产具有极强的竞争力，劳斯莱斯汽车无论在生产方式还是产品定位上都显得与市场格格不入。劳斯莱斯汽车的品牌形象过于保守和过时，基本脱离新兴消费群体，使得劳斯莱斯汽车不得不在困境中挣扎。同时，公司内部实行的“工程项目导向架构”不利于保障技术研发所需的信息和人才，一度的成功经验又使得劳斯莱斯公司管理层未就技术研发准备充足的预算。组织管理上的巨大问题使得RB211发动机未能如期交付，直接迫使公司走向破产。在内忧外患中，象征着英国上流社会风华的劳斯莱斯品牌未能在经济困难、市场需求变化和行业竞争加剧的宏观环境中及时做出调整，最终成为“没落的贵族”，品牌走向衰落。

四、凤凰涅槃，贵族重生

2003年宝马公司接手劳斯莱斯汽车至今，是劳斯莱斯品牌重振阶段。正式取得劳斯莱斯汽车的所有权后，如何带其走出低迷，是摆在宝马公司面前的难题。由于曾经生产劳斯莱斯汽车的克鲁工厂已归大众公司所有用以生产宾利汽车，因此需要重新选址建厂，重新开始打造产品，重塑品牌形象。

劳斯莱斯品牌重振阶段有以下几个主要特征。

（一）全新幻影，重塑经典

经过几番甄选，劳斯莱斯新址确定在了风景优美的古德伍德，这里毗邻南安普敦和朴次茅斯港口，靠近希思罗和盖特威克机场，便利的交通和优美的自然为接待前来订车的尊贵客户提供了舒适环境，但要在几乎没有获得任何实体的情况下打造全新的劳斯莱斯汽车，使这部尊贵的“宫殿”创建起来，仍需面对大量挑战。从设计开发到员工培训再到经销网络搭建，新团队在外界的质疑和忧虑中一步步赋予劳斯莱斯汽车新的生命。

2003年，全新劳斯莱斯“幻影”正式面世，这款精心打造的汽车打破了劳斯莱斯汽车的忠实车迷对新东家是否有能力呵护劳斯莱斯的担忧，开启了劳斯莱斯汽车高歌猛进的新纪元。全新“幻影”历经四年的设计与规划，认真总结了劳斯莱斯近百年来的车型，结合新的汽车设计元素，成功诠释了劳斯莱斯的尊贵与典雅（见图1-9）。“幻影”继承了劳斯莱斯汽车的传统元素，糅合了经典劳斯莱斯的味道与新兴科技，保留了劳斯莱斯标志性的垂直式散热器隔栅及“欢庆女神”徽标，并沿用了劳斯莱斯“幻影”三代比例，宽敞的内部空间、硕大的发动机罩、短前悬伸和长后悬伸，均是劳斯莱斯汽车的经典元素，具有高度的辨识效果。全新“幻影”特别沿用了20世纪30年代劳斯莱斯汽车的大发动机罩和小车窗设计，这与现代富豪对汽车气势和私密性的要求十分相符，因而在欧美和亚洲都非常受欢迎。

图1-9 全新劳斯莱斯幻影，经典技艺与现代科技融合之典范

全新劳斯莱斯幻影保留的不只是其经典外观设计，还有劳斯莱斯汽车的奢华尊贵和恒久品质。宝马公司为新幻影提供了强大的技术支持，使得新幻影得以装配行业最高端配置。新款幻影使用6.75L的V12发动机，该发动机使用4凸轮轴、48气门、双可变气门正时技术，在5350转时可以输出453马力，转速在3500转时扭力可达720牛·米。而且该发动机的低速扭力表现优异，在每分钟1000转时就可以输出它最大扭力的75%，使得装配该发动机的幻影100千米每小时加速只需6秒钟。

同时，为保证“幻影”的绝对品质，位于古德伍德的劳斯莱斯汽车工厂继续沿用了几个世纪前汽车制造业的传统：每辆“幻影”最少都要喷涂五层色漆和一层清漆——如果车辆为双色，所喷色漆为七层。每层之间技术人员都会对车身进行手工打磨。最后的涂层工作完成后，再经过5个小时的精心打磨，其光泽可与三角钢琴相媲美。此外，幻影的木质工艺也堪称绝唱，每辆汽车都有多达43个木质配件，每个配件均由28层木材制作而成。制作一辆车的整套木质部件需要30天，每个零件之间穿插多个铝薄片用于加固，防止开裂。如此精雕细琢的制造过程需要耗费大量的时间，制造一辆劳斯莱斯“幻影”汽车至少需要两个月，装配一辆车身需要31个小时，安装一台发动机要6天，因此劳斯莱斯汽车在装配线上每分钟只能移动6英寸。这种精细的手工生产过程在如今自动化、机器化的汽车生产浪潮中显得十分另类，但也保证了劳斯莱斯汽车的极高品质。

（二）定制服务，极致尊贵

手工生产使全面定制的Bespoke①服务成为现实。Bespoke服务是在保证安全驾驶的前提下，劳斯莱斯汽车从配件到外观设计中的每个部分都能按照顾客需要量身定制。有意购买劳斯莱斯汽车的顾客可以前往古德伍德工厂，同设计师就汽车的设计细节进行交流，最大化保留顾客的设想。2013年在迪拜车展上推出的星空定制版（Bespoke Celestial）劳斯莱斯“幻影”采用深蓝色特制车漆体现夜幕之景，在后排顶棚用446颗钻石不均匀地散布模仿出星空的样式，置身车中即可享受繁星满天的烂漫与奢华（见图1-10）。

图1-10　极致奢华的劳斯莱斯“幻影”星空顶

① “Bespoke”是劳斯莱斯推出的手工定制汽车服务。

（三）开拓市场，拥抱新生

在推出全新“幻影”后，劳斯莱斯乘胜追击，先后推出了“古斯特”(Ghost)、“库里南”（Cullinan）、“魅影”（Wraith）、“曜影”（Dawn）等汽车，不仅传承了品牌固有的奢华璀璨，也在轻松简约风格上做出了尝试（见图1-11）。劳斯莱斯公司的努力和尝试得到了市场的肯定，其发布的销售数据显示，2016年劳斯莱斯汽车销售表现强劲，共向超过50个国家的客户交付4011辆汽车，同比增长6%，斩获113年来品牌历史上第二最高销售成绩。在全球奢侈品市场面临巨大挑战的情况下，坚挺的市场表现再次证实了劳斯莱斯品牌强劲的力量。劳斯莱斯汽车获得良好的市场表现，除了其本身的品质和强大的品牌吸引力，还依赖于新公司积极的市场开拓和品牌塑造。

图 1-11　劳斯莱斯现有车型谱系

资料来源：劳斯莱斯官网，www.rolls-roycemotorcars.com.cn。

2003年10月，劳斯莱斯全新“幻影”在北京东方广场揭开神秘面纱，“旧貌换新颜”的劳斯莱斯汽车在广阔的中国市场上表现出大作为，公司计划将每年生产的1000辆劳斯莱斯“幻影”中的50辆东进到中国。为了开拓中国市场，公司在北京、上海、广州等9个城市设置了专门的销售门店，这些门店坚持高端、奢华的风格，在装修、陈列等方面投入巨大，并聘请了高素质的一线销售人员进行品牌展示。同时，劳斯莱斯公司花费大量的资金用于举办客户答谢活动，邀请有购买能力的顾客参与高尔夫球赛、游艇品鉴等活动，通过活动强化与顾客的联系，并获得宝贵的商业机会。

2011年广州车展中，劳斯莱斯公司发布了由Bespoke团队打造的“中国龙”系列幻影轿车，以迎接即将到来的中国新禧龙年。这款限量版“幻影”车身上绘有源自故宫的金龙图案，每部车的仪表盘配有手工制作的龙镶嵌装饰，车内每个皮革靠枕上也有精致的手工刺绣的龙图腾，四面车门均有荧光踏板点缀，上面刻有“Year of the Dragon 2012”，整部车都充满了中国风情。这款中国龙版“幻影”限量8台，定价120万美元，在首发后两个月内即宣布售罄，足见其在中国市场的受欢迎程度。图1–12展示了劳斯莱斯品牌重振阶段，通过品牌重新定位，聚焦汽车领域，借助独特品牌营销战略实现品牌重振的机制。

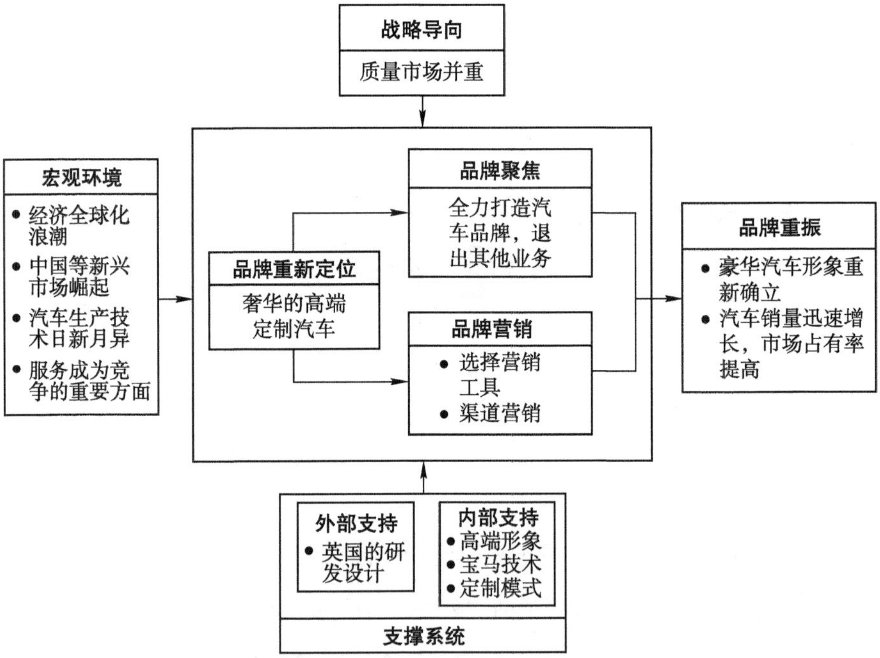

图1–12　劳斯莱斯品牌重振阶段发展机制

21世纪以来，经济全球化趋势越来越明显，国际市场对企业的重要程度不断提高。全球汽车行业得到了快速发展，新兴市场迅速崛起。汽车生产技术不断革新，服务成为衡量品牌价值的要素，越来越为汽车行业所重视。

这一阶段劳斯莱斯采用技术与市场并重的发展战略，吸收了宝马的先进技术，保证劳斯莱斯汽车的超高品质。同时采取市场导向战略，对原有经营模式做出改变，不再对顾客购买资格做出限制。在品牌重振阶段，内部支撑包括高端形象、宝马的技术支持和定制化的销售模式。品牌重振的基础就是以前品牌积累的高端形象，同时支撑劳斯莱斯品牌发展的还有定制化的销售模式。外部支撑主要是由英国的汽车研发设计能力、英国发达的创意产业和汽车产业为劳斯莱斯提供了强大的汽车设计和研发能力。

这一阶段，劳斯莱斯品牌发展模式主要是基于品牌的重新定位来进行品牌聚焦和品牌营销，从而实现品牌的振兴。首先是品牌重新定位，公司将劳斯莱斯定位为尊贵奢华的高端定制汽车，坚持手工打造而非大规模量产，采用汽车领域最先进的技术、独特的设计以及奢华的配置。其次，基于这一定位，劳斯莱斯公司进行了品牌聚焦和品牌营销活动。宝马接手劳斯莱斯后全力打造汽车品牌，集中优势资源，放弃之前从事的投融资业务和手表生产业务。其品牌营销活动主要包括使用营销工具和渠道营销。在营销工具选择方面，劳斯莱斯不允许在品牌宣传时选择泛大众媒体，仅选择与劳斯莱斯品牌奢华性、尊贵性相符合的媒体。同时，渠道营销在劳斯莱斯的营销活动中占据重要位置，线下门店与相关活动的举行促进市场开拓，并塑造了品牌形象。前期积淀的品牌优势和精益求精的品牌文化与市场相结合，推动了劳斯莱斯品牌的重振。

五、结语

“造世界上最好的汽车”是劳斯莱斯的宏伟愿景，也是一个世纪以来其所经历的伟大实践，虽然历经波折，但“世界上最好汽车”的形象早已经深入人心。21世纪以来，劳斯莱斯汽车重新发力，凭借深厚的品牌积淀，在世界豪华汽车行列不断拓展市场份额，使劳斯莱斯品牌走向新生。

当前豪华甚至超豪华汽车市场竞争激烈，劳斯莱斯能够受到消费者的青睐，与其高端尊贵的品牌有着极大的关系。论及尊贵和高端身份象征，劳斯莱斯汽车无出其右。百年来的品牌积淀，使得劳斯莱斯成为豪华汽车市场上最具代表性的汽车之一。劳斯莱斯品牌所具有的高端典雅、极致奢华的形象和英国皇室御用的品牌背书，是其在市场中独树一帜、广受追捧的真正原因。

纵观劳斯莱斯汽车百年来的发展历程，从初创时期以领先的质量和超越时代的高端汽车定位名扬于世，到追求极致、从高端汽车走向豪华汽车，终成为英国皇室的御用品牌而独享尊荣，再到伴随着自身经营危机和宏观经济压力下的前途不定，直至最后被宝马公司收购后获得新生。劳斯莱斯在漫漫长路中起伏求索，塑造出独一无二的豪华汽车品牌。从对英国品牌整体发展阶段的梳理可以看出，劳斯莱斯品牌的发展历程与其有着较高的一致性，这不仅与世界宏观环境和英国国家整体经济发展相关，也与英国国家文化有着重要关系。英国文化与外部环境的互动对英国品牌有着十分重要的影响，而正是英国独特的文化为劳斯莱斯品牌赋予了特殊的内涵和联想。

第一，英国文化孕育了劳斯莱斯独特的品牌形象。其作为豪华汽车品牌所具有的尊贵、高端形象是英国作为老牌资本主义强国所积淀的贵族精神以及高度文化自信的缩影。劳斯莱斯品牌形成于长期的积累之中，是消费者对劳斯莱斯汽车品质的肯定，也是消费者对英国工业水平和文化的认同。第二，英国文化对劳斯莱斯品牌的兴衰历程具有重要影响。英国文化中的精益求精使得劳斯莱斯生产历经多道工序，坚持打造最高品质的产品。而英国文化的自信和高傲使得劳斯莱斯在市场中较少迎合普通消费者偏好，其发展和决策也较少受到市场的影响，而是一门心思提升技术水平和制造能力，打造在顶级层面更具竞争力的汽车品牌。劳斯莱斯曾实施的购买者身份审查制度更是这一特征的典型体现。自信和高傲对劳斯莱斯高端品牌的塑造具有极其重要的作用，如果没有近乎偏执的坚守，而是跟随市场变化，劳斯莱斯就不可能独树一帜，成为尊贵身份的象征。

英国文化对劳斯莱斯品牌的发展影响深远，甚至在一定程度上可以说劳斯莱斯品牌的根在英国，这也正是宝马公司收购劳斯莱斯公司后仍然选择英国古德伍德作为生产基地的原因。展望未来，在豪华汽车市场竞争依旧激烈的情况下，劳斯莱斯品牌仍要从英国文化中寻找发展动力，讲好品牌故事，彰显品牌价值。

法国篇

艺术家般浪漫，工程师般严谨

——法国品牌发展档案

图 2-1　法国 Rene-Gruau 时装水彩手绘

图片来源：设计帝国，http://www.warting.com。

提到法国你最先想到的是什么？法国的美酒、香水和优雅的服饰（见图2-1）？抑或是精准安全的飞机与汽车？其实，无论是时尚奢侈品行业还是制造行业，法国品牌都凭借着先进的技术、无可挑剔的质量和独特的品位成为众多行业内的霸主。法国品牌集中了艺术家般的浪漫和工程师般的严谨，可见法国不仅是浪漫之都、时尚之国，更是创新之邦与工匠之乡。尽管近年来法国经济面临颓势，但不可否认的是，法国品牌依然在多个领域保持着不可撼动的霸主地位。其跌宕的品牌发展历程、有传奇色彩的创始人故事与蕴藏其中的法国精神，深深吸引着探索品牌的求知者。

一、传奇国度，百年之路

19世纪20年代开始到60年代末，近代工厂在法国各地纷纷建立，产业革命基本完成，资本主义制度最终确立起来，轻重工业均取得飞跃式发展。在轻工业中，高级奢侈品占很大的比重。这些奢侈品的生产主要依靠工匠传承的手工技艺，使用机器比较困难，产品也主要供应国外需求。虽然不能扩大国内市场，但在国际市场上形成了一定的认知，至此，法国品牌雏形诞生，汽车制造业与时尚行业成为法国品牌诞生集中的行业。

在这一时期，品牌保护机制和制度初步形成。作为启蒙运动的发源地，法国最早地出现了有关商标的法律条文，从契约精神的角度为品牌的初步发展提供法律依据：1804年法国颁布的《拿破仑法典》第一次肯定了商标权与其他财产权同样受保护；两个《备案商标保护法令》也于1803年和1809年先后颁布，这是最早的商标保护的单行成文法规；1857年，法国颁布了一部系统的《商标法》；同年，法国制定《关于以使用原则和不审查原则为内容的制造标记和商标的法律》，成为世界上最早通行的全国统一的商标法。法国的品牌意识觉醒与对其深刻的认识得以一窥。

同时，法国品牌国际化趋势初显，开始对外输出品牌。尤其是奢侈品牌受到了当时欧洲皇室，甚至是中国王侯将相的喜爱。欧洲主要城市到处都是宣传高档法国汽车和巴黎时尚的广告，法国的时尚奢侈品牌给世人留下了高贵美丽的印象。可以说，19世纪初工业革命开始前期，法国工业生产保持着自己的特点：以中小企业为主体的轻工业，特别是那些生产精美服饰品和高级奢侈品的工业部门，在法国工业中一直居于主导地位，并已经形成了具有世界影响力的众多奢侈品品牌。而后期法国工业发展主要表现在重工业部门，重工业的发展推动了法国工业及制造业品牌的发展。

第一次世界大战结束后，法国从过去长期的国际竞争和战争困境中暂时摆脱出来，这为经济的飞跃发展创造了一个有利的国际环境。法国工业发展以年平均8.2%的速度快速前行，跃居世界第一。20世纪20年代成为法国品牌经济逆势发展的一个黄金时期，法国的很多享誉全球的美妆品牌，如欧莱雅等，都诞生在这一段风起云涌的时代，“她们”在战争与和平的夹缝当中寻求生存，在战乱的年代依然焕发出光彩。

第二次世界大战结束后的20年是全球经济发展的“黄金时期”，世界经济发生了巨大变化，科技进步推动了生产力的迅速发展，人们从单纯地满足生理需求转变为追求精神世界的富足，开始注重个性化。随着现代传播手段的发展，营销手段推陈出新：20世纪50年代，好莱坞女星奥黛丽·赫本（Audrey Hepburn）与传奇时装设计大师于贝尔·德纪梵希（Hubert de Givenchy）的完美组合缔造了时装史上一段深入人心的佳话，在影片《蒂凡尼的早餐》中，各种小黑裙造型让人印象深刻。纪梵希请奥黛丽·赫本这一位世纪美人作“形象代言人”，进一步传播其优雅、时尚的定位。同时期，欧莱雅推出了载入广告史册的全世界第一个楼体、车身广告和第一支广告歌，1953年欧莱雅也因此获得了奥斯卡广告奖（见图2-2）。

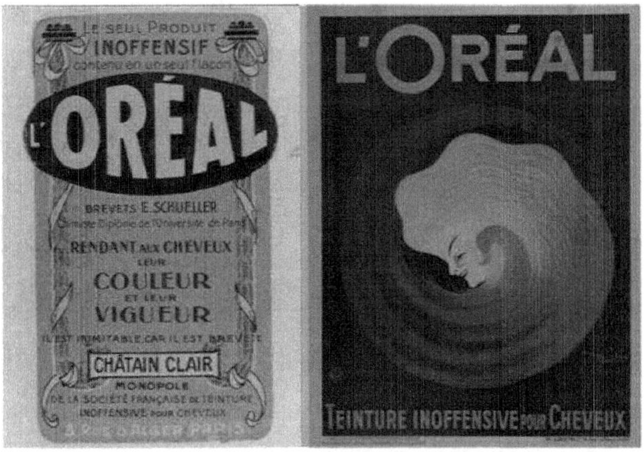

图 2-2　舒莱尔为欧莱雅设计的第一个广告，被当时的巴黎女性爱称为“彗星广告”

图片来源：http://www.sohu.com/a/210790053_321613。

同时，资本主义运动为妇女解放提供了经济基础和社会条件，法国女性主义是世界妇女运动的第一声（见图2-3）。妇女运动对时尚行业的审美风尚产生了巨大影响。例如，香奈儿在这一时期推出了女装裤子，代替之前被视为女人正统服饰的繁复的裙子，赋予女性以反叛的意味，提供了具有解放意义的自由选择，受到了女性的追捧。西方奢侈品牌的成功大都借助了当时的文化运动，如新性别角色、个人主义与集体主义、性解放等。品牌中的情感依托以及价值认同越来越受到消费者的认可。

图 2-3　20 世纪法国女权运动

在重工业领域，随着第二次世界大战的结束，飞机在民用领域的应用前景被广泛看好，空中客车公司即看中这样一个具有发展潜力的领域，深耕民用飞机领域。与此同时，法国对电力、能源、银行等国民经济命脉行业进行了国有化，通过兼并私企等方式使这些企业获得了举国力量的支持，从而得以长足发展。

21世纪初，法国经济增长明显放缓，经济活力缺乏持续性，经济难题一时无法破解；社会矛盾凸显，各项改革措施难以推行；欧元升值、主要贸易伙伴国经济不景气、美国抵制法国产品等诸多因素严重影响法国贸易。同时，由于世界经济放缓、伊拉克局势引起不确定因素的增加及以德国为首的欧洲经济陷入困境等一系列因素致使法国外贸环境恶化。2002年，法国对外贸易对国家经济增长的贡献率几乎为零。大量历史悠久的法国品牌受到了影响和冲击，法国久负盛名的奢侈品牌也未能幸免。法国这一浪漫的国度，在200余年的品牌发展之路上遇到了前所未有的挑战。

随着经济全球化的深入发展，品牌原来的标记产品生产者和产地的功用，已经不足以完整地描述品牌的性质，品牌在当今已经成为企业乃至国家的一项重要的资产。相对美国、德国而言，法国品牌形象缺乏足够的清晰度，提到法国，人们更多地想到法国大革命、人权宣言、启蒙运动等政治和社会运动，而品牌方面略显逊色。面对如此现状，法国积极开展国家品牌战略计划“竞争极”，以重塑国家品牌。制定了“法国制造”整体品牌形象的三大基本价值观：“热爱手艺、善于想象、标新立异”，明确了“法国制造”整体形象的三大坐标：“激情、视野和创意”，将法国的国家形象定位于“梦想的摇篮”和“价值的倍增器”。

2008年经济危机后，法国在政策层面举国支持品牌发展，积极开展高层外交。2015年以来，法国“阵风”战斗机接连获得来自印度、埃及和卡塔尔的三个利润可观的订单，除了其本身优良的性能，背后自然离不开法国政府的努力。除了推动大型装备设备贸易，在带动法国中小企业品牌实现全球化方面，法国政府也发挥了重要作用。2014年法国外交部长法比尤斯和中国电商阿里巴巴签署协议，推动法国品牌集体进驻天猫。通过电商平台推广品牌以减少法国中小企业落户中国的昂贵成本，疏通中法中小企业合作的渠道。

在上述层面基础上，法国政府还加强了对品牌的金融支持，减轻企业负担。法国多年以来陷入“强大的法国企业和低迷的本土经济”的困境之中，法国本国企业，尤其是中小型企业面临巨大的融资压力。为解决这一问题，法国政府多管齐下，加强对法企的金融支持：2013年第一季度组建了一家新的出口银行，专门为法国企业在国外获取1亿~2亿欧元以上的大项目合同提供融资支持；加大法国企业对非洲出口担保力度，目前法国两大对非金融支持渠道——法国国库署下、旨在支持法国企业对外投资的研究与民营项目援助基金（FASEP）以及“新兴国家储备”基金（RPE），对非洲业务额已分别达到总业务额的70%和1/3。

法国，这样一个以香水、美酒著称的浪漫国度，这样一个以汽车、飞机为人称道的工业大国，在200余年的品牌发展历程中，迂回坎坷、曲折向前，终独领风骚。

二、浪漫高贵，独特气质

法国的历史是一部丰富的传奇人物史：拿破仑、查理大帝等政治豪杰缔造了法兰西民族的辉煌；雨果、伏尔泰等伟大的文学家、思想家共同积淀了包容丰富的法兰西文化；法国更是全世界公认的艺术家天堂，克劳德·莫奈、阿尔弗雷德·西斯莱等艺术家构建了对世界审美影响巨大的法兰西艺术风格。厚重的文化积淀与百花齐放的文化氛围共同成就了法兰西民族充满浪漫风情的文化特质。法国的宗教、绘画、音乐、建筑和雕塑，法国的哲学、美学和文学，法国的香水、时装和葡萄酒，法国的自由、平等、博爱以及勇于创新的精神，都是其浪漫文化的组成部分。也正是这样的特质造就了法国，造就了拥有世界时尚之都、浪漫之都美名的巴黎。

法国全社会重视文化的氛围浓厚，主要源于法国的民族性格。法国人对于自身文化的自豪感非常强烈，他们对于一切形式的文化输入都非常敏感，坚持保持语言和文化的纯洁性。政府对于文化机构的运作直接进行财政拨款，支持文化的保存与发展。然而法国人却对艺术有着相当高的宽容度，允许不同层次不同风格的艺术流，无论是惊世骇俗的埃菲尔铁塔，还是卢浮宫的玻璃金字塔，法国人都能够对新奇的构思抱着宽容的态度去欣赏。这种宽松的艺术气氛和自身文化的“优越感”，使得法国成为各种品牌云集的肥沃土壤。

在这样一种文化背景之下，法国成为一个极度珍视手工艺术的国家。在保护艺术工艺方面，法国在“法国最佳工匠”（MOF）制度的基础上，于1994年设立“法国手工艺大师”命名制度，获此殊荣的传承人会得到国家的资助用来发展其手艺，并有义务将其掌握的手工技艺传承给年轻人。除国家牵头进行手工艺保护外，法国各级地方政府也在手工艺保护中发挥作用。他们不仅设立民俗博物馆来陈列和展示本地传统手工艺，还鼓励将手工艺保护和经济发展相结合。例如，巴黎市政府特别设立了一些开放式工作室，欢迎手工艺师傅、艺术家和设计师进驻与合作，旨在将传统的手工艺与当代技术以及流行时尚结合在一起进行创新。今天，不少法国奢侈品牌的设计样式都来自这些工作室的创意。

19世纪60年代起，“高级定制装”（Haute Couture）成为极具创意的时尚业集中体现，是世界时尚界的研究引擎。每年两次“高级定制时装大师”定义下一季的趋势，激发全球成衣设计师的创意，然后再传递到全球的快速消费时尚公司。“高级定制时装大师”是依法注册并受法律保护的名称，只有“法国高级时装联盟”（Fédération Française de laHaute Couture）的成员才可以使用。目前，联盟有11个全权成员，包括纪梵希（Givenchy）等一些较老的品牌和安妮·瓦莱丽·哈什（Anne Valé rie Hash）等一些较新的品牌；5个副席成员，包括阿玛尼高级定制（Armani Priv é ）和华伦天奴（Valentino）；8个邀请成员，如亚历山大·沃舍尔（Alexandre Vauthier）。“高级定制时装大师”必须符合一些定性和定量的标准，并且在巴黎设有店面展示其非外包、全手工制作的作品系列。除此之外，法国还有着完善的奢侈品高端管理及教育课程和人才引进制度，不断为全世界的时尚奢侈品行业提供高质量人才，为相关领域人才提供机会。

同时，法国是较早建立时尚产业政策性保护制度的国家，健全而系统的制度化体系保证了法国时尚产业链的良性运转（见图2-4）。法国最骄傲的就是血统纯正的“法国制造”品质，“法国制造”将殿堂级精工细作的品质放在第一位。法国工业部常设战略委员会，运行着一个名为“时尚银行”的机构，目前由迪奥和爱马仕的首席执行官共同主持，此机构主要资助和奖励手工业者在“法国制造”品质上的坚守和创新。而法国工匠行会体系可以追溯到中世纪，且被联合国教科文组织列入受保护名录。在时尚奢侈品行业的制度保护体系中，最具影响力的当属法国高级时装公会，它在法国时尚产业中具有很高地位。在法国，产品从设计到生产，再到销售的每一个环节都隶属于不同的细分行业公会管理，根据细分行业公会颁布的版权保护政策和技术工艺标准要求执行；品牌的降价销售时间严格按照政府规定时间进行，任何品牌不得擅自促销，以维护市场秩序。成立于1954年的法国精品行业联合会也起到重要作用，其聚集了75个法国顶级奢侈品家族，为各个时尚奢侈品品牌保驾护航。

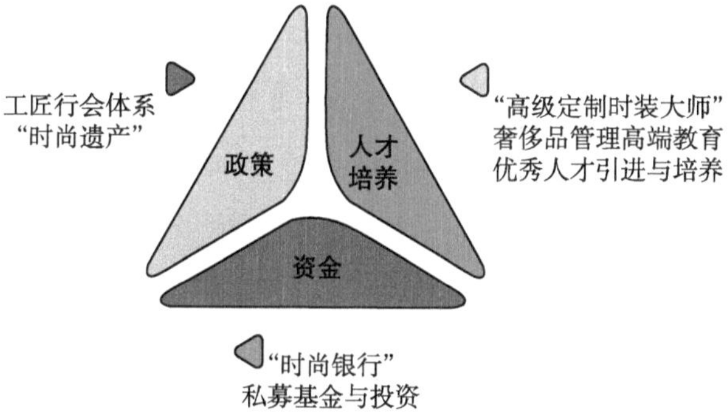

图 2-4 法国时尚奢侈品行业支持系统

图片来源：笔者自制。

法国既是高级时装之都，同时也是配饰、香水、珠宝、室内艺术、酒店业及美食业的领军者，更是引领出版业与装饰品潮流的国家。这些奢侈品品牌各自拥有纷繁复杂的历史渊源、文化、规模及领导者，却同时具有相同的服务规范与使命感，这一切都在与彼此分享时相得益彰。

三、创新严谨，工匠精神

浪漫、高贵、特有气质、富有情调等词汇，是世界为法国贴上的标签，也是法国在经历了悠久而坎坷的历史，受地理环境、经济社会等多重因素共同作用影响下形成的文化特征。尽管被贴上了“浪漫”标签，而法国其实在与浪漫毫不沾边的制造业、高新技术产业领域，也有相当的成就。法国有着悠久的工业制造传统，如今在核电设备、航空和宇航工业、钢铁工业、汽车业都具有世界上首屈一指的制造能力。根据2018年彭博创新指数的评价，法国国家创新力排在第九位。也许正是法国的“浪漫”给法国带来了天马行空的创造力，令法国当之无愧被称为“创新大国”。

由于地域文化上的接近，法国制造跟德国制造有着很多相似之处，如呕心沥血打磨精品的严谨工匠精神，这也是法国诞生路易·威登、纪梵希等这样奢侈品品牌的深层次原因。制作出一个风靡全球的皮具，需要的不只是卓越的设计，还有严谨、精密、力求完美的工匠精神，更需要专注于材料本身，赋予其新生和价值。同样的，著名法国汽车品牌雪铁龙的研发团队中有专门的“闻香师”一职，用来检测车内气体是否让人体产生不适。这样专注于产品、严谨于过程的法国，方能屹立于品牌强国之列。

法国的严谨创新更是集中体现在航空航天工业。在第一次世界大战期间，法国是最主要的飞机生产国，是协约国军用飞机的最大供应国。航空工业战后经历了重建、恢复和发展三个阶段，在政府的支持下迅速走上自行研制的道路。1967年2月，法国成为世界上第三个能用自制火箭成功发射人造地球卫星的国家。法国的阿丽亚娜火箭是欧盟范围内唯一的大推力火箭，运载力在10吨以上，几乎承担欧洲宇航局的所有国际空间站的运输任务。空中客车公司产品上更是集中体现了法国严谨科学、勇于创新的面貌，民用航空领域的空中客车公司虽系法、德、英、西班牙联合体，但它是在原法国飞机公司基础上发展而成的，法国在其中占据主导地位。除整机设计、制造和集成组装外，关键环节技术方面的复杂电子系统和关键部件的飞机发动机均由法国制造或集成制造。

早在20世纪末，法国政府和社会各界就已经意识到科技创新活动对经济发展有着重要的影响力，法国科技战略委员会在报告中就明确指出，科技是经济发展的关键，一个国家现代工业的发展与科研创新是密不可分的。为了提高法国工业竞争力，打造令人记忆深刻的制造业品牌、推动法国经济的发展，法国政府根据本国的经济、科技发展现状和特点陆续出台了一系列政策，对企业的技术创新与应用进行奖励。值得一提的是，法国政府出台了“竞争极”计划，即产业集群战略，希望通过整合优势、突出重点、以点带面的方式促进法国企业的技术创新，提升国际领先水平的高新技术含量，进而推动法国经济的发展。

四、国家品牌，强大背书

法国历经波澜壮阔的近代历史，诞生出不计其数的闪耀着人类文明之光的文学创作和艺术创作，对服装的眼光、对香水的执着钻研以及对美酒的优雅品味已经成为其独特的烙印。随着世界范围内交往交流的不断扩大，国家为品牌做了强大背书，使得法国众多领域的品牌，尤其是时尚奢侈品行业获益匪浅，逐渐成为行业的霸主。

法国作为公认的传统品牌强国，即使近年来受到韩国品牌、中国品牌等崛起的冲击，但在某些行业仍具有不可动摇的地位。根据2017年世界品牌500强排行榜，法国品牌共上榜35个，仅次于美国，位居第二（见图2–5）。其覆盖领域广泛，在众多领域拥有强势的民族品牌——涵盖时尚奢侈品行业（见表2–1）、零售业、金融服务业、制造业等10余个行业，其中10个品牌来自时尚奢侈品行业。涉及行业之广泛、历史之悠久、生命力之旺盛令人赞服。

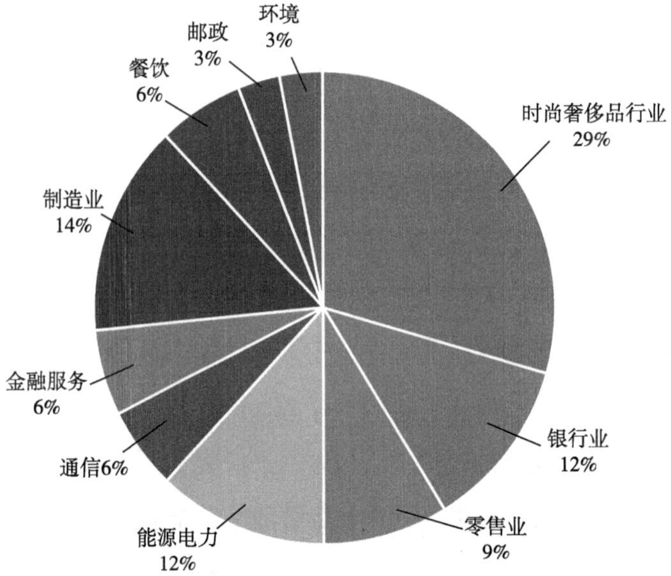

图 2-5　世界品牌 500 强——法国品牌所属行业分布

图片来源：笔者自制。

全球最大的传播集团WPP发布的2017 BrandZ全球最具价值品牌百强榜中，共有三家法国品牌上榜，这三家法国品牌均来自时尚奢侈品行业——LV（第29名，292.42亿美元）、L'OREAL（第38名，238.99亿美元）和Hermes（第41名，234.16亿美元）。而在Interbrand 2017年最佳品牌100强中，也有三家法国品牌上榜，分别为移动营运公司orange、能源公司道达尔以及法国巴黎银行。法国品牌在多个领域都颇具影响力，建立了持久稳定的品牌形象，共同形成强大的法国国家品牌形象。

根据美国硅谷的一家大数据咨询公司发布的时尚产业数据模型，依据经济实力、时尚产业链、购物环境、物流运输、支付和金融结算的便利性，以及媒体影响力和市民衣着时尚度等因素进行数据收集整理与分析，从中分析得出一个地域的时尚产业成熟度。参照2017年时尚产业数据模型，法国巴黎蝉联“时尚老大”位置。法国是时尚奢侈品行业当之无愧的“霸主”，尤其在香水、高级时装定制等领域，难有品牌望其项背。

表 2-1　世界品牌 500 强：法国时尚奢侈品牌排名

排名	品牌名称（英文）	品牌名称（中文）	品牌年龄	所属行业
101	LV	路易·威登	164	奢侈品
105	L'OREAL	巴黎欧莱雅	111	奢侈品
173	Hermes	爱马仕	181	奢侈品
224	Cartier	卡帝亚	171	奢侈品
225	Donna Karan	唐纳·卡兰	34	奢侈品
330	Garnier	卡尼尔	115	时尚品
376	Maybelline	美宝莲	101	时尚品
395	Chanel	香奈儿	108	奢侈品
407	Clarins	娇韵诗	64	时尚品
500	Christian Dior	克丽丝汀·迪奥	72	奢侈品

资料来源：笔者绘制。

除了时尚奢侈品行业，法国在通信、能源、环境服务、制造业等多个行业都有历史悠久、特色鲜明的强势品牌。在技术迭代不断加速、市场环境千变万化的今天，法国品牌依然保持着旺盛的生命力和创造活力。

案例一：

高雅绅士，反叛浪子

——纪梵希的品牌成长之路

奢侈品常被视作艺术品，具有一种独特的魅力，这种魅力不仅来自前卫的设计和精益求精的品质追求，更来自深深根植血液中的文化气质。法国之所以成为时尚奢侈品行业当之无愧的“霸主”，与其无比璀璨的文化和历史密不可分；正是法国的历史和文化，塑造了法国品牌的个性和灵魂。

法国奢侈品品牌众多，每一个都颇有值得研究的趣味。如关于路威酩轩、开云集团等法国时尚大集团的文献资料、相关报道瀚如云海。而同样具有悠久历史，且极具个性的纪梵希（Givenchy）品牌在国内的资料则较为匮乏，缺乏系统的整理归纳。在中国，纪梵希品牌已经成为老牌奢侈品牌中能够较快进入平民化的品牌之一，但是品牌背后的故事和发展历程似乎不被中国消费者所熟知，相关财务数据往往也被淹没在路威酩轩集团闪亮傲人的数据当中。因此本篇将以纪梵希品牌发展历程与品牌故事为探索的起点，以期分析纪梵希在高街品牌[①]发展及奢侈品行业衰退的背景之下，如何坚守品牌DNA，实现品牌的复兴与创新。

一、经典卫士，时尚先锋

以古典优雅的风格享誉时尚界的品牌纪梵希，一直是时装界的翘楚。纪

① 高街品牌最早是指那些英国主要商业街的商店、仿造T形台时尚秀上所展示的时装，迅速制作为成品销售、让人人都能买到的品牌。高街时装品牌的主要特点就是“一流的设计、二流的面料、三流的价格、国际一线品牌的形象”，既迎合了年轻人对时尚的追求，又解决了这个群体囊中羞涩的问题，即“人人都买得起的国际品牌”。例如INDITEX旗下知名品牌ZARA和瑞典时装零售巨头H&M。

梵希品牌LOGO上的4“G”标志分别代表古典（Genteel）、优雅（Grace）、愉悦（Gaiety）和纪梵希（Givenchy）（见图2-6），这是灵魂设计师于贝尔·德·纪梵希（Hubert de Givenchy）创立纪梵希时所赋予的品牌精神。时至今日，虽历经风格迥异的设计师，但纪梵希品牌的4“G”精神却未曾改变。纪梵希是最能彰显个人气质的法国时尚奢侈品品牌之一，旗下有男装、女装、运动装、体育用品、饰品、配件、香水等产品，这些无一不显现出纪梵希品牌特有的优雅精致却不失反叛与创意的特质。纪梵希品牌连续多年名列世界奢侈品排行榜TOP100[①]，可见其强大的品牌影响力；纪梵希品牌也曾获金顶针奖、军团骑士荣誉、奥斯卡优雅大奖等奖项，凭借其独树一帜的优雅格调在时尚界享有盛名，半个世纪以来持续不辍。时至今日，虽历经不同风格意趣的设计师和更迭的审美潮流，纪梵希品牌的DNA从未改变。

GIVENCHY

图2-6 纪梵希品牌LOGO

图片来源：http://www.LOGO11.cn/a/LOGOxinshang/fuzhuangpiju/20140730/18185.html。

所有强有力的品牌都有一个属于自己的品牌故事，无论是产品品牌、企业品牌还是个人品牌，这是品牌令人崇拜和尊敬的重要元素。奢侈品即艺术品，它赋予人们幻想，奢侈品品牌的故事往往来自赋予品牌灵感与

① 世界奢侈品排行榜（The Luxury Bese Of Best），是全球奢侈品行业的奥斯卡排名，是由全球最大的奢侈品研究与管理组织世界奢侈品协会（World Luxury Association，WLA）公开发布的全球奢侈品牌榜单，主要根据品牌的全球影响力、占有率、消费者反馈来进行更新。

个性的设计师。不同于嗅觉敏锐的快时尚品牌，奢侈品品牌需要做的事情是反市场、逆潮流，这种创造离不开设计师自身的个性和经历。纪梵希品牌作为一个典型的个人品牌，其故事充满着于贝尔·德·纪梵希对优雅与传统的继承和对反叛与创新的思考。此后，尽管历届不同创意总监、设计师，不可避免地在一定程度上影响了纪梵希的品牌个性，但值得庆幸的是，纪梵希品牌一直由具备与品牌创始人类似特质的人所执掌，虽然历经时代变迁，却仍然保持着优雅、时尚而颇具反叛意味的气质和个性（见图2-7）。

一切都要从于贝尔·德·纪梵希这个“矛盾综合体”说起。他既是内敛保守的贵族，又是大胆奔放的浪子；既是历史传承的守护人，又是勇气十足的先驱者。纪梵希的浪荡与隽永、不羁与经典兼具的美学趣味，构成了品牌在今天的独到视野。

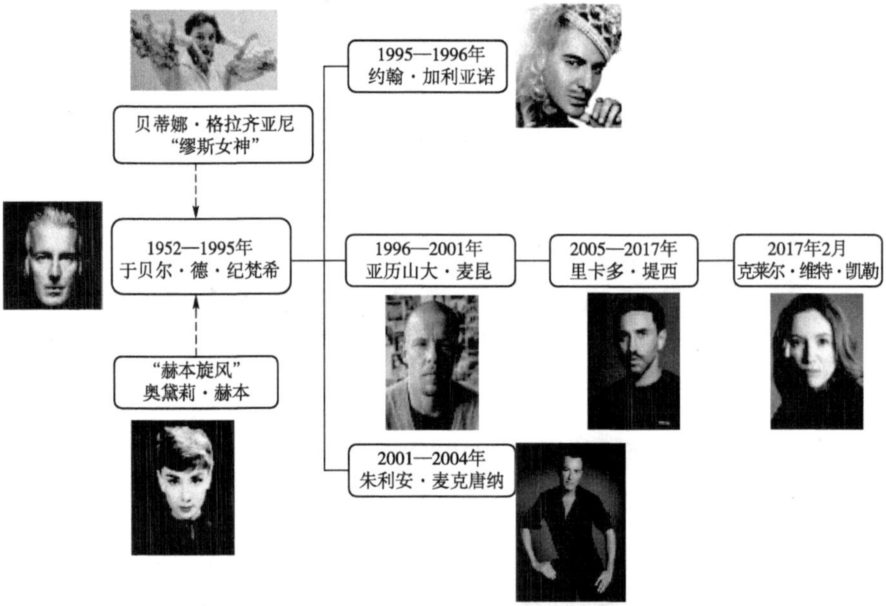

图 2–7　纪梵希历届掌门人及重要灵感“缪斯”

图片来源：根据相关资料作者自行绘制。

1927年，于贝尔·德·纪梵希在法国北部城市博韦出生（见图2–8）。1937年，年仅10岁的纪梵希参加了一个影响他一生的展览——巴黎服装博览会，展会上优雅繁复的服饰深深地印在了他的脑海里。从那时起，他励志做一名服装设计师。17岁那年，他离开家乡在巴黎一家时装屋成为一名学徒，一边给杰奎斯·菲斯（Jacques Fath）当学徒，一边在法国国立美术学校（French National School of Fine Art）学习绘画。1947年，他加入伊尔莎·斯奇培尔莉（Elsa Schiaparelli）① 的团队，很快他便升任Schiaparelli旺多姆广场精品店的艺术总监。1952年，纪梵希在巴黎第八区的Rue Alfred de Vigny大街上创立了同名时装品牌。自此，纪梵希和纪梵希品牌一起，开启了一段激动人心的旅程。

纪梵希拥有法兰西贵族血统，兼具优雅的传统品位与犀利的颠覆眼光。这种双重个性成为他独特的个人风格，也成就了纪梵希品牌，他首次推出的时装系列就是佐证。他的“Séparables”离散系列带来了女性时尚风格的分野与“休闲时尚”潮流的出现，宣告了一个自由、优雅时代的到来。

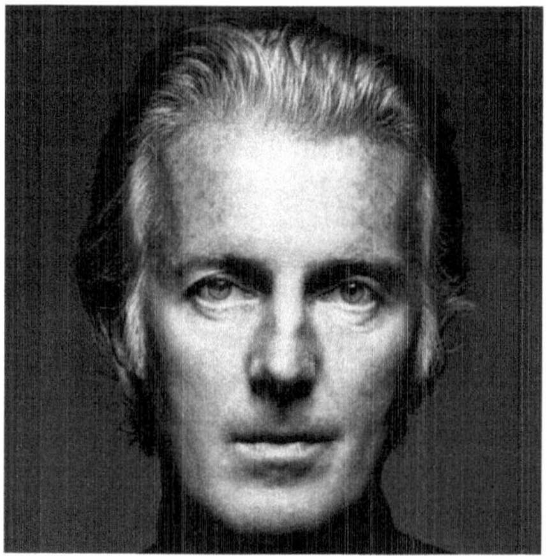

图2–8　于贝尔·德·纪梵希本人

图片来源https://baijiahao.baidu.com/s?id=1594811582686435536&wfr=spider&for=pc。

① 伊尔莎·斯奇培尔莉（Elsa Schiaparelli）（1890—1973）生于意大利罗马。她被公认为是20世纪最有名的服装设计师之一，也是一位作家。

1953年，纪梵希的事业出现了巨大的转机，他遇到了年轻的好莱坞女演员奥黛丽·赫本。她穿着选中的两件衣服参与了*Sabrina*的拍摄，使得观众为之倾倒，而赫本优雅的气质和不俗的风格也为纪梵希带来了无数灵感。纪梵希甚至为奥黛丽·赫本量身定做品牌的第一款香水L' Interdit，并亲自为奥黛丽·赫本设计其在《蒂凡尼的早餐》中的经典形象——小黑裙，成为时装史上的丰碑，载入了时尚编年史史册，而两人的友情至今仍是人们津津乐道的话题。1969年，纪梵希创立了他的男士成衣系列“Givenchy Gentleman”。作为一个身高198cm的“时尚巨人”，纪梵希谦逊温和的性格、优雅不俗的品位和富有魅力的个人气质，使得他受到了业界人士和各界名流的喜爱和尊敬。1995年，他功成身退，离开了自己创立的品牌。2018年3月10日，纪梵希去世，享年91岁。

作为一个多方面的先锋，纪梵希是第一位演绎高级女士轻便装的设计师（1954）。他在作品中将高贵典雅与大胆摩登结合为一体。“分割设计”（1952），“皮包状裙子设计”（1955），“漏斗状的彩色外套”（1958），“信封状的裙子”（1966），及印花布料全都在纪梵希品牌的设计中有所体现。Givenchy执掌纪梵希品牌的43年生涯就像是一部微缩的时尚史，见证了二战后巴黎高定的黄金时代，历经20世纪60年代美国休闲服饰对法国时装的冲击，以及90年代大公司资本化给品牌带来的机遇与风险。这位生来优雅的“时尚巨人”，给后人留下的是无尽的想象与回忆。

1995年7月11日，纪梵希在他的最后一次高级时装发布会后宣告引退。纪梵希说：“希望由一个同样富有前瞻创意的新人来继承，闯出一片新天地，而不是单纯延续纪梵希时装屋的原貌。”纪梵希品牌的这台展示会是空前的，也是令人难忘的。“时尚、经典、隽永、反叛”——人们在他塑造的活泼而优雅的女性形象中重温了这一品牌多年来的风格本质。对此，伊夫·圣罗兰（Yves Saint Laurent）在写给他的信中说到：“我理解你的决定，但依然难过不已。因为在这个与我们的生活和思维方式相去甚远的变幻时代，你是时装界的最后一个灯塔。”对于具有强烈个人品牌特质的纪梵希品牌来说，失去了灵魂人物，即宣告了其最具戏剧性的一段品牌故事的完结。与此同时，关于继任者能否在纪梵希的强烈光环下，成功带领纪梵希品牌走向未来的讨论声也此起彼伏。设计师是品牌的灵魂，也是品牌的精神领袖，继任品牌领导者在这一阶段经历了三次快速更迭，其中包括只掌管纪梵希品牌一年就离开的约翰•加利亚诺（John Galliano）；叛逆不羁的亚历山大•麦昆（Alexander McQueen）；以及钟爱奢华气质的朱利安•麦克唐纳（Julien Macdonald），这三位设计师同时都运营着自己的设计事业。

结合法国时尚奢侈品行业发展背景以及纪梵希品牌发展大事记，可以将纪梵希品牌成长之路划分为四个阶段（见图2–9）：品牌萌芽阶段、品牌转型阶段、品牌震荡阶段和品牌创新阶段。作为一个典型的个人品牌，尤其是具有艺术属性的时尚奢侈品品牌，纪梵希的成长之路无疑与品牌档案中的法国品牌总体发展历程紧密相关，品牌的几个灵魂人物均对纪梵希品牌的发展影响深远。

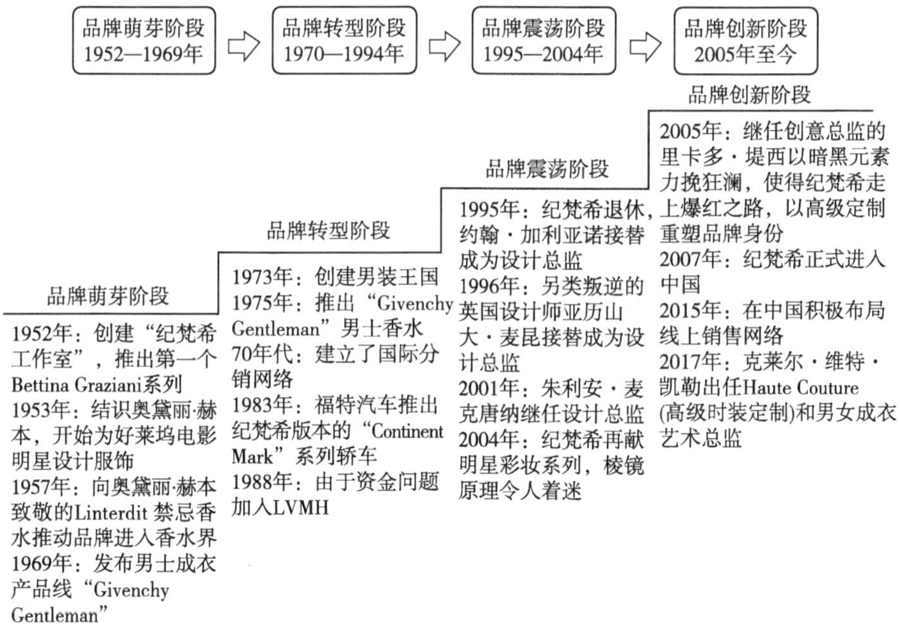

图 2–9　纪梵希品牌成长之路大事记

图片来源：https://julienmacdonald.com/。

二、传奇伊始，匠人之心

20世纪50年代，刚刚经历世界大战的欧美各国纷纷将重心回归到本国经济建设上来，各国政府均出台相关政策，积极行动重振本国经济。二战结束后，法国进入到“光荣的30年”，经济有了前所未有的繁荣增长，大量品牌纷纷涌现，出现了品牌建立的热潮，纪梵希品牌正是在这一时期创立。当时惊人的经济增长率，以及空前的婴儿潮带动了基础设施和服务业的发展，各种商品和休闲娱乐大量出现，新富现象向传统的风俗和习惯提出了挑战，促进了法国时装业的发展，为纪梵希品牌带来了发展机遇。

同时期，法国存在主义作家西蒙娜·德·波伏娃写下了著名的女性主义著作《第二性》，这部著作也成为女性主义运动第二次浪潮的奠基之作。女权运动的兴起推动了女性进行思考，并从最直观的服饰方面做出变革，强调女性美和自由曲线。同时印花技术经过改良之后被大量使用到设计当中。女性的收腰身合体意识开始逐渐得到强化和发展，西方女装以此为开端，开始由二维空间结构正式向三维空间结构转变。20世纪50年代被认为是时装发展史上的黄金时期，各种新材料、新设计层出不穷，优雅大胆的色彩碰撞，繁复古典的剪裁设计，与战时传统军装和工装的灰黑蓝相比，从无色彩大跨步迈入反映女性曲线美的多彩世界。20世纪50年代在时尚史中处于一个承上启下的时期：一方面，西方女装在结构方面沿袭了旧世纪丰胸圆臀的曲线造型；另一方面，这一时期大量涌现的服装设计师开始将立体剪裁与平面剪裁有机结合在一起，在结构方面进行创新，使新奇而独特的女装造型成为50年代区别于其他时期的显著标志。受女权运动思潮的影响，50年代后服装不再是无形的牢笼，摆脱社会、家庭束缚的女性开始为自己而穿衣，服装越发凸显女性线条美与气质。当时整个服装行业出现了不可逆的洪流：时装民主化。从过去强调服饰女性化，到把女性从束缚肉体的紧身胸衣中解放出来，回归女性身体的自然形态；排除服装上的社会性差别，纠正古典式的阶级差和性差别之偏见；从束缚四肢活动装饰过剩的传统重装中解放出来，向便于活动、符合快节奏现代生活方式的轻装样式发展。

从1952年2月2日个人的第一个时装系列开始，纪梵希品牌便开始引领女性线条美的革新。纪梵希的秉性和个人经历也反映在他对艺术的追求上，他坚决果断，是一个极简主义者；他的风格融合了革新的思想和高贵优雅的特征。在当时的服装界，缎带、蝴蝶结花团锦簇，而纪梵希品牌是一个异类。在50年代，他力主衣装的简式优雅、坚持女性无拘无束的自由身躯，刻意忽略胸线、腰线的设计，而以低胸或直筒的“自由线条”唤醒女性解放身体的意识。这种前卫的观念，领先于60年代沸腾的女权运动，从根本上改变了服饰“S”形时代的审美风向。纪梵希以敏锐的时尚眼光意识到一个乘飞机旅行的现代化时代已经到来，妇女开始争取自由、解放的服饰，他率先大胆地将用于制作男衬衫的材料用于女装上衣及晚装。他曾说，“这使女性可以体会到一些作为自身形象塑造者的快乐”。

19世纪初，法国高级时装业就已经具备了一定的规模，缝纫机的发明更是为高级定制时装提供了便利，为法国的时尚产业由手工缝制向现代化转型奠定了技术基础。在1900年的巴黎国际博览会上，法国的高级时装定制正式步入国际舞台。高级时装本身具有丰富的历史、文化内涵，能够继续为新一代的设计师提供灵感来源；高级时装行业催生了其他一些时尚行业，如传媒行业、模特行业、摄影行业等；高级时装承载着维护巴黎时尚之都的氛围，并上升为艺术的一种形式；高级时装概念和知名品牌为其旗下的各个产业提供产品创新的平台；高级时装概念的价值已经不能单纯地以经济价值来衡量，而是具有更复杂、更深层的文化艺术价值。

纪梵希品牌获得巴黎高级时装公会的入会资格认证，并且是百分百纯巴黎血统的品牌，并拥有了法国高级时装联合公会正式资格，是名正言顺的正式会员（Members Haute Couture）。现在，它致力于推广法国时尚文化，组织每年两次的巴黎时装周（春夏和秋冬），并且为新兴品牌提供财务和技术支持，也是法国时尚业发展至今的直接推手。每年的“巴黎春夏时装博览会”和“巴黎秋冬季时装博览会”都成为世界上最受瞩目的时装盛会，引领着全球服饰的潮流、重塑着人们对于流行的观念。

当时的纪梵希，其品牌公共关系总监是超模贝蒂娜·格拉齐亚尼（Bettina Graziani）。纪梵希品牌首次发布会上，贝蒂娜第一个出场，成就了那件出名的“Bettina衬衫”。荷叶边衣袖配以Pierre Brivet操刀的网眼刺绣，下半身搭配赫雷尔（Hurel）华达呢短裙，充满年轻活力和新鲜朝气。在结构感的线条中混入简单明快的理念，与当时主流的紧窄剪裁形成了鲜明对比。此后，奥黛丽·赫本成为纪梵希的灵感源泉，拍摄于1953年、轰动一时的电影《罗马假日》，女主角奥黛丽·赫本所穿之戏服，即出自当时年仅25岁的纪梵希之手。纪梵希也因此声名远播，成为纽约知名时装设计公司礼聘的对象。之后，纪梵希还为赫本担任主角的《巴黎的恋人》《蒂凡尼的早餐》《夏拉德》《妙女贼》等七部影片出任服装设计，同时也为她个人的日常着装做设计，共同创造了令人难忘的“优雅形象”“赫本模式”，令全世界各地少女争相模仿。

纪梵希个人风格和纪梵希品牌的高定气质由此诞生。这种风格也在随时间发展而变化，在优雅的基础之上，逐渐融入华丽元素、纯粹的线条以及繁复精致的设计，在传统与现代、工艺与创新之中取得了平衡。经典的线条配合醒目的印花，为丰富多样的面料赋予优雅贵气。每一季服饰都饱含着对传统的敬意。当时的艺术家、朋友、名模和纪梵希的忠实客户共同塑造了传奇般的纪梵希风格。

可见，从创立伊始，纪梵希便坚持个人品牌和高级定制品牌的道路。推出了包括贝蒂娜衬衫在内的首个作品系列，使他声名大噪。1954年，纪梵希推出*Givenchy université*系列，成为首个拥有奢华成衣产品线的设计师。后于1969年推出男装系列“纪梵希绅士”。同时也是在赫本的努力下，于贝尔·德·纪梵希的名字出现在了自己的电影合同中。纪梵希在这一时期还以赫本为灵感创作推出首款香水L’Interdit，两人的合作也对时尚行业带来极大影响——首次有一个品牌与明星产生联系。在另一位对纪梵希产生重要影响的人物——克里斯托瓦尔·巴朗斯加的引领下，纪梵希重新认识了高定行业，事业得到了更大的发展，而且克里斯托瓦尔·巴朗斯加（Cristobal Balenciaga）在1968年关闭自己的品牌——巴黎世家时，将老顾客全部介绍给了纪梵希品牌。可以说，纪梵希凭借本人的迷人魅力及天才设计师的灵感，推动了纪梵希品牌的发展，逐步建立了纪梵希品牌延续至今的优雅形象。

图2-10显示了在品牌萌芽阶段，纪梵希品牌发展过程中的影响因素、行业导向以及发展保障等。

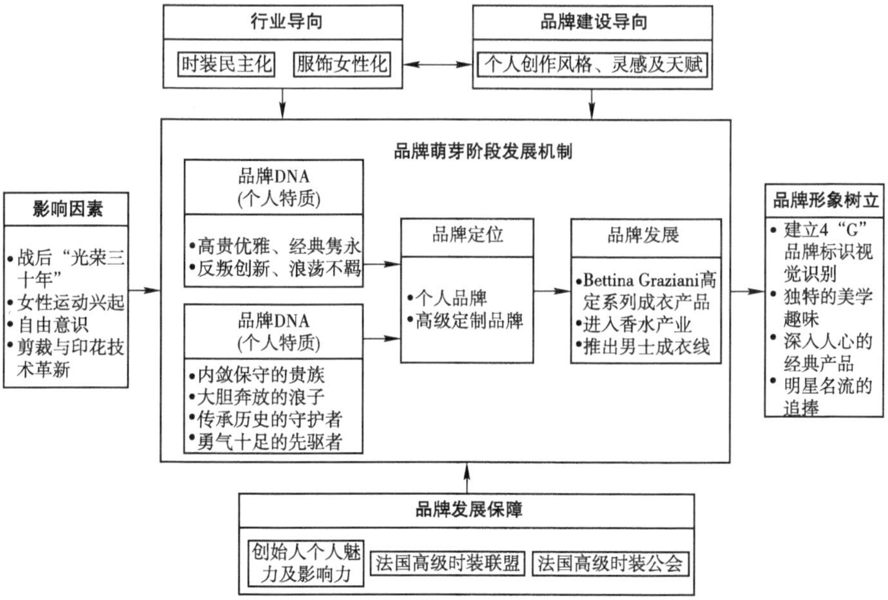

图 2-10　纪梵希品牌萌芽阶段发展机制

在品牌萌芽阶段，纪梵希极富个人魅力的个性和优雅的个人风格既成就了纪梵希品牌，建立了品牌识别，也是保障品牌得以顺利发展的重要因素。除赫本外，纪梵希经典、简约流畅的设计还吸引了一众杰出女性，如摩纳哥格蕾丝王妃、肯尼迪夫人、温莎公爵夫人等。从这一时期开始，纪梵希的品牌DNA就融入神秘优雅的4“G”符号当中，通过经典优雅的设计肆意地表达着纪梵希的设计天赋，由此开启了纪梵希品牌的传奇之旅。

三、持续创新，品牌扩张

法国经济飞速发展的势头一直从20世纪50年代持续到70年代，然而1973年的滞胀危机极大地冲击了法国品牌。20世纪80年代末开始，随着全球经济一体化的浪潮，法国各企业也纷纷扩张自己的品牌，抢占全球市场，建立自己的分销网络。这一时期，企业规模不断扩大，跨国企业数量增多，品牌间的兼并现象层出不穷。为了迅速促进欧洲各国经济从滞胀危机中恢复并实现发展，1991年12月11日，欧共体马斯特里赫特首脑会议通过了建立欧洲经济货币联盟和欧洲政治联盟的《欧洲联盟条约》。1993年欧共体开始向欧洲联盟过渡，同年正式成立。政治区域一体化给法国的时尚奢侈品行业提供了扩大区域市场的机会和便利条件，法国企业更是跟随着全球经济一体化的步伐，抓住了建立国际分销网络的机遇。

20世纪70年代开始，纪梵希品牌积极建立分销网络，借助区域一体化和经济全球化趋势，逐渐实现品牌扩张，尤其是在远东地区和美国，实现跨国发展。也正是在70年代，纪梵希下定决心开始设立纪梵希品牌专卖店，以使纪梵希品牌设计的高级定制时装能够有持久的品牌保障。

社会文化环境方面，1968年法国爆发了学生运动，此后法国逐步进入了个人主义社会。个人主义社会强调尊重个人的自由和独立性以及个人的权利，主张个人的价值和地位远远高于集体和社会的价值和地位。70年代也是后现代文化发展的时期，这一时期朋克、嬉皮士等文化传入了法国，其反主流、迷恋自由的狂热文化成为当时的社会特征。这一时期的服饰也深刻体现了流行文化的烙印，强调个性的表达。尤其是美国时尚观念的传入带来了时尚的变革，牛仔裤成为当时最为流行的服饰之一。纪梵希品牌所代表的传统高级定制行业也受到了来自美国文化的冲击，人们的审美情趣开始发生转变。

1981年，纪梵希香水线被凯歌香槟公司收购后，母公司又与法国路易斯威登（Louis Vuitton）合并。1988年，纪梵希因为财务原因，以4500万美元的价格将自己的时尚业务转让给了LVMH集团，自己一直担任“法国纪梵希设计室”首席设计师，直到1995年退休。正式加入LVMH集团后，纪梵希品牌利用LVMH集团的影响力、资源与分销渠道，进一步实现品牌扩张。纪梵希品牌的独立发展离不开LVMH集团在全球扩张的过程中奉行“兼而不并”的多品牌策略：其中“兼”指LVMH集团将奢侈品的精神注入诸多品牌中，使其面对日益扩大的“新奢侈品”市场及追求趋优消费的消费人群时，获得了更多的发展机会；“不并”指LVMH保持下属品牌自身的独立以及品牌间的独立，在市场和形象传播策略上彼此独立，而在全球扩张和渠道运营上资源共享。

1982年，纪梵希在纽约时装工学院举办了30年回顾展，并于1992年在巴黎的凡尔赛宫举办40年回顾展。两场回顾展由Givenchy亲自操刀设计，所展示的经典作品在两个时尚之都的魅力之下，更显迷人，显示了纪梵希品牌穿越时代的优雅与格调，令很多观展者心生敬畏与感动。纪梵希品牌作为高定的经典品牌，历来重视与社会名流交好。在1963年肯尼迪总统遇刺后的葬礼上，悲痛欲绝的杰奎琳就身着纪梵希高定出席，有人说纪梵希掌握着肯尼迪家族全部成员的服装尺寸。纪梵希品牌也是当时非常多法国名流出行首选的品牌，足见社会名流对纪梵希品牌的信赖和追捧。在与其他品牌建立合作关系方面，纪梵希也给予了充分的关注：1987年初纪梵希品牌与著名童装品牌面包和巧克力（Tartine et chocolat）合作，一起设计出全世界第一款亲子香水——小熊宝宝（PTISENBON）香水，成为全世界知名的亲子香水。

在品牌延伸方面，纪梵希品牌持续发力，不断扩大自己的版图。在1969年男装成衣产品的基础上，于1973年创立了男装帝国，将纪梵希推崇的绅士风格发扬得淋漓尽致，成为纪梵希品牌发展史上的里程碑事件；1989年，为了让品牌风格和个性更加完整，纪梵希品牌首次推出皮肤护理和彩妆产品线，利用纪梵希品牌在高定领域的声誉扩展到化妆品行业，实现了品牌价值的延伸。纪梵希护肤系列建立在广泛的科学研究与创新配方的基础上，可以满足各种类型的皮肤护理需求。而纪梵希彩妆系列从幻影四宫格粉饼（Le Prisme Visage）——革命性的四合一蜜粉盒开始，为女性提供全面塑颜的自由。在此期间，纪梵希品牌自然地开始多样化经营，推出了鞋履、珠宝、领带、餐具、家具面料等产品线。因为热爱装饰艺术和室内设计，纪梵希本人还为全世界的希尔顿（Hilton）酒店提供室内设计工作。同时期，在以服务豪华酒店顶级美容中心为主的纪梵希水疗研究开发下，护肤系列开始走高科技医学美容路线，获业界重视。

在纪梵希的朋友和导师，传奇设计师克里斯托瓦尔·巴朗斯加的建议下，Givenchy在20世纪70年代开始大力推广许可证制度，即创立纪梵希品牌专卖店，以确保工作室的精神和灵魂——高级定制时装系列的良性传承。同时，虽然后期由于财务问题加入了LVMH集团，但集团对纪梵希品牌采取了宽松的管理制度，对纪梵希品牌形象几乎没有产生任何负面影响，纪梵希反而借助其庞大体量带来的时尚资源和财务支持，促进了自身的发展。图2-11显示了品牌转型阶段，纪梵希品牌发展过程中的影响因素、品牌建设导向以及发展保障等。

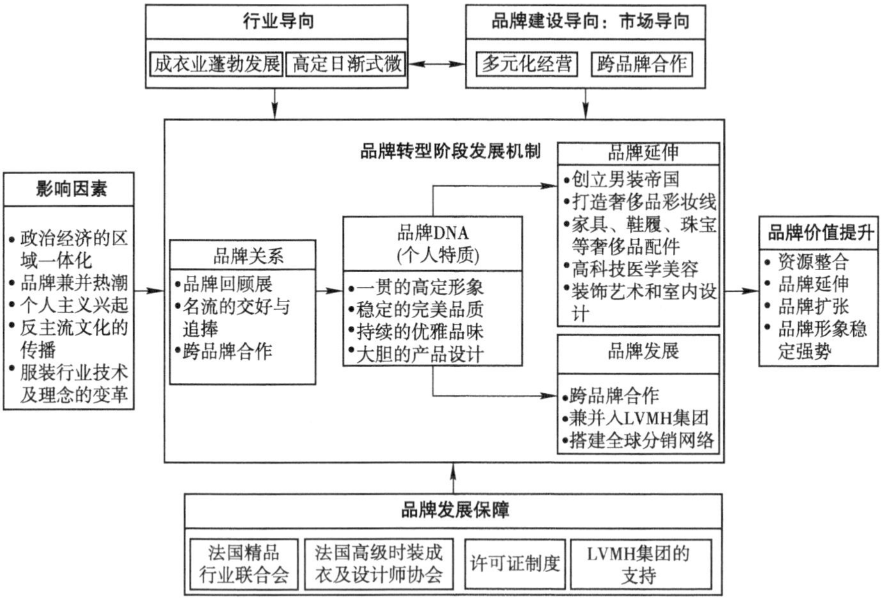

图 2–11　纪梵希品牌转型阶段发展机制

20世纪六七十年代是服装史上空前大变革的年代，高级定制的权威性被削弱，成衣业的年轻设计师以流行、创新、迅速迭代的设计来对抗高级时装的设计传统。成衣业快速发展的背后，是高定的日式渐微，至此进入快时尚时代。随着顾客层次和消费能力的改变，高级定制时装店因只拥有服装部门的经营方式而变得日益困难。许多高级时装店，包括纪梵希品牌，转而利用其在国际上的既有声望，发展服装的其他相关部门，以多元化的经营方式继续发展。

在稳定原有品牌定位的同时，面对高街品牌的冲击和高定日渐式微的颓势，纪梵希还将品牌延伸至其他相关产业当中，如医美业、美妆业、酒店业等，并通过跨品牌合作、兼并及搭建分销网络的范式，促使纪梵希品牌实现全球范围内的扩张，实现品牌价值的稳定。在这一阶段，纪梵希在坚持原有品牌DNA的基础之上，增强品牌与消费者的情感连接，加强其他品牌的沟通合作，实现了品牌业务的延展和品牌扩张。在高级定制行业衰退的背景下，实现了品牌价值的提升。

四、三度易帅，争议纷乱

1995年10月法国重新建立公共财政并付诸实施以来，利率大幅下调。为实现2007年零赤字的目标，法国政府加重了企业的财政负担，给法国品牌的健康发展带来了压力。同时在这一阶段，法国经济增长明显放缓，受到欧盟主要伙伴经济下行影响与区域一体化影响，法国经济产生波动。1993年成立的欧盟组织在这一阶段发挥了重要的作用，对区域经济发展和政治合作都产生了相当不小的影响。但是成员国文化背景、经济发展程度等参差不齐，也为日后的经济危机埋下伏笔；同时，由于法国政府许下解决经济困局的承诺没有兑现，法国国内社会矛盾也随之凸显，这对法国品牌的健康发展是一个挑战。

奢侈品运营具有周期性特征，而且成本固定，品牌推广、旗舰店、员工、样品系列，以及其他奢侈品运营环节中的重要元素都是不小的支出。面对着全球性的经济放缓，奢侈品销售放缓导致了运营额缩水，进而利润受压缩，影响市盈率。全球经济的波动，也造成了全球消费者对购买奢侈品的预期降低，进而影响了时尚奢侈品行业的发展。

法国高级时装成衣及设计师协会与法国精品行业联合会一如既往地为纪梵希品牌的发展提供支持，也在一定程度上扮演了整个奢侈品行业的“减震器”。法国政府以及行业协会一直致力于挽救和保护高级时装行业，其主要原因是为了维持和再造高级时装业的综合社会效应。然而在当时高街品牌快速发展的冲击下，其作用的确有限。以下是纪梵希品牌震荡阶段的发展历程。

1995年，退休的纪梵希将纪梵希品牌交到了天才设计师——约翰·加利亚诺手（John Galliano）中。约翰·加利亚诺1980年进入英国中央圣马丁艺术与设计学院学习时装设计。大学毕业后他在伦敦东部的一个废弃的仓库里开设个人工作室，开启了执着又狂热的设计生涯。1985年，约翰·加利亚诺打出了个人冠名的牌子，他的标新立异不仅体现在作品的不规则、多元素、极度视觉化等非主流特色上，更是独立于商业利益驱动的时装界外的一种艺术回归，是少数几个首先将时装看作艺术，其次才是商业的设计师之一。1988年，加利亚诺被评选为英国最佳设计师。在每季度的时装展示会上，他都能够推陈出新，展现顽童般天马行空的思维。虽然约翰·加利亚诺仅执掌纪梵希一年，但是其惊人的个人风格，依然是纪梵希品牌故事中浓墨重彩的一笔。

仅一年后，纪梵希品牌再度易帅。亚历山大·麦昆（Alexander McQueen）以其叛逆不羁的设计风格而有“坏孩子”之称，被认为是英国的时尚教父。1997年他取代约翰·加利亚诺担任纪梵希品牌首席设计师。LVMH集团要求亚历山大·麦昆一年要为纪梵希品牌做10个系列，而与此同时他于1992年创立的自己同名品牌的时装也仍在继续，这足以证明麦昆的创意像喷泉一般源源不断、肆意张扬，其服装设计通常充满了戏剧性。后期由于与纪梵希品牌高层交恶，亚历山大·麦昆于2001年愤而离开纪梵希公司。

2001年，28岁的朱利安·麦克唐纳（Julien Macdonald）受到纪梵希品牌及LVMH集团的邀请，取代了亚历山大·麦昆成为首席设计师。1996年，朱利安·麦克唐纳成立了自己的公司并在伦敦时装周上展示。2001年他获得了“英国年度设计师”称号，同年7月为了表彰他对英国时尚的贡献，威尔士大学授予他荣誉院士的称号。他在2001年为纪梵希品牌推出第一个系列，其设计风格在业内获得了好评，以华丽冷艳的高定设计风格为纪梵希品牌的优雅增添了奢华气息（见图2-12）。2006年6月，朱利安·麦克唐纳被英国女王授予大英帝国勋章。

图 2–12　朱利安和他设计的成衣

图片来源：https://julienmacdonald.com/。

2005年，频繁易帅的纪梵希品牌迎来了一位极具争议的设计师——里卡多·堤西（Riccardo Tisci）。为了给纪梵希品牌一贯的时尚和贵族般优雅的风格注入新意，里卡多·堤西在设计中加入了浪漫主义和性感的元素。通过加入暗黑元素、金属光泽、动物和花的图案，他创造了一种融合简单线条和图形结构的轮廓。在忠实于纪梵希品牌的传统创意和精神的基础上，里卡多·堤西成功开创了"堤西时代"，品牌拥有了更现代化、个性化的元素，再次焕发出强大的生命力。尽管其设计风格充满争议，但难以否认，里卡多·堤西时期的纪梵希品牌成为年轻消费者的宠儿。里卡多·堤西将狗头（见图2–13）、鲨鱼和宗教题材的印花大胆引入，使得这几款衬衫成为当季爆款。自纪梵希印花T恤面世以来，数以万计的高街品牌、网店、快闪店都在复制这些设计，将这种大胆变成潮流趋势，极具艺术感。

与很多设计师都甘心居于幕后不同，堤西非常重视自我运营和个人品牌建立，似乎不愿意笼罩在纪梵希品牌和纪梵希本人的"阴影"之下。在英国视觉先锋杂志Dazed 2011年的封面上，他就穿着短袖、一双运动鞋，抱着三位赤裸的模特上镜，既大胆又富有艺术性。堤西的设计是将极具冲击力的个人品牌与纪梵希品牌很好地结合到一起的典范。

图 2-13　堤西设计的“狗头”衬衫

图片来源：https://www.givenchy.com/apac/zh/men/ready-to-wear/t-shirts/。

堤西还利用自己的声望完成更多个人使命——挑战现有美学观念、支持多姿多彩的T型台以及支持各种慈善项目。正如创始人纪梵希所做的那样，他将注意力倾注在发掘模特们的个性以及独特的气质内涵上，并在个性十足的秀场编排中得到体现。他力排众议第一个启用了黑人模特与白化病模特；他的独具慧眼也使得荷兰超模劳拉·斯通（Lara Stone）和中国超模奚梦瑶走入人们的视野；最富争议的是他竟然在自己的时装推介会上首次启用了变性模特。在2016年春夏秀上，他甚至打破了时装周秀场的传统，在这场秀上纪梵希品牌只保留280个位置给专业机构与业内人士，其余1000多张票提早向公众开放预约，即将时尚面向普通人，这无疑是离经叛道的行为。为了给纪梵希品牌增添新元素，堤西致力于吸引先锋式人物，并形成极具传播性的话题，通过这些人物引发的热议从时尚圈推及至大众视野，引起更广大消费者的共鸣，增强人们的代入感，的确颇具商业与艺术眼光。堤西执掌纪梵希品牌的12年间，以其强烈的个人风格改变了品牌的面貌，肆意表达着根植在纪梵希品牌中的反叛基因。在守卫经典高定气质的同时，使品牌朝向更加年轻化、刺激化的方向跃进。

而2017年刚刚上任的克莱尔·维特·凯勒（Clare Waight Keller），不仅是纪梵希品牌的第一个女性创意总监，也是唯一一个希望还原纪梵希时代杰作的继承者。克莱尔上任后的第一件事，就是将4“G”LOGO重新放到重要醒目的位置，在新一季的设计当中就出现了品牌LOGO。纪梵希品牌DNA中的摩登优雅、独立神秘，深深吸引着克莱尔。她更加倾向于在品牌核心精神之上的细致开发与延伸，引导品牌散发出忠于自己本质的耀眼光芒，创造出全新故事。首个系列的各种细节里，这种细腻的设计风格已初显锋芒，令纪梵希的经典设计“贝缇娜风格”（Bettina Style）优雅回归。充满新意的金色唇印印花短裙、GV3手袋，印证了这位女性设计师敏锐的潮流嗅觉。而首次与女装成衣同时发布的男装系列，更是通过修身感性的线条对纪梵希品牌的男士形象进行了重塑。

虽然历任纪梵希掌门人与创始人Givenchy设计风格有所不同，但从积极的角度来说，他们依然为品牌注入了新鲜的血液，丰富和发展了品牌的个性，为纪梵希品牌的设计史上留下了独特记忆。当然也有质疑的声音，质疑这三位设计师与纪梵希的品牌气质不甚契合。不过至少在高级时装定制领域，纪梵希保持了品牌的一致性，优雅而反叛的DNA得以延续。品牌具有不可替代的文化性，对创始人创造的品牌最初概念的继承，是塑造个性的关键，而经过历史不断冲洗形成的品牌DNA是品牌概念之精髓所在，也是纪梵希长期坚持的品牌无形资产。

尽管在这一阶段发生品牌震荡，但是纪梵希并非毫无成就：有三位设计师的作品得到了时尚界的一些肯定。纪梵希品牌在男装方面于2003年宣布委任奥斯华·宝顿（Ozwald Boateng）为纪梵希男装的创作总监，其风格是将现代的英式裁剪技术结合自己对颜色及对细节的感受而演绎出来的独特的时尚感。奥斯华·宝顿是纪梵希首任男装设计师，也创立了纪梵希男装进一步拓展业务的一个重要里程碑。2004年，纪梵希再献明星彩妆系列，棱镜原理的设计使无数女性为之疯狂。1999年，尼古拉斯·迪恩（Nicolas Degennes）加入纪梵希，担任彩妆艺术总监，并一直将纪梵希品牌锐意革新的精神延续至今。受纪梵希时装前卫性感的T台造型启发，尼古拉斯·迪恩于2013年推出高定系列（Couture Line）香水，包括小羊皮高定唇膏和高定粉底等标志性元素。创新的质感、大胆的色彩、奢华的设计，尼古拉斯·迪恩将彩妆提升到了真正的奢侈配件的级别。纪梵希彩妆和香水仍然忠于纪梵希本人所开启的传奇，延续前卫创新的高定色彩。

图2-14显示了纪梵希品牌震荡阶段发展过程中的影响因素、行业导向以及品牌发展保障等，在整个行业宏观呈现颓势的背景下，品牌灵魂人物的离场和执掌者的频繁更迭，不可避免地冲击了纪梵希品牌。在品牌舆论和品牌转型的阵痛之下，纪梵希品牌依然保持着创新发展的态势。该阶段纪梵希在传承品牌DNA的基础上，深刻凸显了设计师的个人风格。

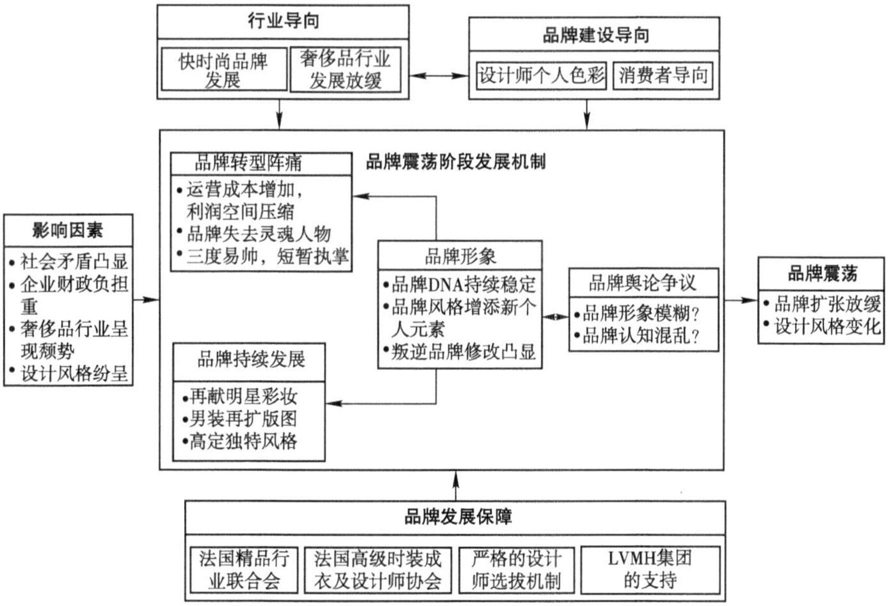

图 2-14　纪梵希品牌震荡阶段发展机制

这一时期纪梵希品牌的发展依然得到了LVMH集团的大力支持，依托其庞大的体量和资源渡过难关。LVMH集团利用独特的“LV整合法则”希望改善困境中纪梵希品牌的经营。“LV整合法则”指的是LVMH集团对LV的经典改造。其方法是通过挖掘纪梵希品牌历史，勾勒出其品牌特质，并为纪梵希品牌寻找合适的设计师来表达其优雅而反叛的品牌DNA，同时理顺销售渠道，努力打造市场形象。LVMH集团任命纪梵希的设计师时，也恪守标准，严格挑选了年轻的、富有创造性的、与品牌精神相契合但仍保持自身风格的设计师。

这一阶段，由于品牌创始人的离开，具有强烈个人品牌特质的纪梵希品牌不可避免地受到了冲击。尽管如此，纪梵希依然保持着稳定一贯的品牌DNA，持续进行品牌维护和管理。同时也由于不同风格个性的设计师的加入，纪梵希品牌中也增添了更多新元素，使得其不断实现创新。然而在当时经济下行的宏观压力之下，纪梵希品牌也不得不放慢品牌扩张的脚步。

五、融入现代，焕发新生

时尚首先是一种经济现象，经济发展为品牌提供新的空间和机遇。在这一阶段新兴市场崛起如中国、俄罗斯等，为奢侈品行业的发展提供了广阔的市场和新机遇。由于欧元区经济缓慢增长，失业率居高不下，尽管法国自身经济疲态尽显，但是随着几任锐意革新的总统接连采取措施，促进法国新工业发展，“竞争极”战略重塑法国品牌等措施成效初显，法国奢侈品行业逐渐回暖。由于一系列恐怖袭击事件，欧洲的旅游业受到重创，游客对安全问题保持担忧，而旅游正是奢侈品消费行为的重要诱发因素。因此虽然欧洲经济缓慢回升，奢侈品行业已经渡过最艰难的几年，但是法国本国消费者对奢侈品依然持有谨慎态度，而且游客的担忧态度也使未来欧洲奢侈品行业走向不明。

在法国奢侈品重要市场之一——中国市场中，存在数量日益庞大的中产阶级，该群体的可支配收入也在不断增加，他们喜好购买质量上乘的产品以彰显地位。中国消费在对奢侈品品牌的狂热追求中逐渐沉淀出更多的理性与品位，传统奢侈品大牌也因消费疲态面临品牌增长的瓶颈期。同时核心的消费群体也不断转移，奢侈品消费者不断低龄化，90后甚至成为一些奢侈美妆品牌的消费主力。随着一代人品味的提升和消费能力的提高，如今奢侈品消费人群的平均年龄已经从48岁降到了34岁，在奢侈品消费日趋年轻化的趋势下，购买行为也发生了明显的变化，这也促使奢侈品品牌开始转变思路，以新的营销方式来迎合多变的口味。

奢侈品销售长期依赖于零售店、精品店、专柜等实体形式，而随着移动互联网技术的不断发展，数字化营销成为奢侈品品牌关注的焦点，数字化战略成为奢侈品品牌争夺地。2018年，全球购物网络应用的使用时长增长至180亿小时，比2016年增长了45%。至2021年，预计将有75%的网购行为通过移动端完成，而这一数字在2013年底仅有9%。目前相当一部分消费者通过社交媒体与品牌互动，微信对奢侈品的影响也日趋明显。同时，腾讯还简化了在微信上发布多媒体广告和开店的程序，有着超过9亿用户的微信无疑对奢侈品牌的营销更具吸引力。腾讯利用其庞大的社交网络来吸引奢侈时尚品牌入驻微信应用后，也将为网络零售领域开辟一条新战线。目前，法国奢侈品牌珑骧（Longchamp）和英国博柏利（Burberry）已经开始在微信上销售手提包和服饰。纪梵希和迪奥等品牌也正在微信平台上通过公众号的限时抢购测试市场对其产品的需求。每一个品牌都需要在唯一性和广泛性中间寻求一种平衡，奢侈品品牌通过数字化营销的方法，迅速与年轻人拉近距离，它通过新颖前沿的技术，传播时尚有趣的内容，使得奢侈品品牌更加“接地气”。除了纪梵希品牌，很多奢侈品品牌也在试图模糊奢侈的商品与某种生活方式、体验的界限，奢侈品购物行为本身也是一种体验。在体验经济的当下，纪梵希将价格差异近10倍的商品同时放到门店进行销售，这一方式迅速获得了关注。

除了行业协会的保护与支持，这一阶段政府为重振法国品牌，加强了对时装产业的支持，在政策和资金上都给予政策倾斜。法国文艺部更是每年向优秀的手工艺匠人颁发艺术与文学骑士勋章，鼓励其传承和发扬手艺，延续工匠精神。在内部，纪梵希品牌坚守品牌个性，保持品牌DNA一致性的同时，不断为品牌增添新的时代元素，实现了传统与创新的平衡。

纪梵希经历了长达10年的“尴尬期”，其间没有经典作品问世，这样的局面直到2005年。临危受命的里卡多·堤西（Riccardo Tisci）在纪梵希之前的设计笔记当中挖掘出暗黑元素的影子，然后通过狗头、鲨鱼、宗教等元素以印花形式大胆传递到设计中，在整个时尚界掀起了轩然大波。但正是他的创新，勇于将时尚与奢侈的界限打破，使得纪梵希品牌单品一下子成为当季爆款，成为LVMH集团近年来表现非常亮眼的品牌，销售额预计近年将超过芬迪等品牌。创新正是时代赋予纪梵希品牌的使命，让这个DNA中生长着反叛与革新的品牌带领奢侈品进入新的发展阶段。

堤西以其富有创造力的反叛性格真正将品牌带上了潮流之路，同时纪梵希品牌并没有摒弃自己的品牌DNA，依然坚持优雅古典，向充满时尚与反叛意味的高定发展。相比于理性管理策略的企业品牌，对根植于文化的奢侈品品牌来说，一个设计师的设计理念、风格和价值观就是品牌的战略，创始人赋予品牌的个性和基因，就是品牌的个性与基因。堤西在坚守纪梵希的品牌DNA的同时锐意革新，使纪梵希焕发出新的光芒，走入了时尚潮流之列。“我很幸运，能够成为这样一个不惧怕成为试验场，甘冒各种风险的工作室的一员。”纪梵希彩妆部艺术总监尼古拉斯·迪恩说。

纪梵希品牌也正在朝着像阿玛尼那样包罗万象的品牌发展——包括图书杂志、艺术收藏、音乐系列，将品牌打造成生活时尚品牌，充分发挥品牌的连接作用，堤西也多次表示期待设计纪梵希家具及童装系列。纪梵希品牌在该阶段不断提升品牌价值，形成时尚奢侈品生态，建立时尚奢侈生活品牌。为了展示在新时代下不断变革的决心，并转变纪梵希品牌高高在上的传统形象，纪梵希品牌在中国区更是大胆启用了李宇春作为形象代言人。李宇春对于中国人来说是一位非常有争议、个性鲜明的偶像，纪梵希在选择代表品牌形象的面孔时，重视具有强烈个人风格的女性，李宇春就是这样的人。通过强有力的流量号召和中性所代表的女性意识，纪梵希品牌正用年轻人更容易接受和喜爱的方式进行品牌传播。这一时期是纪梵希品牌锐意进取的“跃进”时期，变异与创新性远大于继承与连续性。

在品牌传播方面，随着纪梵希品牌国际化步伐的不断加快，纪梵希该如何向世界讲述自己的品牌故事成为其思考的问题。为了顺应奢侈品平民化以及消费群体年轻化的趋势，纪梵希品牌通过一系列的设计和公关活动，向外传递了一个更加年轻、更具有个性的品牌形象，并赋予品牌平民化、刺激性、惬意感以及情绪化等内涵。在营销渠道方面，数字化战略已经成为奢侈品品牌争夺的焦点，纪梵希品牌对此反应迅速。据2018年3月12日法国数字分析机构Argus发布的数据显示，纪梵希成为巴黎时装周期间在社交媒体上被提及最多的奢侈品品牌，其名称在Instagram和Twitter上累计被引用逾19.84万次。

在全球市场扩张方面，随着全球奢侈品行业下行以及奢侈品消费第一大国——中国国内购的兴起，2017年，奢侈品品牌开始放缓实体店扩张版图，逐渐关闭部分中国门店，开始了网络营销。2014—2016年，开通网络售卖渠道的奢侈品品牌数量不断增加，各大奢侈品品牌“顺势而为”，纷纷开设专属天猫旗舰店。2017年春节，纪梵希选择联手国内时尚博主包先生，预售纪梵希情人节特别款手袋，80只手袋开卖12分钟售罄，阅读量超过10万，收获大量用户对纪梵希品牌的好评，根据百度指数，“纪梵希”的搜索量也在推送次日达到了一个波峰。此次活动利用“包先生”公众号的强互动性为品牌带来了更多关注度和流量，通过数字化营销的方式，整合线上线下资源，纪梵希向外传达了稳定一致、富有魅力、易于理解的品牌故事，从而进一步实现了品牌的国际化。纪梵希凭借其美妆产品成为最受年轻消费群体欢迎的美妆奢侈品品牌，焕发出新的活力与生机。2018年2月，纪梵希美妆登陆天猫旗舰店，在开幕首天成交额超过2880万元，唇膏品类的销售占比高达70%，明星单品小羊皮唇膏卖了5.8万支。纪梵希天猫旗舰店的开业又一次创造了天猫美妆的多项纪录。图2-15显示了纪梵希品牌创新阶段发展过程中的影响因素、行业导向以及品牌发展保障等。

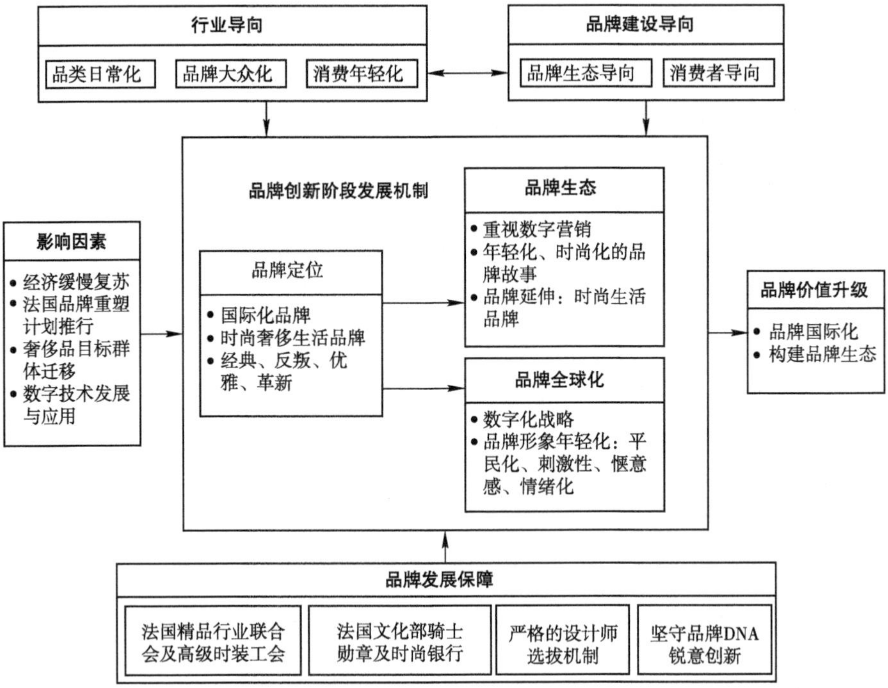

图2-15　纪梵希品牌创新阶段发展机制

面对国际化的市场环境与更加年轻化的消费群体，纪梵希品牌定位发生了变化，变为品牌生态更加完善的时尚奢侈生活品牌，品牌传播的方式也随之改变。此外，纪梵希品牌还不断讲述更加年轻化、国际化的品牌故事，将产品线延伸至其他相关产业中，并结合数字化的品牌传播方式，促使纪梵希品牌形成品牌生态，实现品牌价值的升级。

在这一阶段，纪梵希品牌坚守其品牌DNA中高级定制的血脉，坚持以品质赢得消费者，同时抓住科技所带来的变革机会，实行数字化战略，进行线上布局，使得曾经高不可攀的形象逐渐年轻化，被更多的年轻人所喜爱。纪梵希品牌前任掌门人堤西认为，人们购买奢侈品的意义就在于奢侈品近乎完美的品质能够满足，甚至超越其需求。因此纪梵希在高级时装定制上费尽心血，每一件都具有独一无二的美感，用质量最佳的布料剪裁成最能展现线条美的服饰。坚持品质导向，是纪梵希品牌诞生以来的追求，纪梵希也依然是那个反叛的革新者。

奢侈品品牌深挖到最后就是文化与传承，而从这个逻辑看，纪梵希品牌成功的背后，在剥离掉设计创意、技术以及商业运营外，更被认可的是品牌的价值和文化的力量。现在，纪梵希品牌在层出不穷的时尚奢侈品品牌中，依然以求变、求新的年轻姿态不断向前，其蕴含的独特个人品位和法国文化的气质，成为新时代的品牌内核。纪梵希品牌的反叛与浪漫、不羁与经典、艺术家气质与工匠精神，必将为品牌打开更加广阔的视野。而面临更加复杂、激烈的竞争，纪梵希品牌是否能延续纪梵希60余年前创造的传奇，让世界拭目以待。

六、结语

法国，一个神秘浪漫、历史厚重的国度，永远展示给世人无尽的优雅与高贵，傲然屹立于世界民族之林。纪梵希品牌也始终绽放着这样迷人的光彩。经历60余年的发展，纪梵希品牌走过了那个时代的奢华与典雅，走过了高街品牌冲击下的衰败，依然以反叛浪子、优雅绅士的姿态，保持着旺盛的创造力与不竭活力。通过对纪梵希品牌几个阶段的品牌发展历程梳理，可见纪梵希品牌本身集中体现了纪梵希个人的审美追求与法国文化的内核。作为典型的个人品牌，纪梵希不囿于追随大众潮流、不甘于固守审美传统，以传承者、反叛者和引领者的姿态，创造着一个又一个的经典之作，不断开拓着品牌疆土。面对着复杂变化和严峻挑战，在法国工会、时尚银行等机构的保障下，在品牌DNA的指引下，纪梵希品牌采取恰当的品牌定位，及时进行品牌延伸，创新进行品牌传播，最终成为浩如烟海的品牌丛林中璀璨的存在。时尚史上只有一个纪梵希，法国只有一个纪梵希，世界上只有一个纪梵希。

案例二：

从市场追随到行业引领
——空中客车的品牌崛起之路

第二次世界大战之后，在商用飞机市场上，美国的波音、道格拉斯和洛克希德拥有绝对自信的先进技术和无与伦比的工业能力，而欧洲飞机企业的地位却相对较低。欧洲的航空技术并不落后，相反在很多领域欧洲处于领先地位，英国的彗星式客机开创了民航的喷气时代，英法合作的“协和式”超音速客机的很多纪录至今无人能够超越。但各自单干的欧洲飞机公司为了争取本国政府的资助，飞机设计大同小异，主要为本国国营航空公司度身定造，在本来就狭小的市场里大量重复制造。欧洲民航工业在市场取向上的偏差导致美国公司充分运用规模经济的优势，大规模挤占欧洲乃至世界的民航市场，商用飞机的市场逐渐被美国几家公司所垄断。

出于重建欧洲航空工业昔日的辉煌，以此带动欧洲经济和政治复兴的目的，以英法为主的欧洲国家逐渐开始了合作，集法国、德国、西班牙和英国4家航空制造公司为一体的国际化飞机制造企业——空中客车公司于1970年诞生。空中客车公司创建的初衷是使欧洲飞机制造商能够与强大的美国对手有效竞争，通过克服国家间的分歧，分担研发成本，以及合作占有更大的市场份额。空中客车公司在创建50年的时间里，完成了从“经济利益联合体”到“一体化公司”的组织变迁，于2000年更名为空中客车集团公司（Airbus Group），在荷兰注册，总部位于阿姆斯特丹，在德国法兰克福、西班牙马德里和法国巴黎三地证券交易所上市，由欧洲宇航防务集团公司（EADS）100%持有。

经过多年不懈的努力，空中客车已经成为欧洲最大的航空航天和防务公司，同时也是世界最大的航空航天和防务公司之一，在世界航空航天、防务及相关服务领域处于领导者地位。空中客车从市场追随者到行业领袖的华丽转身与其品牌建设息息相关。空中客车品牌成长主要分为三个阶段：品牌培育期、品牌成长期和品牌成熟期（见图2–16）。

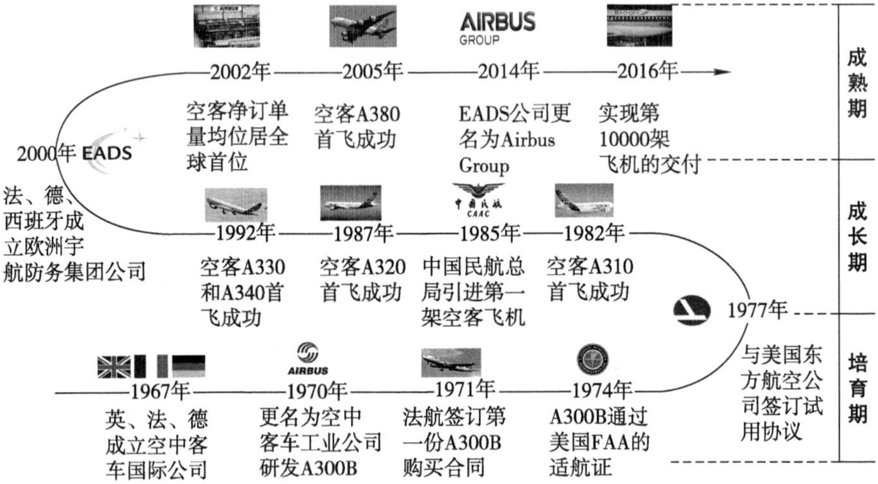

图 2–16　空中客车品牌成长历程

图片来源：笔者自制。

一、身临绝境育品牌，三国雄兵破险关

（一）百废待兴，珠联璧合

第二次世界大战结束以后，除了英国，几乎所有的欧洲工业和生产资源都被摧毁，轴心国遭到了盟军地毯式轰炸。法国由于被同盟国占领，除仅存的少数秘密工厂还在勇敢地生产外，主要的航空工业生产中断了5年。德国战前技术处于领先地位，但战争结束后，德国被连续10年禁止从事航空制造业。在经历了1/4个世纪的恶性竞争和风险投资后，欧洲企业家和政客们意识到他们的情况不妙。美国的航空业，包括运输机一直处于全球最大、最强和最先进的地位，在商用飞机市场上，波音、道格拉斯和洛克希德拥有绝对自信的技术和无与伦比的工业能力，美国的工业能力令人

生畏，法国和英国都曾计划用“快帆”“协和”“彗星”“三叉戟”或其他机型来干扰美国，但效果甚微。此时，如果欧洲各国不能消除隔阂团结起来，共同奋斗，欧洲民用航空业可能永远处于被动地位。

出于重建欧洲航空工业昔日辉煌，以此带动欧洲经济和政治复兴的政治目的，以英、法为主的欧洲国家逐渐开始了欧洲合作，1962年英、法两国所启动的“协和式”（Concorde）项目就是最有利的证明。1967年英、法、德签订备忘录，以HBN100和Galion为基础，研制一种250座、翼下吊挂高涵道比涡扇双发、宽体中短程客机，命名为A300。同年9月，英、法、德三家飞机制造商正式成立了空中客车国际公司（Airbus International），1968年确定了详细的技术要求和分工：法国的Sud负责中机身、飞行控制、主要机载系统和总装，英国的HSA负责机翼，德国空中客车负责前后机身和机尾。1970年12月，空中客车作为经济利益集团（GIE）正式成立，空中客车国际公司更名为空中客车工业公司（Airbus Industries）。

（二）明争暗斗，内忧外患

作为军事力量的一个标志、最先进技术的代表和对外贸易的风向标，航空工业一直享有政府给予的特权，也是一个受政府管制的禁区。由于空中客车是在多元文化的基础上，四国企业家和政府共同创建的公私合营的经济框架，这就导致了利益诉求不同所造成的分裂。1968年初，A300项目的各方合作者已经回到了起点，欧洲航空业之间相互分离，选择廉价航线和获得美国订单的诱惑仍旧很大。面对这种恶性循环，“空中客车”项目的三个国家都经历了不同程度的困难：法国享有“快帆”和“协和”的良好声誉，认为有责任打造新一代的欧洲商用飞机，德国赞赏并鼓励法国的这种坚定信念，在某种程度上有兴趣广泛地参与到这个三方合作计划中，但是英国的企业家却对欧洲大陆心存戒心，英国政府出于对自身利益的考虑，在空中客车国际公司刚成立的第二年就宣布退出。由于空中客车公司这种特殊的身份属性，复杂的政治环境在一定程度上也增强了空中客车公司发展的不确定性。

在飞机销售上，1971年，法国航空公司签订了购买6架A300B的合同和10架意向订单，1972年，西班牙航空公司和德国汉莎航空公司陆续购买了几架A300B。至此，总订货量还是远远没有达到原定的75架初始订货量的要求，而且重要的英国和美国市场继续对空中客车关闭。1973年10月，第一次石油危机爆发，石油输出国组织（OPEC）为了打击对手以色列及支持以色列的国家，宣布石油禁运，暂停出口，造成油价上涨，原油价格从1973年的每桶不到3美元涨到超过13美元。世界经济大幅衰退，民航市场一片秋风萧瑟，航空公司大幅缩减订购，仅有的订单也流向老字号，A300的较低的运行成本和“欧洲制造”的标签并不足以把欧洲客户从已经大量进入市场、信誉久经考验的同级的麦道DC-10、洛克希德L1011那里吸引过来，更不用说美国市场。到1975年，空中客车工业公司全年只有15架订单，1976年1架也没有，1977年也只有惨淡的20架订单。

（三）厉兵秣马，蓄势而发

1. 以“质”为基，强强联合

空中客车公司在进行产品设计时非常注重产品质量，为避免重复劳动和恶性竞争，空中客车确定了详细的技术要求和分工：英、法、德的分工为37.5%、37.5%、25%，法国的Sud负责中机身、飞行控制、主要机载系统和总装，英国的HSA负责机翼，德国空中客车负责前后机身和机尾。发动机选定为罗尔斯·罗伊斯的RB207发动机，法国的SNECMA和德国的MTU参加制造，三家的分工为70%、15%、15%。在罗尔斯·罗伊斯和英国退出A300研究计划以后，法国和德国缺乏足够的先进机翼设计经验，如果自己设计机翼的话，除技术风险，投放市场的时间要拖延至少1年，大批潜在客户可能流向美国。为了保障产品的质量，将A300项目研究继续推进，法、德决定邀请HSA作为外包商，由当时德国国防部长施特劳施出面游说德国财政部，拨款机翼所需资金的60%，资助HSA继续A300机翼的设计和制造。

A300是空中客车公司研制的第一种与美国波音公司竞争的干线客机，为此空中客车公司在研制中采用了当时最新的技术，包括从“协和”飞机移植过来的技术。A300的巡航速度为0.84马赫，具有优良的起落性能和三类气象条件自动降落能力，虽然其航程为2222千米（1200海里），但是在648千米（350海里）的短途航线上也能够盈利。A300也充分考虑了环保的因素，是当时最安静的大型客机。HSA不负众望，成功地设计出先进的后加载翼型，将产生升力的区域从机翼前半部扩展到后半部，而不至产生气流分离，从而在不增加机翼重量和不增加阻力的情况下，提高了单位翼面积的升力，极大地提高了机翼的气动效率。A300的起飞、着陆性能与小得多的波音727相当，运行成本要低30%。高性能商用飞机的品牌定位为空中客车未来打开市场奠定了坚实的基础。

2. 全球巡展，先飞后买

1972年空中客车A300B首飞成功后，A300B似乎已经成为一个技术方面非常成功的机型，此外，其发动机系统也被证明具有高度的可靠性。然而，市场前景并不乐观，订单依旧寥寥无几，尽管与整个欧洲以及欧洲以外的国家进行了广泛的接触，但是得到的反映不过是出于礼貌的兴趣和好奇。A300B的飞行状况良好，市场调查也提供了支持因素，所以剩下的因素就是锲而不舍地等待潜在用户，加大品牌形象的传播。为了更好地向全世界宣传自身的品牌形象，从1973年上半年开始，空中客车开始对全球的潜在客户进行飞行表演，其中首次飞出法国是在1973年1月，为到访的中国代表团表演。从1973年4月开始，第一架A300B开始了巡回飞行。9月份到10月份，为期一个月的美洲巡展从巴西开始，这次海外之行给人们留下了深刻的印象，飞机飞行了38800千米，历经100小时零35分钟的飞行时间，运送客人达2222名。环巴西航空公司和墨西哥航空公司已经表现出对A300B的兴趣。不仅如此，包括东方航空公司等6家美国航空公司，也都对其有了非常良好的印象。飞行巡展很好地传播了空中客车的品牌形象，也引起美国市场的极大兴趣。

美国市场不仅是世界上最大的市场，而且也是最具影响力的市场，空中客车公司的高层领导意识到要想树立空中客车的品牌形象，必须要打开美国市场。在A300B美洲航展结束以后，空中客车公司积极探索与美国航空公司的合作，在与美国的西方航空公司（Western Airlines）洽谈失败后，空中客车公司将目标瞄准到美国的东方航空公司。值得一提的是，这家在行业中处于领先地位的公司具有两大特性：第一，东方航空公司总裁弗兰克·博尔曼（Frank Borman）曾是阿波罗计划的宇航员；第二，这家航空公司的财务状况并不乐观，东方航空公司在过去10年中并没有创造任何利润，债务总额却高达13亿美元，也就是说，这支机队需要重建，但是公司缺少重整旗鼓所需的经费。在此背景下，东方航空公司技术部并没有对空中客车产生多大的兴趣，无论如何，东方航空公司似乎谈不上购买飞机一事。但是空中客车公司在多次的市场调研后发现，A300B确实适合东方航空公司，特别适合运输量繁重的纽约—佛罗里达航线。

基于此，空中客车公司采取了一个非常富有攻击性的营销方式——“先飞后买”，力图将空中客车品牌打入美国市场。空中客车团队向东方航空公司提出了一个大胆的提议，除了提供机组人员和技术人员的培训费用，空中客车还表示愿意免费租借4架A300B供他们使用6个月。不久之后，东方航空公司接受了这份提议，这些在图卢兹总装线上等待下线的飞机被喷涂上东方航空公司的涂装，并且将电子设备以及厨房，内饰等重新调整以满足东方航空公司的要求。东方航空公司于1977年12月开始运营这4架空中客车飞机，投入到纽约—迈阿密航线，效果令人非常满意。在租赁试验期结束的时候，东方航空公司留下了这些飞机，并且在仅仅4个月之后的1978年4月6日，CEO弗兰克代表东方航空公司和空中客车签订了一份包含23架确认订单外加25架选择权的合同。这对于想将品牌形象打入美国市场许久的空中客车公司来说，是一个巨大的历史性突破，在这一具有里程碑意义的事件以后，很多美国大型航空公司开始采购空中客车飞机，比东方航空公司更大的泛美和美航也下了订单，至关重要的美国市场终于打开，空中客车品牌逐渐步入成长期。图2-17显示了品牌培育期空中客车品牌建设机制。

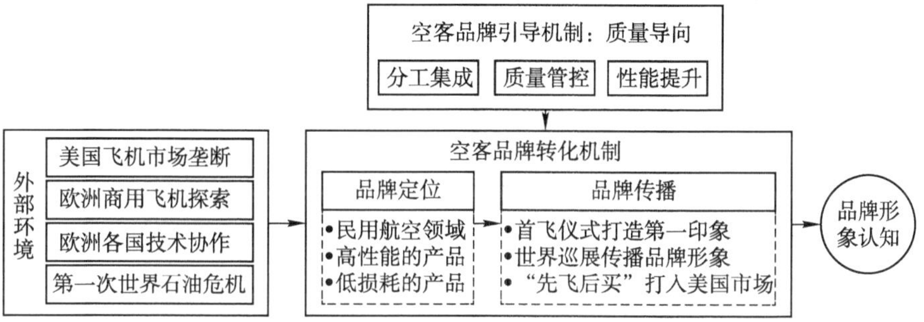

图 2-17　品牌培育期空中客车品牌建设机制

在品牌培育阶段，空中客车将发展目标定位于保障产品的质量，以高质量的产品取得市场信任，以高性能的产品抢占市场份额。空中客车公司在成立之初就将其品牌的功能定位到民用航空领域；同时，在品牌培育期，空中客车公司对其初期产品进行了高性能的利益定位，旨在为目标市场提供高性能和低成本损耗的产品。在品牌形象传播上，美国市场不仅是世界上最大的市场，而且也是最具影响力的市场，空中客车公司的高层领导意识到要想树立空中客车的品牌形象，必须要打开美国市场，空车客车公司通过首飞仪式、世界巡展等方式使其品牌形象得以快速传播，并被主流市场客户所认知。

二、明枪暗箭硝烟起，技术研发稳军心

（一）貌合神离，危机四伏

在空中客车企业内部，组织结构实际上是由各成员公司按照其所承担的工作任务，实现在空中客车公司所持的股比而形成的“经济利益联合

体”，他们承担的工作包括工程、制造、采购等方面，并提供完成相应任务所需的资源，按理来说，各成员公司应按其所占股比从空中客车获得收益，但空中客车成立后的前30年并没有盈利。在“经济利益联合体”阶段的空中客车，实际上只是一个经营性的项目管理公司，各成员公司之间的关系，更大程度上应看作风险合作伙伴关系。其初创阶段，4家伙伴公司按照承担工作任务的需要，划出本公司“资产”（包括固定资产、员工等）的一部分，“附带”参与空中客车开展的业务，共同摸索着往前走。但这部分“资产”并没有转变“身份”，依然在各成员公司自己的名下。设在法国图卢兹的空中客车总部是飞机型号合格证（TC）的持有者，作为公司法人，独立面对航空公司和适航当局，承担相应的法律责任和社会义务。这种“经济利益联合体”为空中客车的品牌成长提供了很大的助力，但是随着空中客车系列项目计划的推进，背后支持空中客车发展的各国政府的利益诉求点产生分歧，矛盾纠纷变得日益增多。

就外部环境而言，空中客车品牌成长期（1977—2000年）共经历了两次石油危机，1978年底，伊朗政局动荡，之后又爆发两伊战争，伊朗的石油产量因此大受影响，油价在1979年开始暴涨，从每桶13美元猛增至1981年的每桶34美元，导致了第二次石油危机的出现。在第二次石油危机结束后的10年左右时间，海湾战争于1990年爆发，引发第三次石油危机，石油价格降到每桶10美元以下，致使国际石油市场出现混乱。石油危机对油价高度敏感的行业造成了严重的破坏，首当其冲的就是商用航空，从技术上讲，商用航空还没有自我保护能力，充其量也只是尽量适应外界环境，石油危机及其后续影响，使得航空公司更加现实地看待经营问题，同时也对商用飞机制造商燃料消耗提出了新的挑战。

在此期间，美国商用飞机市场发生了重大变革，一方面，洛克希德（Lockheed Martin Space Systems Company）公司由于巨额亏损退出商用飞机市场。1981年，美国洛克希德公司在12月决定最终放弃商用飞机研发，这样就简化了航空业的未来格局。另一方面，波音公司并购麦道公司，统一美国商用飞机市场。1997年，波音公司宣布，原波音公司与原麦克唐纳·道格拉斯公司（以下简称麦道公司）完成合并，新的波音公司正式营运。随着1997年波音对麦道的吞并，波音在民用飞机领域的传统优势因麦道系列飞机的加入而进一步加强，兼并后，麦道的民用客机一律并入波音品牌，合并后的波音无可争议地成为世界第一大飞机制造公司，以绝对优势压倒空中客车。同时，在这一时期内对空中客车品牌传播具有重要影响的一个事件是美国民用航空委员会同意从1981年12月31日起不再对航权实施管制，并计划在长达10年的时间里为服务于孤立目的地的区域航线提供补贴。美国解除航空管制这一举措扰乱了商用航空业的平稳发展，例如，泛美航空公司和环球航空公司陷入低谷，而东方航空公司在多年亏损之后倒闭，对空中客车公司同样产生沉重打击。

（二）革故鼎新，奋起直追

1. 技术为帆，多点开花

在品牌成长期，空中客车公司一直以渐进可靠的方式开拓新技术，以确保飞机性能更佳、运营成本更低、操作更容易、乘坐更舒适。空中客车的创新并非为了创新而创新，也并非最新技术的简单堆砌，而是借鉴了已有的成熟技术，并在此基础上进一步完善、改进和提升。空中客车的技术创新是在传承其电传操纵系统和家族化系列产品的基础上，遵循循序渐进的原则，从而延续了各机型系列之间的通用性，又避免了技术上“大跃进”而带来的风险。空中客车公司研制的每一种型号上都会引入一些创新的设计，确立新的行业标准，有些创新还被认为具有真正的划时代意义。例如，空中客车于1988年投放市场的A320，首次实现了电传操纵，电传操纵增加了原来靠人工操纵不能做到的操控，实现了对飞行器的更多主动控制，而另一些技术创新也起到了推动作用。不管是哪种情况，这些技术创新都为空中客车产品成为市场上最先进的飞机做出了贡献，保持着竞争优势。

从最早的一架A300B飞机开始，空中客车公司就一直保持着将新概念、新技术和新材料不断引入其产品的成功纪录，以保证空中客车飞机具有更好的性能、更低的运营成本以及更好的环保性与舒适度。在空中客车A300B取得突破性进展以后，为适应市场环境，扩大品牌影响范围，空中客车开始进行主要机型覆盖的功能定位。空中客车飞机家族共分为4种系列飞机：单通道A320系列飞机（A318／A319／A320／A321）；宽体A300／A310系列飞机；远程A330／A340系列飞机和全新的A380双层超大型客机。因此，空中客车飞机的载客范围可以从100~555座，它们都以最高的运营经济性和旅客舒适性服务于短程、中程、远程和超远程航线。同时空中客车公司以波音公司为行业标杆，采取了性能优越的竞争者定位，空中客车公司建立了一套完整的商用飞机产品线，包括短/中/远程飞机，从最小型飞机到最大型飞机，目的就是与美国在航空领域平分秋色。

2. 横扩纵拓，双向延伸

空中客车的品牌延伸可以分为横向延伸和纵向延伸两个方向，如图2-18所示。成长期空中客车品牌横向延伸，主要是指将飞机的产品链向后延伸，扩大机型的覆盖范围。1974年交付第一架飞机以来，在“先民后客、不断采用新技术、挖尽型号潜力”的技术思路指导下，空中客车公司不断在机身的长短、机翼的大小、发动机的双发和四发等方面做文章。1982年4月，采用新机翼的A300缩短型的第二个型号飞机A310首飞成功，该机适应了70年代末经济萧条后新的市场需求，建立了以经济性优势为目标进行技术创新的声誉。1984年3月，A320计划正式启动，A320是空中客车品牌系列产品中最成功的一款，投入运营以来，迅速在中短程航线上设立了舒适性和经济性的行业标准。1987年以后，市场对更大型中程双发飞机的需求已经变得十分明显，同时在北大西洋航线等远程航线上使用250座飞机也显示出其吸引力。空中客车的研究表明：用同样的机翼可以制造双发和四发飞机，使得两种飞机服务于不同的市场，其经济性大大优于其他任何方案。1987年6月，空中客车做出一个大胆的决定：把两种机型作为同一计划启动，即335座的A330中程双发客机和295座的A340四发远程客机。A340于1993年初投入商业运营，它成为20多年来第一种投入使用的全新远程飞机。1994年初，A330也随后投入使用，它也是第一种同时获得美国和欧洲两大适航机构颁发适航证的民用客机。A340形成对波音747市场地位的严重冲击，波音747的订单急剧下降。

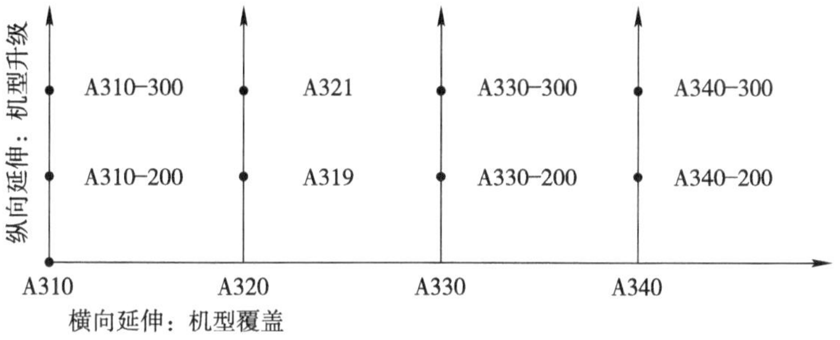

图 2-18　成长期空中客车品牌延伸

在成长期，空中客车品牌的纵向延伸主要体现在已有主流机型基础之上进行的技术升级与改造。A310-200型是空中客车A310系列飞机的基本机型，A310-300是在A310-200的基础上的加大航程型，通过附加的中央和水平尾翼油箱增加了最大起飞重量和续航能力。空中客车A320系列的飞机采用通用设计，在此基础上进行改进，研发出较小型的A319和较大型的A321。空中客车工业公司当时预测，1995—2011年，世界民航运输业需要大约1200架125座级的中短程客机，空中客车A319就是为争夺这一市场而研制的中短程客机。A321是空中客车研制的双发中短程客机，是空中客车A320加长型，与A320相比，增加了24%的座位和40%的空间。空中客车A330-300机身设计是在A300-600的基础上加长，使用了新款机翼、稳定装置及新的电传飞行控制系统，是A330系列的第一款飞机。在A330-300的基础上空中客车公司又衍生出A330-200机型，A330-200型较A330-

300型机身短5.3米，是A330系列的远程、短机身型飞机，其特点是具有更大的业载。空中客车A340起初在品牌纵向延伸方向上只做了两款产品，分别为A340−200及A340−300。A340−200型机身比A340−300型短，载客量亦较低，但航程较长。

3. 形象塑造，深入人心

通过前期的摸索，空中客车逐渐意识到产品的首次亮相对于加深潜在客户的品牌印象具有至关重要的作用，因此，空中客车工业公司继续借助“下线仪式”进行造势，加深现在客户对空中客车品牌的品牌印象。以空中客车最成功的机型产品A320为例，A320在出厂之前就已经获得了数目可观的订单，它的出现标志着空中客车公司发展里程的一个重大转折。因此空中客车公司决定，不再像A300B和A310那样举行低调的亮相仪式，他们要隆重推出A320，以期给人们留下深刻的印象。据历史资料记载，A320“下线仪式”宣传团队的力量发挥到了极限，丝毫不亚于好莱坞水准：来自各国航空公司的负责人共2000位嘉宾汇聚于图卢兹的布拉尼亚克机场，法国总统雅克·希拉克也出席了仪式，同时还邀请了空中客车公司4个成员国的运输部长以及来自各个行业的众多业界名流。空中客车公司初次仪式的高水准给人们留下了深刻印象，通过多彩的激光效果突出了仪式的隆重感，加深了空中客车品牌形象在人们心中的印象。在A320项目之后，空中客车公司为其后来的产品A330和A340举行了更加盛大的“下线仪式”，对空中客车品牌形象的传播起到了至关重要的作用。

4. 技术营销，标杆带动

在多国政府的支持下，空中客车以勇敢创新的精神迎接挑战，坚持引进先进技术，走“技术推销”策略，以技术创新带动品牌形象传播，善于抓住市场空当，开发出了一个又一个适合市场的先进飞机，扩大了空中客车品牌影响的覆盖范围。空中客车公司在为航空公司提供最高通用性方面具有独特性，飞机机体、机载系统、驾驶舱和操纵特性方面的通用性使航空公司的驾驶员、机组成员、维修人员受益匪浅，使得培训和维修成本降低，盈利能力提高。

空中客车公司在进行技术营销的同时，其品牌建设还得益于标杆航空公司的带动作用。以A310产品为例，它的启动用户德国汉莎公司和瑞士航空公司对A310情有独钟，这为其他航空公司树立起最具说服力的榜样。因为在空中客车公司创建伊始，汉莎航空公司对它所持的是谨慎和迟疑的态度，而瑞士航空公司以其严格的管理体系，当之无愧地享有航空公司典范的殊荣，它常常被作为一个范例而提到，这两家航空公司都扮演着航空公司“领头羊”的角色。基于这个原因，在1982年2月首架A310的“下线仪式”上，这两家航空公司都享受了明星级的待遇，这架A310飞机的左舷采用了汉莎公司通用的颜色，右舷则是瑞士航空的颜色，并配有一个友善的手势图案，德国汉莎公司和瑞士航空公司对空中客车品牌形象的传播起到了推动作用，增加了其他航空公司购买空中客车产品的信心。图2-19显示了品牌成长期空中客车品牌建设机制。

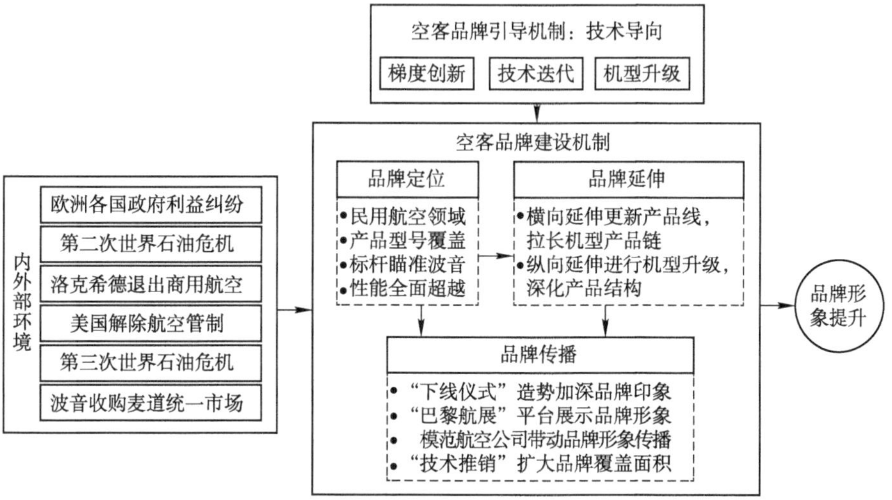

图 2-19　品牌成长期空中客车品牌建设机制

在空中客车品牌成长期，空中客车最初的发展并没有引起美国民机制造业过多的关注，但这家被美国忽视的公司却利用对手的疏忽在慢慢蚕食市场份额。与此同时，麦道公司由于拒绝建造一款小型双发动机宽体客机，造成重大决策失误。此时，空中客车公司抓住此市场空白着手建造这款客机，在短时间内成功打入全球航空市场。在空中客车品牌成长期，面对复杂的政治、经济和市场环境，空中客车始终坚持以技术导向作为空中客车品牌的引导机制，以渐进和可靠的方式来开拓新技术确保飞机性能更佳、运营成本更低、操作更容易、乘坐更舒适。空中客车拥有长期并且成功的记录，这是空中客车公司能获得市场成功的基石，它使空中客车飞机与其他产品相比时能保持强有力的竞争优势，并且可以迅速转化为客户、机组和乘客等收益，使得空中客车的品牌形象得以迅速提升。

三、分庭抗礼统三军，深耕服务定江山

（一）浴火重生，龙争虎斗

从2001年起，空中客车进行了公司组织形式的全面变革，从“经济利益联合体”转变为“一体化”公司，作为资产置换的结果，80%的股份由欧洲宇航防务集团（EADS）控制，20%的股份由英国宇航（BAE）系统公司控制。在此前的经济利益联合体集团体制中，空中客车公司4个成员来自4个国家，各个成员不仅有相互独立的研究战略，而且在作出一些重大决策时还要受到各国政府的约束。在一体化的新空中客车公司中，经济利益联合体的职能被股份制公司的职能所取代，各个成员采取的是联合的技术战略，建立的是跨国的基础研究，并将欧洲的研究和技术网络纳入全球网络。尽管空中客车飞机的生产依然按照以前的分工在欧洲各地进行，但通过进一步的整合，消除了不必要的重复，形成了统一的决策机构汇报体制。2006年10月13日，欧洲宇航防务集团（EADS）以27.5亿欧元的价格

收购了英国宇航系统公司所持有的20%的空中客车股份，成为空中客车公司的全资持股人。

空中客车集团成立近15年来，商用飞机业务一直发挥着领导性作用，空中客车分公司的营业收入占整个集团总收入的比重基本稳定在2/3左右，“Airbus”的品牌价值得到迅猛提升，已经成为一个象征国际化、创新以及统一性的品牌。为了充分发挥“空中客车”的品牌效应，建立一个更为融合的形象，形成一个更有凝聚力的集团标识，2014年1月1日起，EADS更名为空中客车集团（Airbus Group），将所有业务整合在“空中客车”这一品牌之下，将原空中客车公司的军用飞机部剥离。新形成的空中客车公司（Airbus）只负责商用飞机业务；将原空中客车公司的军用飞机部、Astrium航天公司与Cassidian防务与安全公司进行整合，形成空中客车防务与航天公司（Airbus Defense and Space），负责包括军用运输机在内的防务和航天业务；原欧洲直升机公司更名为空中客车直升机公司（Airbus Helicopters），仍负责所有商用和军用直升机业务。

空中客车进入品牌成熟期之后，对波音公司形成了巨大威胁，尽管很多业内人士仍然用“平分秋色”“势均力敌”这样的词汇来形容近年来波音、空中客车在全球民航飞机领域的增长态势，但事实上，空中客车的市场销售量正在迅速增长，并且在不断挑战波音行业老大的地位。根据空中客车的统计，2002—2012年，除了2006、2007和2012这三年，在其他的八年中，空中客车净订单量均位居全球首位。从2003年开始，空中客车的年飞机交付量就已超过波音，保持着行业第一的位置，并且逐年增长。波音再也不能无视空中客车对其造成的威胁，世界飞机制造业出现“双寡头”局面，空中客车和波音之间的竞争涉及航空制造领域的方方面面，随着对未来全球民航业市场预测的不同和战略导向的差别，这两个巨头正在进入围绕商用航空业霸主地位长期缠斗的一个全新阶段。

（二）匠心独运，并驾齐驱

1. 审时度势，服务制胜

21世纪以后，飞机制造商进入服务领域与供应商和服务商共享市场已经成为航空工业界的发展趋势之一，经过品牌成长期的摸索，空中客车公司逐渐意识到服务已经成为其业务中越来越具有决定性的因素，当客户第一次购买空中客车飞机时，购买的是技术，而几年后再购买更多飞机时，起决定作用的因素往往是客户服务。品牌应能够充分体现出客户所需要的价值利益，品牌价值的传递需要航空公司进行营销资源的合理配置并建立营销沟通、价值传递的监控和反馈机制，从而不断地调整品牌定位，形成一个有机的品牌价值传递过程。服务的提升和强化在于重视对服务的支援和服务的延伸，从而扩展品牌形象，加强品牌的感染力。

目前，空中客车公司的客户服务体系主要由三部分组成，分别是维修和工程服务、培训与飞行运营、航材支援与管理，空中客车公司通过提供系统化的服务网络，保障品牌成熟期空中客车品牌战略的执行和实施。多年来，空中客车公司在客户服务方面持续投入和创新，不断拓展其在航空产业链下游的运营、维修、改装升级、退役管理等多方面业务，为空中客车机队的快速发展提供了强有力的保障。目前，空中客车拥有由来自50个国家的5000多名员工组成的客户服务团队（其中包括数百名来自120多个领域的行业专家），可为客户提供飞行小时和航线可更换件（LRU）、改装升级、航材和供应链、培训、飞行运营、工程和维修等各领域的全天候支援。此外，空中客车在世界150多个城市配备了290多名客户服务代表，还建立了一个由支援中心（分别位于图卢兹、华盛顿和北京）、培训中心（分别位于图卢兹、北京、迈阿密、汉堡和班加罗尔）和提供航材保障的欧航航空器材集团公司（Satair Group）组成的国际化支援网络。

此外，空中客车为尽量缩短飞机故障停场时间，在法国图卢兹总部建立了一个由专业工程师组成的全天候技术支援机构（AIRTAC），服务于全球客户。AIRTAC可以对飞行中的飞机进行实时监控，在最短的时间内对发生的故障做出评估并加以诊断和分析，在飞机着陆前将警告和故障诊断报告发送给机组，并在飞机着陆后配合航空公司在最短的时间内排除故障。同时，空中客车创建的MRO网络，提供了一种新的飞机维修支持的方法，它可以在客户对空中客车维修服务提出新要求时及时给出回应，并能够保证提供有竞争性的维修解决方案和进一步提高服务水平，空中客车同时为MRO供应商提供支持，帮助MRO供应商为世界上任何地方的空中客户提供一个质量可选和灵活的解决方案。空中客车还特别创建了“供应商支持管理”流程，目的是强化供应商的履行能力和承诺，并确定进一步改进支持的领域。该流程在建立过程中吸收了来自85%使用空中客车机队客户汇总的5000个“反馈意见”，现在已经被客户和供应商公认为全球业内的基准流程。最后，空中客车创新和灵活的服务方式由客户满意度改善项目（CSIP）支持，该项目负责分析航空公司和运营商在所有领域的满意程度，以便进一步改善服务，为客户确认新的解决方案和工具的领域。

2.精准定位，业务重组

随着空中客车逐渐发展壮大，空中客车对其品牌进行了重新定位：第一，对空中客车品牌进行情感定位，打造服务化品牌。空中客车公司逐渐意识到航空制造企业要想在市场上获得成功，除了要保证交付给客户的飞机具备高安全性和持续适航性，还需要为航空公司客户提供卓越的客户化支援、保障以及额外的增值服务，这一系列服务贯穿于飞机从交付、运营直至退役的全寿命周期，正因为如此，空中客车公司正在加大其客户服务的创新力度，力求为客户打造完美、可靠的解决方案，以满足航空公司的特定需求。第二，进行行业领导者品牌定位，空中客车经历品牌培育期到品牌成熟期，已经逐渐由一个市场追随者的角色向行业领袖的角色转变，因此，在品牌成熟期，空中客车将自身的品牌进行领导者定位，打造新的行业标杆。第三，利用主营业务商用飞机品牌的业务形象，拓展新的业务品牌，空中客车将集团旗下所有产品链接到“空中客车”，使直升机、战斗机、导弹、卫星、运载火箭等各个产品的品牌塑造和宣传都获得了巨大的商业效益。

在进行精准的品牌定位以后，为了更好地促使集团业务在全球市场上更具竞争优势，空中客车集团在2014年进行了更名及业务重组。空中客车集团成立以来，商用飞机业务一直发挥着领导性作用，空中客车分公司的营业收入占整个集团总收入的比重基本稳定在2/3左右，“Airbus”的品牌价值得到迅猛提升，已经成为一个象征国际化、创新以及统一性的品牌。从更名前空中客车集团的品牌知名度来看，空中客车商用飞机在全世界范围内具有很好的美誉度和认知度。此外，欧洲直升机分公司也具有一定的知名度，由于出色的直升机业务还打造了“Eurocopter”品牌，其名称听起来过于欧洲化，实际上其产品早已远销众多国家，绝不仅仅局限在欧洲，是一家非常国际化的公司。而“Astrium”和“Cassidian”品牌相对较弱。根据空中客车集团近年来开展的品牌调研，与“空中客车”相比，“EADS”这个品牌只在欧洲市场具有较高的知名度和认可度，在欧洲以外的地区并不广为人知，不能支持其进一步扩展中东、南美和亚太地区的业务，也不利于其改变立足于欧洲市场、拓展全球市场的发展战略。

为支持公司全球产业扩张，发展国际化业务，弥补品牌知名度的欠缺，空中客车将公司更名为“空中客车集团”。空中客车集团在2014年1月1日更名后，将所有业务整合在“空中客车”这一品牌之下，将原空中客车公司的军用飞机部剥离，新形成的空中客车公司（Airbus），只负责商用飞机业务；将原空中客车公司的军用飞机部、Astrium航天公司与Cassidian防务与安全公司进行整合，形成空中客车防务与航天公司（Airbus Defense and Space），负责包括军用运输机在内的防务和航天业务；原欧洲直升机公司更名为空中客车直升机公司（Airbus Helicopters），仍负责所有商用和军用直升机业务（见图2-20）。通过业务整合与重组，能够充分发挥“空中客车”的品牌效应，建立一个更为融合的形象，形成一个更有凝聚力的集团标识，并转化为巨大的价值和优势，促进公司各大业务之间进行更多的协作，助力集团顶层管理的标准化，推进下属所有分公司以及整个集团的国际化发展，从而确保空中客车集团继续保持业界领先的市场化优势。

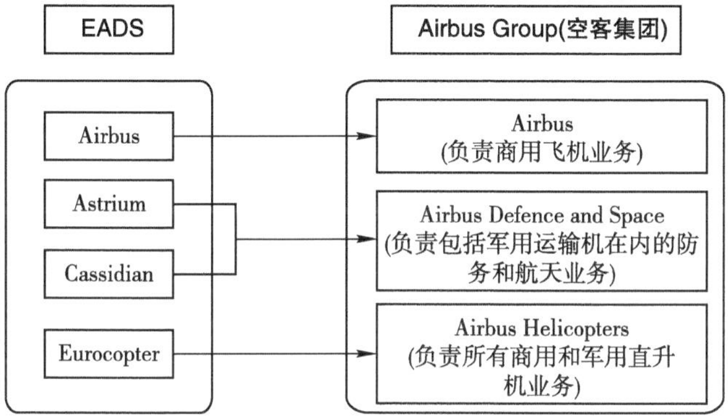

图 2-20　成熟期空中客车品牌组合战略

3. 因地制宜，合作共赢

由于空中客车集团以多国合作、相互参股的形式存在，因此十分注重公司业务与各国军事发展的关联性以及与各国防部战略部署的一致性。在国际化发展过程中，空中客车集团认为，深入了解当地政府是开拓当地市场遇到的首要挑战，也是开拓该国市场必须做好的第一项准备工作，成为当地市场上的“本土企业”，是获取当地政府信任的基础。针对不同的国家和地区，空中客车集团采取量身定制的发展战略，根据相关国家的具体国情、经济发展状况及项目需求，提出不同的进入方式和产业结构模式，及时捕捉新兴市场国家对技术的渴求，促进空中客车集团与相关国家政治高层的交流与沟通，了解和研究这些国家领导人的战略选择和政治决策过程，从而更好地开拓该国市场。

空中客车集团非常重视中国这个增速迅猛的商业宇航市场，曾组织多位高层在中国进行实地访问。在北京拜访政府官员，在哈尔滨寻求政府项目和人力资源，在西安寻求采购项目，实地走访了宇航防务领域的6家公司，形成了空中客车集团在中国市场的增长战略，即抓住政府，抓住高层，抓住中国对技术的渴求，与中国相关国企建立长久的战略合作关系。如与中国国家发展改革委员会达成协议：扩大与中国的“战略伙伴关系”，签署直升机、客机总装线合同，与中航工业全面合作等。此外，空中客车集团针对俄罗斯、日本、印度等国也量身定制了合作战略，充分挖掘技术合作的可能性。如利用俄罗斯的工业基础和技术优势，推动联合技术研究的落实。与俄罗斯伊尔库特（Irkut）公司签署战略框架合作协议，探寻Be-200飞机、欧洲直升机公司维护等领域的合作。利用印度雄厚的人力资本，推动空中客车直升机公司与印度的主要军工企业，如与印度斯坦航空有限公司共同设计、研发和生产特别型号的直升机。

4. **客户参与，柔性生产**

在品牌成熟期，空中客车坚持以客户为中心，秉承聆听和满足客户需求的经营理念来塑造这一阶段空中客车的品牌形象，这一阶段空中客车所有的新创意、新技术和新材料都是为了制造出更加舒适、有效的飞机以符合旅客期望和航空公司需求，从而使公司的市场份额不断增加。空中客车公司目前拥有世界上最现代化的从100座级到500座级的全系列飞机，飞机订单数量达到16746架，交付量达到10036架，占据世界航空市场的半壁江山。每一种机型的推出，都是空中客车在充分考虑市场需求并听取航空公司、供应商和民航管理机构的意见之后进行的，空中客车的理念就是，无论何时都要认真听取客户意见，并保持创新精神，不断进行技术上的自我挑战。客户的需求是空中客车持续创新的动力，任何创新的举动，无论是技术方面，还是服务、管理等其他方面都是为了遵从客户的要求，让他们拥有更好的产品、更好的服务。

空中客车产品型号相对比较完善，为了最大限度地提高产品的市场适应性，满足客户对产品客户化及系列化的要求，空中客车为客户提供了丰富多样、可供客户选择的各种功能、服务、设备、布置方案、改进操作和支持等选项，并考虑满足客户一些特殊的功能需求，这极大地加强了空中客车品牌的柔性。空中客车公司的产品客户化开始于理论上的基本构型飞机，通过对基本构型飞机的选项确认、对基本构型飞机中的选项进行替换或在基本构型飞机的基础上直接增加某选项三种方式来完成客户化飞机定制，一架飞机完整的客户化定制可以通过不同选项的选择和关联的技术解决方案得到实现。对空中客车而言，提供产品客户化，可以基于同一产品平台，满足不同客户的不同需求，从而扩大产品的市场适应范围，通过提供同一产品、选择不同供应商，从而降低系统价格，保持设备改进的持续竞争动力，提高产品市场竞争力，同时提供不同性能（不同价格）的产品，满足客户差异化的运营。图2–21显示了品牌成熟期空中客车品牌建设机制。

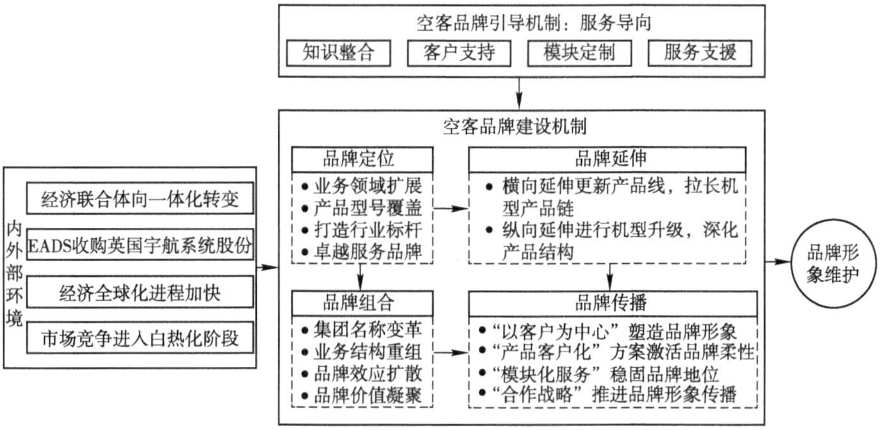

图 2–21　品牌成熟期空中客车品牌建设机制

进入品牌成熟期后，空中客车利用后发优势逐渐崛起，由市场追随者向行业领袖转变，对航空制造商来说，飞机交付时，真正的服务才刚刚开始。在这场“海拔最高的战争”中，制造商之间比拼的不只是飞机在高空中的性能，还有在地面上为客户提供的飞机全寿命周期服务。空中客车深谙此理，近年来持续加大客户服务的创新力度，力求为客户打造完美、可靠的售后服务解决方案。在民机制造业由“制造业”向“制造服务业”转型的背景下，空中客车的成功除源于其一次次具有跨时代意义的技术创新之外，同样在于其完善的客户服务体系给予了客户强力支持。基于此，在空中客车品牌成熟期，空中客车公司品牌建设更加注重服务质量的提高，品牌战略侧重点也是以服务为导向，通过服务网络覆盖，模块化服务等灵活的服务措施，实现空中客车品牌价值的延伸。

四、空中客车品牌建设的战略保障机制

纵观空中客车品牌建设历程，不难发现其品牌竞争力的来源不是某个特定的技巧或技术，而是整个研发、制造、营销、售后服务系统的总体运作，在空中客车品牌建设过程中，离不开其协调有序的战略保障机制。

（一）政府联合支持，资金落实到位

“联合就是力量”这已经成为空中客车公司和欧洲航天工业的座右铭，空中客车在品牌培育期的成功，要归功于在空中客车背后各国政府针对不对等局面始终正确地面对和进行大量的投资。空中客车最初是作为非营利组织设立的，所有成员互相担保，在多元文化的基础上，四国企业家和政府联合，共同创建了公私合营的经济框架，各国政府分别作为各国成员公司的最后担保，这样的一个机构使日后的空中客车运作大为简化，无论是市场营销，还是生产和科研的承包，空中客车作为单一实体就可以负责，这种新的体制产生了新的效率。

在研发投入上，空中客车集团采用高比例投入的策略，年均研发投入超过30亿欧元，研发费用占总收入比重超过5%。其中，自筹研发投入接近总研发投入的50%，自筹研发投入的数量和比例都超过其主要竞争对手波音公司和洛·马公司。出现这种情况的一个重要原因在于，与波音公

司和洛·马公司等美国的竞争对手相比，空中客车集团获得的来自国家政府的支持相对要少。此外，空中客车集团设立了专门用于研究和创新的基金，旨在改善研究、教育等，支持大学及其他研究机构和组织的研究工作。基金近5年的经费总额约2400万欧元，其中超过一半是用于支持博士及博士后研究项目。研发部门通过基金会向法国、西班牙和英国的一些基础研究机构和大学投资。有关数据表明，该基金会在未来5年内仅在法国就要投资2600万欧元（约合3880万美元）。

（二）整合优质资源，分工体系明确

空中客车是一家典型的国际化公司，它的雇员讲20多种语言，来自20多个国家。空中客车能够把这些成员团结在一起，充分发挥多元文化的互补优势，并保持很高的工作效率，得益于其高效的管控体系。在高效的管控体系下，优势互补、分工合作成为空中客车的一大特色，也是它成功的保证。对于A300B的分工，德国负责制造从驾驶舱到翼盒的前机身，机翼上方的中机身上部，后机身以及垂尾和方向舵。荷兰制造机翼的活动面，包括襟翼、缝翼、扰流板、副翼、翼梢小翼等，整个机翼在德国组装。西班牙制造尾翼和升降舵，左、右前旅客门和起落架舱门。法国负责制造机头和驾驶舱、机翼下方的中机身下部以及发动机短舱，还负责飞机总装与试飞。为了提高效率，飞机部件的运输用“大白鲸”专用运输机来完成。世界上独一无二的“大白鲸”每天按计划穿梭于各国企业之间，总装厂房不设仓库，这就可以大大减少总装厂房的面积，节省费用，在各国政府的推动下，通过严密的流程管理，不同企业各尽所能。

空中客车的每个合作伙伴都有很强的研制与生产能力，这使他们可以独立完成各自的工作，每个交付总装的部件均已装上了经过试验和调试的系统，是空中客车制胜的又一法宝。同时，空中客车的成功得益于其健全的目标市场销售网络和灵活的营销策略。空中客车对其销售模式不断进行改革，例如按地区组建销售单位，每个单位不仅包括销售经理，还包括合同专家、财务专家、航空分析师和飞行员，使每个销售单位成为能够协同作战的团队，空中客车给它在全球各地的销售主管很大的权力，可以自行拍板。

（三）坚持技术创新，重视基础研发

空中客车的研发模式是成立一个管理公司，把欧洲的航空企业进行整合，形成拳头企业与强大的美国抗衡。这种创新模式的最大好处是把各国研制飞机的力量有机地组织起来，充分发挥各自的技术优势和特点，将力量完全聚焦在一起，以研制出最佳飞机。空中客车按各国技术专长进行全机大部件分工：英国负责机翼和发动机的研制，法国负责机身的研制和飞机的整合，德国的长处是尾翼的研制，充分利用了欧洲各国的航空技术，动用了全世界最好的人才和技术资源，形成合力。坚持技术创新是空中客车不断完善自我，提高竞争实力，保持竞争优势的根本。空中客车公司不断追求技术创新，充分发挥后发优势。各国政府共同承担巨额研发费用，为空中客车系列产品的推出和升级提供了强大的助力，为空中客车品牌建设提供了坚强的保障。

空中客车集团十分重视资源和技术的共享，集团公司各合作伙伴之间分享技术和方法，在科研生产中合理利用外部创新资源，不断加强与各国科研机构、组织的合作，加强技术专家和业务管理人员的交流和沟通，提高新技术研发工作的效率和质量，共同提升技术的卓越性，发展和保持与全球知名学校、大学和研究中心的合作关系，与作为创新引擎的大学、研究机构及小型企业联手进行实质性合作，以技术协同的模式开展互动，针对特定市场提高技术转化的效率，将创新概念实现产业化，为公司的持续创新提供保障。空中客车集团的供应商、工厂与员工大部分在欧洲，但大部分收入来自欧洲以外，为谋求长期发展，公司将研发生产与服务业务转移至客户所在地区。目前，空中客车集团已经与美国麻省理工学院、斯坦福大学、加州大学等近70所全球知名大学、实验室以及法国达索航空公司、英国宇航系统公司等近100家世界知名的公司建立了合作伙伴关系。

五、结语

品牌是航空制造公司经营业绩和社会影响力的一个综合体现，也是航空公司着力打造核心价值并传递价值的一个形象标志，卓越的品牌在为航空公司树立良好形象的同时也为航空公司带来实际利益。空中客车是业界领先的飞机制造品牌，在空中客车创建近50年的时间里，空中客车品牌经历了培育期、成长期和成熟期三个阶段，通过对空中客车三个阶段的品牌建设历程的梳理可以发现，在不同的品牌建设阶段，空中客车依据内外部环境的变化，品牌战略侧重点也不尽相同，品牌战略导向也经历了由质量导向到技术导向再到服务导向的延伸和变革。面对复杂的外界环境，空中客车公司在各国政府的大力支持下不断磨合，通过资源共享、联合研发及分工集成等手段，凭借其以客户为中心的理念、商业知识、技术领先地位和制造效率，采取适宜的品牌定位、品牌延伸、品牌组合和品牌传播策略，使其从民机行业的无名品牌一跃成为行业翘楚。

瑞士篇

阿尔卑斯山脚下的品牌巨擘

——瑞士品牌发展档案

瑞士在2017—2018年的《全球竞争力报告》中被评为全球最具有竞争力的国家，并且在全球创新指数排行榜中连续7年位于榜首，拥有雀巢（Nestle）、劳力士（Rolex）、斯沃琪（Swatch）等一众国际知名品牌。

一、食品为根，钟表为名

瑞士在独立之前，是阿尔卑斯山麓施维茨地区众多城邦的联合体。这一地区地处内陆，交通不便、资源贫乏，因此，早期的瑞士是贫穷落后的代名词。

瑞士品牌的历史要从瑞士的食品加工业说起。瑞士矿产资源匮乏，大部分地区土地贫瘠，耕地面积很少，并且多山地丘陵，不适合农业生产。因此，中世纪以来，乳畜业一直是瑞士农业的重要组成部分，牛奶是主要农产品，瑞士食品工业始于牛奶加工。瑞士牧民长期在高山地带放牧，生产的新鲜牛奶喝不完很快就会变质，牧民们开始将牛奶加工成奶酪以延长保质期。牛奶在经过脱脂、挤压、烘干等加工工序后被制成不易变质的奶酪。

1687年，瑞士伯尔尼地方当局着手促进奶酪贸易，以促进当地经济的繁荣。当时，在格吕耶尔（格吕耶尔奶酪产地）、埃默河谷、伯尔尼的山地以及阿彭策尔川等地出现了一批奶酪生产商，由于加工相应品牌奶酪，这些地区开始闻名遐迩。18世纪50年代起，瑞士的出口贸易迅速发展。到

19世纪初，瑞士奶酪远销海外，包括欧洲、北美等地，埃曼塔奶酪成为瑞士首款全球品牌，这是人们首次通过外观和味道来鉴别瑞士奶酪，例如，埃曼塔奶酪的特征是奶酪上布满大小不等的气孔（见图3-1）。

图3-1 埃曼塔奶酪

图片来源：http://www.sohu.com/a/51457778_349664。

16世纪末，瑞士接纳了大批宗教难民，这些难民为瑞士带来了生产手表的宝贵技术。瑞士钟表业在19世纪迎来产业发展的全盛期，自动化生产催生了精密机械制造产业，为钟表的大规模制造奠定了基础。1800年，世界钟表总产量的2/3来自瑞士。到1900年，仅拉绍德封小城的产量就已经占据世界手表产量的55%。

19世纪末，瑞士制表业受到了极大的挑战。此时，美国钟表制造已经实现了标准化生产。标准化生产能够使钟表组件之间随意互换，并且极大地降低了钟表制造的成本。相比而言，美国生产的钟表在准度、美观和价格方面都更具有优势。于是，瑞士钟表制造商开始进行生产标准化的改进。1893年，瑞士开始采用公制系统和标准化螺纹，并使手表的造型更具魅力，瑞士钟表又成为行业翘楚。直至今日，瑞士依然作为全球钟表业的领导者站在钟表业的顶端，瑞士钟表也成为瑞士的国家品牌之一。

二、数年沉淀，品牌之国

众所周知，瑞士奶酪久负盛名，被称为瑞士的“国菜”。瑞士食品加工业的主要产品之一就是奶酪。在瑞士，奶酪多种多样，著名品牌有埃曼塔（Emmentaler）、格吕耶尔（Gruyere）、阿彭策尔（Appenzeller）、斯勃里恩兹（Sbrinz）等。埃曼塔奶酪最显著的特征是奶酪上布满大小不一的气孔，是由发酵过程中的气泡造成的。埃曼塔也是瑞士的首款全球品牌。格吕耶尔干酪则被称为奶酪中的“贵族”。阿彭策尔奶酪的香味最为浓郁。斯勃里恩兹则是瑞士最为古老的奶酪。可见瑞士奶酪不仅种类多样，还具有各自不同的特点。

瑞士另一著名的食品是巧克力。瑞士巧克力加工的历史也是由来已久，当从牛奶巧克力的发明开始，瑞士巧克力在成本、品质、创新等各个方面都具有自己的优势。如今，瑞士已经成为最大的巧克力出口国之一，并且拥有众多国际知名巧克力品牌，如瑞士莲、百乐嘉利宝等。

提到瑞士的食品品牌，就不得不提及雀巢。瑞士的食品加工企业受到农业区的影响，分布比较分散，且多以中小企业为主，但是雀巢却成为世界第一大食品企业。在2017年发布的全球品牌500强中，雀巢排名第61位，行业排名第1位。隶属于雀巢的子品牌雀巢咖啡也进入了500强，排名第307位，行业排名第13位。显然，“雀巢”已经成为瑞士食品的代表品牌，并且在品质、创新等各个方面都具有超强的国际竞争力。

根据Brand Finance公布的2017年“全球最具价值食品品牌排行榜”，瑞士食品品牌占据了6个席位（见表3-1）。其中第1位依旧被雀巢占据。除此之外，还有银鹭（在2011年被雀巢收购60%股份）、瑞士莲（Lindt）、S-26（惠氏奶粉品牌）、Stouffer's、百乐嘉利宝（Barry Callebaut）等，而这些均为雀巢旗下的子品牌，这足以证明雀巢作为食品品牌强大的竞争力及其对瑞士食品业的意义。

表 3-1　2017 年全球最具价值食品品牌排行榜瑞士食品品牌排名

排名	品牌名称	主营业务
1	雀巢（Nestlé）	食品、饮料、医学营养
31	银鹭（Yinlu）	罐头食品、饮料生产
34	瑞士莲（Lindt）	巧克力
39	S-26（惠氏奶粉品牌）	奶粉
44	Stouffer's	冷冻食品
45	百乐嘉利宝（Barry Callebaut）	巧克力

数据来源：http://www.sohu.com/a/131532507_616492。

瑞士的知名钟表品牌众多，如劳力士（Rolex）、斯沃琪（Swatch）、欧米茄（OMEGA）、百达翡丽（Patek Philippe）、江诗丹顿（Vacheron Constantin）等。这些知名品牌的定位不尽相同，其中有如劳力士这样面向高端群体的奢侈品品牌，也有像斯沃琪这样面向年轻群体，主打轻松时尚的手表品牌。

瑞士品牌的价值很大一部分体现在钟表品牌当中。根据2016年世界品牌500强排行榜，瑞士品牌上榜数量19个，其中7个来自瑞士钟表品牌，见表3-2。

根据2017年Brand Finance发布的全球500强报告，瑞士钟表品牌中唯一上榜的是劳力士（Rolex），排名第216位。

从以上品牌排行榜可以看出，瑞士钟表品牌在钟表和珠宝领域依旧势头强劲，并且是瑞士众多领域中极具竞争力的行业品牌。由于各品牌排行榜的评价维度不同，瑞士钟表品牌的排名存在差异。但可以看出，瑞士钟表品牌在经过多年的品牌发展和沉淀后，仍具有自己独特的价值，并且在全球钟表与珠宝行业中处于领先地位。尤其是劳力士，已成为瑞士钟表行业中最著名的品牌。

表 3-2　2016 年世界品牌 500 强排行榜瑞士钟表与珠宝品牌排名

排名	品牌英文	品牌中文	品牌年龄	行业
70	Rolex	劳力士	111	钟表与珠宝
181	IWC	万国	148	钟表与珠宝
182	Swatch	斯沃琪	33	钟表与珠宝
203	OMEGA	欧米茄	168	钟表与珠宝
225	Patek Philippe	百达翡丽	177	钟表与珠宝
306	Audemars Piguet	爱彼	141	钟表与珠宝
334	Vacheron Constantin	江诗丹顿	261	钟表与珠宝

数据来源：http://www.360doc.com/content/16/1227/00/1680289_618042411.shtml。

三、安全可靠，精益求精

经过数百年的发展与沉淀，瑞士品牌呈现出可靠、创新、精益求精的特点。

瑞士产品在国内外都享有很高的美誉度。在食品方面，“瑞士”是健康、品质、高效的代名词，以至于许多产品都以打上“瑞士”的标志为骄傲。无论是对于商家还是消费者而言，“瑞士”都是积极的象征。对于消费者来说，是品质的保证；对于商家来说，是一种商业推广。瑞士品牌已然树立起自己鲜明的形象——安全、可靠。

然而，“瑞士”并不是一个简单的标签，瑞士对“瑞士”标签做出了明确的规定：对于食品而言，其原材料重量的80%来自瑞士才能够被赋予“瑞士”标签，当然一些瑞士不生产的原材料将会有另外的规定。

瑞士产品，尤其是食品的安全可靠性并不是单一地表现在其“瑞士”标签或者是原材料上，还表现在食品生产商的行动上。食品安全一方面来自原料；另一方面则来自产品的配方和添加剂。瑞士各大食品生产商致力于为消费者提供更为健康的食品选择，降低食品的盐、油、脂肪含量的同时保持食品的口味和高质量。

瑞士钟表世界闻名，人们喜爱它、仰慕它，渴望拥有它，这一切情感的背后是瑞士钟表所蕴含的“工匠精神”的价值，体现出他们的专注、执着和创新。

瑞士钟表从想法的浮现到产品的呈现是一个漫长的过程。一般而言，从想法到设计，再到投入生产，最后进入市场一共需要3~5年的时间。5年在如今的时代快到一闪而过，电子产品已经更新换代好几次。而5年对于瑞士钟表，慢到令人发指，只够一只机械手表的诞生。在漫长过程之中，包含的是成百上千道的复杂工序和分毫不差的精密测量。瑞士高端机械表的机芯依然需要人工组装，机芯的各个部件需要精确到微米——厘米的1‰。制表工匠需要在一个只有手掌1/4大的表壳中进行上千个零件的组装和对表盘图案的设计、勾画。因此，对于机械表的制作，没有极大的热情和耐心是无法完成这一系列繁复工作的。

即使走过数百年的历程，瑞士钟表也没有停止创新。他们不断开发机械表新的复杂功能，如防水、可以判别日期和年份、机械报时等。而这一切都是机械的创新，并不依赖于某一项电子科技或是网络技术，是纯粹的工艺创新。

“工匠精神”在瑞士钟表业中表现得淋漓尽致。爱表之人都想拥有一块瑞士手表，因为它的价值不会随着时间的流逝而消失，它的优雅也不会随着时代的更迭而过时。世界上钟表产量最大的国家并不是瑞士，但钟表价值最高的却是瑞士，人们向往的是它精湛的技艺和永久流传的工匠精神。

四、多元包容，有效监管

在看过瑞士品牌的曲折、发展、巅峰后，追根溯源，瑞士品牌是瑞士的环境、制度、文化和管理等多种力量有机结合发展的产物。

由于瑞士地处欧洲要道，在历史上瑞士又经历过多个民族的统治，因此，瑞士是一个多种语言并存的国家。瑞士联邦宪法规定，瑞士通用德语、法语、意大利语和罗曼什语四种语言。语言不同必然出现不同的文化现象，这种复杂的文化现象缘于其地理、自然和社会组成，是历史上多民族融合的结果，由此形成其多元文化的独特性。这样的地理、历史、文化背景渗透到瑞士的经济活动和物质财富的形成过程中，必然会深刻影响到瑞士历史进程中精神和物质两类文化的互动。正是这种多元性和包容性催生了瑞士品牌，也成为瑞士品牌国际化所表现出的特征。

另外，瑞士对自身品牌的严格监控和管理也是支撑品牌发展的重要因素。以食品加工业为例。瑞士是一个非常重视食品安全的国家，从消费者到国家层级的联邦卫生局和其他监管部门，对食品安全都十分看重。因此，瑞士的食品加工形成了消费者和监管部门双向监督的机制。

在瑞士，从学校的教育开始，就会强调食品安全的重要性，从小就让人们树立一个基本的食品安全意识，例如要严格遵守食品保质期，因为某些过期的食物虽然表面上看不出特殊现象，实际上已经滋生了不利于健康的有害物质。此外，很长一段时间以来，瑞士消费者都会直接参与到食品监管体系当中，这不仅让瑞士食品多了一层监管力量，还培育出一批食品安全意识水准很高的消费者。

当然，消费者的监督是一方面，更重要的还是法律法规的完善和监管体制的健全。瑞士关于食品的法律有很多，包括《公共卫生服务法》《食品质量保护法》和《食品和物品法》。还有一些针对具体品类的食品的相关法律，如《联邦肉类检查法》。在这些法律条文中，明确规定了食品安全标准，如各类物质的含量、食品添加剂的使用等，还确定了监督程序，为食品安全的监管提供依据。

瑞士的食品安全监管体系分工明确，每个部门都有需要负责监管的内容。联邦一级政府主要负责立法、检测和审批方面的工作。联邦卫生局则主管食品安全的各个方面，包括食品的营养、原料、食品加工工艺、生产标准等。此外，还有一个隶属于联邦卫生局的专门实验室，负责有毒、有害物质的监测。州一级政府则主要负责卫生监督的各项工作，例如市场调查、企业采样抽查等，并且这些检查会在不被告知的情况下不定期进行。这样在食品安全的监督方面就形成了一个行之有效的监管体系。

对于瑞士钟表，则有着更为明确的监管条例。瑞士钟表闻名世界，代表着世界钟表制造的最高水平。瑞士钟表包含着精湛的技艺、深厚的底蕴、高质的产品和社会认同，“瑞士制造”则是证明这些价值的标志。全球范围内进行钟表制造的国家有很多，但使一个产业成为国家品牌的情况却少之又少。随之带来的品牌附加值也是巨大的，通常带有“瑞士制造”标志的产品，尤其是钟表，能够为产品增加20%的价值。在高附加值的吸引下，许多商品都开始打上“瑞士制造”的标签，甚至非瑞士产的钟表数量已经超过了原产地钟表。每年由于仿冒对瑞士造成约20亿瑞郎的损失。

为了抑制仿冒现象，在瑞士钟表工业联合会的积极参与下，2007年，瑞士对“瑞士制造”标签的使用进行规定和强化，包括修订腕表上使用“瑞士”之名的法例，此法一般被称为“瑞士制造”。旧有条例中的“瑞士制造”包含来源于瑞士的机芯、在瑞士进行组装以及在瑞士进行最终的检测，该部分在最终成品中所占比例（即“瑞士值”）不得少于50%。而在新修订的条例中，这一比例被提高，需要达到60%才能够被打上“瑞士制造”的印记。瑞士值的标准也有所改变，如需加入产品研发成本的考量等。最低瑞士值提高到60%的条例在2017年1月1日就已经生效，引入新标准的条例则在2019年1月1日生效。

“瑞士制造”条例的修订无疑将瑞士钟表的保护墙又筑高一层，对内保护了瑞士钟表的纯正性和高品质，如一些瑞士钟表制造商近些年来选择将钟表的组装、表壳、指针等生产部分放在中国，只将机芯部分的生产线留在瑞士。在新法律的规定下，一些瑞士钟表制造商就需要回归“瑞士制造”以提高自身的瑞士值比例。除此之外，瑞士还在占手表销售额比例较大的国家和地区——美国和中国香港，将“瑞士”和“瑞士制造”注册为商标。这样一来，仿冒产品或没有达到标准的产品使用“瑞士制造”商标的现象将会得到遏制。

法律条例为“瑞士制造”提供了判别的依据。瑞士对“瑞士”和“瑞士制造”品牌的监管使得瑞士钟表有一个纯正的环境，是对追求瑞士钟表品质的消费者的一种保证，也是对本国知识产权和国家品牌的一种维护。

案例一：

香飘百年，终成王者

——雀巢品牌发展之路

一、品牌伊始，初露锋芒

瑞士联邦制始于三位首领的永久同盟。1291年，在今天瑞士四州湖地区的三个乡村——乌里、施维茨、翁特瓦尔登的三位首领签订了永久同盟的文件，成为瑞士联邦形成的奠基石。随后多个地区陆续加入了同盟，直至法国大革命后的1798年，瑞士已经发展为一个拥有13个成员的松散联邦。1815年，在签署了新的联邦公约后，瑞士联邦的名称正式诞生。1848年，瑞士在激进派的推动下，起草并修改宪法，建立起一个完全的联邦制国家。联邦政府随后将货币制度、度量衡和税率进行了统一，为工业化的进一步扩展奠定了基础。

19世纪的第二次产业革命在欧洲蔓延，并不断掀起波澜，瑞士也被卷入其中。到19世纪后半期，瑞士工业呈现出多样化的趋势，食品工业迅速成长，就业人数位列工业部门第三位。炼乳和巧克力两种食品成为出口总量较多的商品。在这样的历史背景下，雀巢公司随之诞生。

（一）品牌定位——源于母爱，备感温暖

1867年，雀巢创始人亨利·内斯特莱（Henri Nestle）发现一种社会现象，妇女工人工作时间长，工资不高，在繁重的工作中还要承担照顾孩子的重任。哺乳期的婴儿最需要悉心呵护，同时更少不了母乳所带来的营养，但忙碌的母亲、恶劣的卫生条件致使新生婴儿无法健康成长，不仅存在营养不良等问题，甚至还有生命危险。这些现象让内斯特莱产生了研

发一种既能够为婴儿提供所需营养，又能够节省母亲时间的婴儿乳品的想法。内斯特莱通过对母乳进行研究，将母乳中所含营养成分还原在婴儿乳品中，这种以牛奶和饼干粉末为原料，可溶于水的婴儿奶粉在不久后问世，这也是雀巢的首款产品。产品上市后收获了超出预期的销售量和好评，在消费者中建立起品牌信任。

雀巢的品牌名称以及品牌标识颇具特色。亨利·内斯特莱（Nestle）将自己的名字作为品牌名称，中文译为“雀巢”；“Nestle”在英文中有“舒适地安顿下来”和“依偎”“依靠”的含义，这与雀巢所生产的婴儿食品所表达的情感不谋而合。在“Nestle”和“Nest”（在英文中是鸟巢的意思）的结合之下，雀巢的品牌标志诞生了。在鸟巢里，一只母雀正在喂养自己的孩子，雀巢将这样的画面作为品牌标志，这不禁让人将雀巢产品和慈爱的母亲、嗷嗷待哺的婴儿联系起来，温暖的场景赋予了雀巢更多守护、关爱和营养的意义（见图3–2、图3–3）。

图 3–2　1868 年雀巢 LOGO

图片来源：雀巢中国官网。

图 3–3　2015 年雀巢 LOGO

图片来源：雀巢中国官网。

（二）品牌扩张——强强联合，版图扩张

雀巢公司成立不久，普法战争爆发。战争极度地破坏了欧洲大陆的经济发展，同时导致牛奶和糖等原材料价格的上涨。战争期间，德国限制了经由境内铁路运送至比利时及荷兰的商品，造成商品运输成本的增加，这使得本就利润微薄的雀巢公司陷入了困境。

普法战争结束后，欧洲大陆秩序逐渐稳定，经济得以恢复。雀巢婴儿食品的销售状况在普法战争之后明显好转。1873年，雀巢婴儿食品已经在美国、阿根廷、澳大利亚、比利时、英国等14个外国市场销售。虽然雀巢没有受到战乱的打击，但迎面而来的是与英瑞炼乳公司的激烈竞争。英瑞炼乳公司由美国兄弟查尔斯和乔治·佩奇一起建立，他们利用瑞士供应充足的生鲜奶，以“挤奶女工”的品牌向欧洲工业城市供应炼乳，并将自己的产品定位为一种可以长期保存并且安全的鲜奶替代品，英瑞公司的生意日渐兴隆。1877年，英瑞公司决定增加产品生产线，生产奶酪和婴儿乳品，雀巢立即做出回应，研发自己的炼乳。两家公司互相抢夺彼此的独创产品，竞争激烈。

在与英瑞公司的竞争中，雀巢在瑞士开设了两家工厂，并且以出色的销售网点布局与对手周旋。此后雀巢又陆续不断地在欧美设厂，工厂遍及挪威、美国、英国、德国等地，并且在欧洲广泛地建立分公司，取代之前的代理处。

1905年，英瑞和雀巢决定结束竞争，转而选择强强联手，合并组成了雀巢英瑞牛奶公司。新公司的两个总部分别位于韦威和卡姆。合并后的公司在瑞士设有7家工厂，在英国有6家，挪威3家，美国、德国、西班牙各1家，由此奠定了跨国公司的基础。

（三）品牌保障——精神引导，管控严格

雀巢的发展离不开其创始人亨利·内斯特莱先生对雀巢付出的种种心血和努力。亨利·内斯特莱在19世纪初为免受政治迫害而逃亡瑞士，与众多逃亡瑞士避难的人一样，内斯特莱有奋不顾身、无所畏惧的精神。内斯特莱起初学习一些化学方法，后来逐渐显现出将创新产品转化为商业成就的非凡才能。随着瑞士人口的不断增长，他发现平均每个家庭将其收入的50%～80%花费在饮食上，于是决定重点开发食品，因此有了雀巢的诞生。在雀巢日后的发展中，内斯特莱对雀巢产品品质要求极其严格，事必躬亲，并且在产品的销售方面坚持高品质低价格策略，为雀巢树立起了良好的品牌形象。

雀巢对关系到婴儿食品安全的奶粉采取了严格的质量管控手段。战时原材料价格上涨，但雀巢以牺牲微薄的利润为代价依旧采用最好的材料，同时雀巢还引进了当时先进的机器，加强产品组合成分的精确性。图3-4显示了形象建立阶段雀巢的品牌发展机制。

这一时期，瑞士联邦制正式确立，加上工业革命等宏观因素影响，雀巢公司拥有了一个相对有利的环境。食品行业以科研创新为导向，因此雀巢早期为适应市场环境，企业战略也以质量和技术创新为导向。与此同时，雀巢注重产品的质量监控，采取非集中的管理模式，将各地的代理处改为分公司，以便灵活地应对市场的需求和反映。由于此时雀巢处于早期形象建立阶段，无论是质量监控，还是管理模式，都以创始人亨利·内斯特莱为主要管控者，以亨利·内斯特莱的企业家精神为引导，作为对公司早期发展的保障。

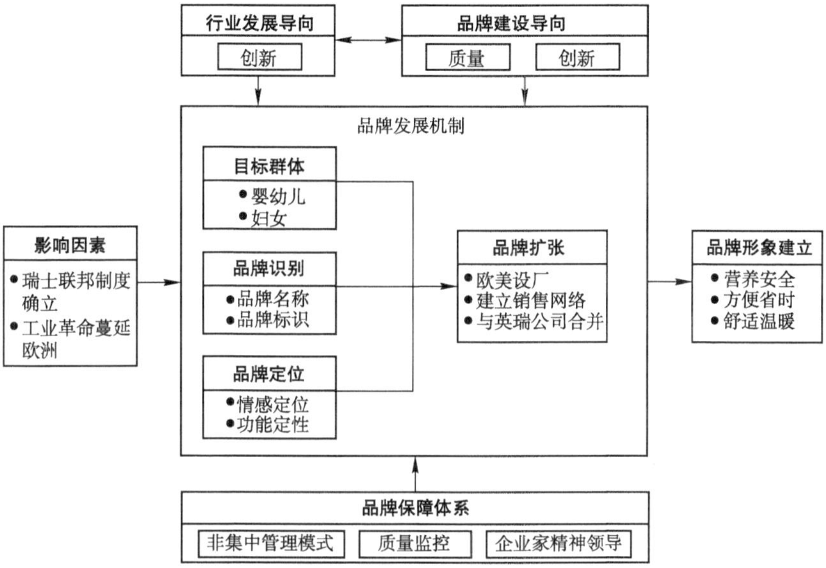

图 3-4　形象建立阶段雀巢品牌发展机制

雀巢在早期品牌形象建立阶段，首先对产品有明确的市场定位，强调品牌的功能定位。由此出发，雀巢确定了品牌识别的部分，即品牌名称和品牌标志，以“雀巢”为名，“鸟巢”“母雀”“幼雀”为标志，从中体现出早期品牌的情感定位。在品牌的基本要素确定后，进而实现品牌的初步扩张，即在欧美等国设厂，建立起销售网络。随后雀巢与英瑞公司的合并进一步推动了品牌的扩张计划。

基于以上的早期品牌建设，雀巢在这一阶段建立起自我品牌形象——营养安全、方便省时和舒适温暖。

二、危机重重，向阳而生

战争让我们想到震耳欲聋的轰鸣、满眼废墟的城市和流离失所的人们，两次世界大战正是如此。世界大战破坏了各参战国的社会稳定、经济发展和企业生产，雀巢却在危机重重的世界大战中取得了第二次新的发展。瑞士的中立国立场使得雀巢在战争的包围圈中得以独善其身。

战争不仅表现为武力的搏斗，还体现于没有硝烟的经济危机。然而，机遇总是与挑战并存，经济危机造成的咖啡价格崩盘为雀巢带来了新的品牌——雀巢咖啡，也为雀巢实现了品牌国际化的转型。

（一）多品牌策略——经济危机中的新品牌

1929年，经济危机影响着整个资本主义世界，资本主义社会的基本矛盾更加突出，引发了一系列经济问题。此次经济危机持久深刻，且影响极深。农业生产节节衰退，各国商品滞销，国际贸易萎缩。

继华尔街股灾和咖啡价格崩盘后，过剩咖啡豆占满了巴西的仓库，因此巴西政府向雀巢咨询能否有一种方式储存大量咖啡豆。马克思·莫根特尔（Max Morgenthaler）经过研究发现，牛奶、糖与咖啡融合之后，再压成粉状，能够保存更长时间，并且可以保持咖啡豆原有的香醇。然而，无论是在咖啡中加入牛奶和糖，还是使这种粉状颗粒易于溶解，便于食用都是一个很大的技术挑战。莫根特尔博士发现咖啡口味的香醇程度与牛奶的种类也有关系，保存于甜牛奶中的咖啡口感会更好，香味也更浓郁。莫根特尔博士还发现，暴露在高温、高压下的咖啡能够保存更长的时间。于是，他认为解决问题的关键就在于利用充分的碳水化合物生产出一种固态可溶咖啡。经过一年的时间，利用一种特殊的工艺，这种固态可溶性咖啡终于被生产出来。这在当时是一种与传统咖啡大相径庭的咖啡种类。1938年这种可溶性咖啡被冠上了“雀巢咖啡”的名称，在瑞士面世。“雀巢咖啡”这一品牌也由此创立起来。

（二）品牌传播——时代发展中的新传播

雀巢的品牌发展史跨越了三个世纪，因此，雀巢的品牌传播也跟随着历史的发展，具有不同时代的特征。以雀巢咖啡为代表的雀巢产品线广告在这一时期着重突出产品优势。

雀巢咖啡的出现颠覆了传统喝咖啡的方式，喝咖啡变成了一件简单便利的事情，省去了许多步骤。因此，雀巢咖啡的广告着重宣传的是一种喝咖啡的新方式。在20世纪三四十年代，女性的家庭地位不高，她们主要的角色就是家庭主妇，照顾好家人和孩子是最为重要的工作。而速溶咖啡的便利性不符合当时阶段的女性形象，速溶咖啡很难受到家庭的欢迎。但这样的一种社会形势随着时代的发展得到了改变，妇女地位逐渐提高，使用速溶咖啡也并不代表是对家庭的懈怠，反而是一种方便、高效的选择，速溶咖啡终于大放异彩。

20世纪五六十年代，雀巢咖啡的品牌传播重点在于展现产品特色，利用广告向消费者宣传雀巢咖啡虽然是速溶咖啡，却也具有咖啡应有的纯度、口感和浓郁的芳香。因此，雀巢咖啡所在的世界各地分支机构都运用了产品导向的广告策略，着重突出“雀巢咖啡是真正的咖啡”这一主题。

1961年雀巢进入日本市场，首先通过电视广告的方式，以“我就是雀巢咖啡”的口号在广告中反复出现，快速赢得了知名度。1962年雀巢进行了新的广告策划，以传播“真正的咖啡”这一产品特点。在对日本消费者进行调查之后发现，日本消费者每次煮一杯咖啡习惯加43粒咖啡豆来确定咖啡的浓度。由此雀巢发起了“43粒”广告运动，表明雀巢咖啡将43粒咖啡豆溶于一包雀巢咖啡中，是香浓且纯正的咖啡。这样的广告主题搭配着优美的旋律，让日本消费者记住了这个速溶咖啡品牌。

（三）品牌国际化——硝烟四起中的国际化

雀巢的发展总是与战事紧密相连。1914年第一次世界大战爆发，这场帝国主义国家之间的非正义战争把欧洲作为主战场，英、法、俄、德、意、奥等国展开了大战。瑞士在地理位置上正是处在主要参战国的包围圈中，战争的爆发必定会给瑞士带来沉重的打击。而瑞士的一项政策将这样的伤害降至了最低，那就是“中立政策”。

瑞士的中立政策并不是在一战期间才产生的，而是一种由来已久的对纷争的态度。瑞士的中立思想产生于16世纪，时值欧洲宗教战争。瑞士由于自身特殊的地理位置，交战各国都想将瑞士纳入同盟之中，形成一个便利的交通通路。瑞士为使本国不受战争的巨大影响，保持政局和社会稳定，于1647年宣布中立。中立内容包括：瑞士不参与战争，同时也不允许任何国家跨越瑞士领土，不与任何一方达成军事联盟。1815年的维也纳和会正式承认瑞士永久中立，这让瑞士在世界大战中得到了庇护。

雀巢公司也依靠本国的环境，在战争中得到了发展。由于炼乳保质期长又易于运输，因此战争期间，尤其是参战国对雀巢奶制品的需求更加旺盛，以政府合同形式的订单也越来越多。但原材料紧缺使得雀巢公司难以维持大量生产。于是公司在美国和澳洲收购了一些加工工厂提供产品，雀巢在和英瑞合并之后，工厂规模扩大，在开拓原有的欧洲市场的基础上，他们开始走向海外市场。在一战结束时，雀巢已经拥有40家工厂。

第二次世界大战中，更多的国家卷入战争，战事愈演愈烈。瑞士依然坚持中立。雀巢咖啡虽然已在英美法等国开始进行生产，但战事对雀巢咖啡扩大市场方面还是造成了巨大影响。幸运的是，雀巢咖啡自身的便利性为其在军队中赢得了市场。战时军队对咖啡的需求量非常大，雀巢咖啡不仅能够达到咖啡保持清醒的效果，还易于携带，方便饮用，在军队中备受欢迎，并迅速赢得了一批忠诚的消费者。经过几年的发展，雀巢咖啡的影响力扩展到世界各地，成为一种人们广泛喜爱的饮品之一，市场需求不断增长。雀巢咖啡的大获成功让雀巢在速溶咖啡领域占有一席之地，为雀巢公司继续推出咖啡新品和后续的雀巢胶囊咖啡机等产品打下了基础。

第二次世界大战期间，雀巢不仅在美国发展迅速，还在拉丁美洲新建了16家生产中心，使拉美市场得到了巩固，拉美国家丰富的食品原料也得到了有效开发。随着跨国公司基础的不断夯实，雀巢通过在不同地区并购新产品加速国际化进行，诸如此类的扩张包括：欧洲的美极调味品，斯堪的纳维亚的芬达斯速冻食品，美国果汁生产商利比等。与此同时，雀巢还在全球范围内设立工厂，进行产品的加工与销售。截至1946年，雀巢集团已经在世界五大洲拥有107家工厂。

第二次世界大战结束后，世界经济开始恢复。由于战后经济繁荣，美国和欧洲的人们开始花钱购买冰箱和冰柜等家用电器，家用电器的普及，让生活变得更轻松，同时也改变了人们的一些饮食习惯，如他们对方便食品开始青睐有加。针对这种市场需求，雀巢陆续推出了可以用冷水和热水冲泡的雀巢冰爽茶，还推出了在牛奶中非常易溶的“雀巢巧伴伴”、粉末状的婴儿营养米粉和可装在方便的调料瓶中使用的美极调味料、罐装意大利水饺等一系列方便型食品。

（四）品牌保障——公司危机中的新技术

1921年第一次世界大战结束之后，罐装牛奶的需求下降，牛奶价格下跌，销量降低导致库存水平升高，这使雀巢出现了前所未有的经济损失。在关键时刻，银行家路易斯·达波尔（Louis Dapplos）被任命为危机管理经理。他建议雀巢公司启用职业经理人对公司进行专业化管理。公司管理逐渐实现集中化和专业化，所有科研工作都被安排在位于瑞士韦威的实验室进行，并且雀巢开始重视人才的选拔和培养，摒弃过去依靠家族亲属关系进行管理的传统。诸如雀巢咖啡等开创性产品也应运而生。

在雀巢公司品牌快速发展期，为了构建品牌自身的核心竞争力，提升企业的竞争优势，雀巢公司投入了大量的研发人员进行新产品的研发。其中最具革命意义的就是雀巢咖啡的诞生。雀巢咖啡所使用的“喷雾干燥”技术对传统的喝咖啡的方式进行革新，让喝咖啡成为一种简单方便的生活方式。雀巢对这一技术的投入为日后雀巢品牌价值的提升提供了保障。除此之外，1947年雀巢收购美极公司之后，由收购的一系列食品加工公司和内部研发共同完成了预制食品以及烹饪调料的产品开发。图3–5显示了价值积累阶段雀巢的品牌发展机制。

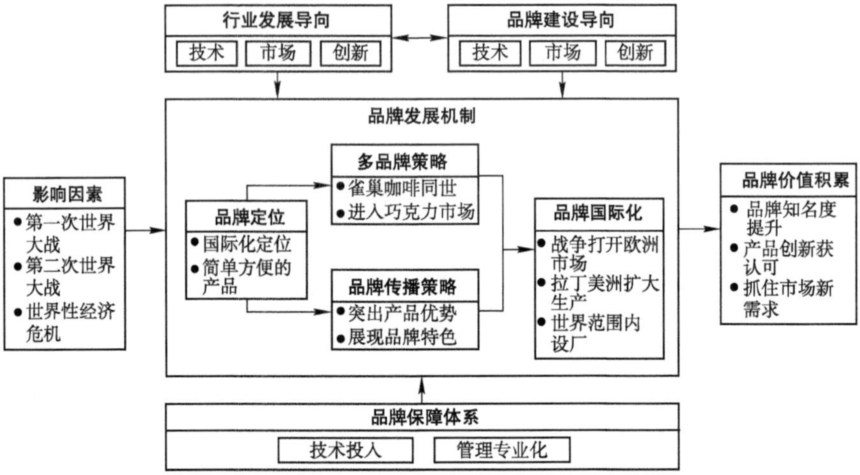

图3–5　价值积累阶段雀巢品牌发展机制

这一阶段，雀巢经历了两次世界大战和1929年世界性的经济危机，战事对雀巢的发展尤为重要，利弊共存。虽然战争影响着雀巢的生产，造成成本上升，但同时也是雀巢国际化的催化剂。企业以技术、创新和市场为战略导向，开发出能够满足消费者需求的产品，构建核心竞争力。相应的，雀巢投入了大量的研发人员进行新产品的研发，并且启用职业经理人对公司进行专业化管理，以此构成该阶段雀巢品牌发展的保障体系。

在这一时期的品牌转化机制中，雀巢对品牌定位进行了更新，并开始采取多品牌战略，通过引进和自创的方式，增加雀巢产品种类。其中最具代表的是“雀巢咖啡”的问世。同时雀巢开始重视品牌传播，主要体现在雀巢咖啡的品牌传播中。随着时代的发展，由早期的突出产品优势转变为展现产品特色。战争为雀巢打开了国际市场，雀巢由此在拉丁美洲扩大生产，在世界范围内设厂。与此同时，雀巢将以上品牌战略运用到国际市场中，实现品牌全球化。

经过品牌发展机制，雀巢品牌知名度得到了显著提升。“雀巢咖啡”成为雀巢在这一时期最具代表性的品牌，展示了雀巢公司的产品创新能力。以雀巢咖啡为首的速溶、方便食品抓住市场新需求，受到消费者的喜爱。雀巢品牌价值进一步累积。

三、始于瑞士，成于全球

20世纪80年代，经济全球化的概念被广泛使用，成为一种不可逆转的经济趋势。在欧美国家主导下，发展中国家也成为经济全球化进程中的重要参与者，各国之间贸易联系更加紧密，相互依存。与此同时，经济危机也将产生牵一发而动全身的影响。

20世纪90年代后期，瑞士经济萎靡不振，市场趋于饱和，国内消费无法得到进一步的拉动。对于食品工业来说，无论是原料还是人力都面临着成本上涨的压力，依靠降低产品价格争夺市场的手段作用甚微。这直接导致企业增长动力不足，食品企业的生存出现了危机。瑞士食品加工企业将重心转移至国外市场，通过加大投资，扩大国外工厂数量规模和联合兼并等方式占领国外市场。面临发展瓶颈的雀巢也加入这一浪潮中，以全球扩张的方式寻找新的利润增长点。

（一）品牌定位——优质产品，美好生活

美味和营养在人们的思维里总是冲突的，想要获得健康和营养，就必须牺牲一部分美味。然而雀巢将消费者的期望转化为现实，不断探索能够将食品的美味和营养相结合的方法。1997年，新一任的首席执行官包必达（Peter Brabeck-Letmathe）上任后，雀巢进一步更新了品牌定位，即“营养、健康和幸福生活的领军者”。近年来，人们对“健康”的定义不仅体现于关注疾病和卫生，还将注意力逐渐转移到食品的营养上

来，以此达到健康的目的。因此，优质食品所代表的也不仅仅是食品安全，更是富含营养、健康美味的食品，这也是雀巢在新一阶段所追求的目标之一。

为达到这一目标，雀巢对食品健康研究投入了大量精力和成本。位于洛桑研究中心的研究人员进行了多种尝试，最终研发出两种有益于食品健康的材料。一种是类似于“被晶体包裹的气泡”，能够代替传统脂肪，原理是向脂肪基质中填充气体以减少脂肪和卡路里含量，并且新型脂肪更加轻柔顺滑，口感更好；另一种是“结构糖”，改变了传统糖的结构，提高高糖分子的多孔性，加速了糖在口中的溶解速度，更少的糖分却能够拥有相同的甜度。如果这两种材料可以实现量产，投入到食品加工中，就能够进一步达到美味和健康的平衡。

雀巢所关注的不仅仅是食品营养，更是与消费者、供应商和品牌的持续发展。在2006年，雀巢阐明了“创造共享价值”的经营方针，将企业竞争力和社区的健康发展联系起来，通过商业决策和日常经营，同时为股东和社会创造价值。其中与我们最为贴近的就是雀巢在中国做出的创造共享价值举措。中国营养与健康研究所自2008年开始与雀巢合作，为学生、老师和父母普及营养知识，这也是“雀巢健康儿童全球计划”的一部分。这个计划在全球范围内已经覆盖了84个国家和地区的830万名儿童，帮助他们养成正确的平衡饮食习惯。

1988年，雀巢开始在中国云南地区推广咖啡种植。当时云南地区的咖啡种植几乎为零，更谈不上规模化发展。于是雀巢在云南地区设立农业服务部，派出农业专家拜访当地农户，向农户们提供服务，包括普及咖啡知识、农业培训和技术协助等。在雀巢的努力下，云南普洱地区咖啡种植取得了规模化发展，2014年咖啡种植面积已经达到了传统经济作物的一半。云南普洱地区因咖啡种植带动了当地的经济发展，雀巢也由此建立起稳定、可信赖的咖啡豆原料供应基地。

（二）品牌传播——统一传播，富有人情

雀巢决定对以往的广告代理商进行筛选和统一。在具体的广告传播方面，雀巢也更贴近目标市场。以雀巢咖啡为例，雀巢咖啡的广告在主体和内容上变得更加贴近年轻人的生活形态。例如，在英国的广告中，雀巢咖啡成为一对恋人的爱情催化剂。而在东方的中国等对西方咖啡文化还未完全了解的国家，广告内容则以“味道好极了”来吸引年轻人品尝西方“茶道”，对于中国年轻人来说，这是一种对逐渐流行起来的西方文化的体验。

进入21世纪，人们对咖啡的认知发生了改变。喝咖啡不仅仅能用来提神，更是一种“第三空间”的享受和社交载体。雀巢试图抓住这种需求，让年轻消费者再次关注这个已经饱经风霜，散发着沉重气息的“老”品牌。在行色匆匆的德国街头，你会看到相向而行的人们手中拿着一杯雀巢咖啡，微笑着点头示意。在匆忙的马路中间，仿佛被温暖的光照耀着。2018年，雀巢在德国马路两端的红绿灯柱子上安装了两台即时连接的咖啡机，等待过马路的行人看到对面屏幕中的人，会互道一声问候，然后同时按下自己一侧咖啡机的按钮，共同等待雀巢咖啡带来的惊喜。在加拿大，你可以拿着一条雀巢咖啡经过一家咖啡店的门禁，带着自己的咖啡杯，径直走向热水区，自己完成冲泡，然后在这家咖啡店懒洋洋地待上一个下午，无论是工作、发呆还是与朋友闲聊都可以。这家店便是雀巢在加拿大开设的快闪店，在中国北京也即将开店。这家快闪店针对年轻消费者对精品咖啡店的喜爱和对“第三空间”的需求，不提供咖啡，但提供喝咖啡的氛围。

新的品牌传播方式不仅吸引了年轻消费者的关注，也是对雀巢品牌的又一次人文宣传。

（三）多品牌策略——步步为营，终成帝国

雀巢经历了从多元化发展时期到专注发展时期。雀巢的领导者意识到，雀巢应该向世界最大的食品企业发展，而不是无边界地多元化发展。因此，雀巢一边连续通过并购符合雀巢发展规划的企业，一边又在出售超

出雀巢战略规划的业务。在此战略规划下，雀巢通过一系列并购成为世界第一食品帝国。

20世纪90年代，雀巢收购巴黎水和圣培露瓶装水品牌，拓展饮用水高端市场；通过收购哈根达斯等品牌股权，雀巢在美国冰激淋市场的份额足以与强劲的竞争对手联合利华匹敌；奇巧巧克力（KitKat）和聪明豆（Smarties）等巧克力品牌被收归于雀巢后，雀巢传统优势——巧克力业务变得更加强大。

宠物食品是雀巢领导者认为的极具潜力的领域。事实证明，宠物食品业务确实表现不俗。雀巢从1985年收购“喜跃”（Friskies）进入宠物食品市场开始，宠物食品的销量保持着稳定的增速，成为收入的主要增量之一。目前，雀巢拥有“康乐多”“冠能”“喜跃”等多个宠物食品品牌，分别针对中端和高端市场。

近10年来，雀巢似乎更加聚焦消费健康和医学营养领域的发展。2006年，雀巢收购了诺华公司旗下专门生产保健食品的营养保健分公司；2011年，雀巢决定成立健康科学研究院，目的是在科学技术的支撑下研发出能够预防和治疗慢性疾病的营养产品。为进一步实现研发营养产品的目标，雀巢还收购了美国医学食品公司Pamlab，目的在于引进开发预防抑郁症等方面医学营养品的新技术；2017年，雀巢斥资23亿美元收购北美维生素生产商Atrium Innovations，它的加入能让雀巢扩充产品组合，包括纳入一些高附加值的产品，例如益生菌、基于植物蛋白质营养品、膳食替代品和多种维生素产品等。

雀巢的专注发展不仅体现在对特定食品领域业务和品牌的收购上，还体现在对非核心业务的剥离上。雀巢出售了美国呈现疲软态势的糖果业务、早期收购的爱尔康眼科业务和嘉宝人寿保险业务。非核心业务的剥离使雀巢能够更加聚焦核心业务的发展，并且收购更加有助于企业发展的业务及品牌。

（四）品牌全球化——拓展市场，本土经营

1. 瞄准中国，版图扩张

长期以来，雀巢的主要销售市场都在欧洲和北美地区，1988—2008年，欧洲和北美地区贡献着集团收入的主要增量。但由于面向欧洲和北美市场的企业技术成熟，市场竞争十分激烈，两大地区虽有增长，但增长率不高。因此，为寻求新的利润增长点，雀巢开始拓展新兴市场。此时中国正值改革开放初期，雀巢率先发现在中国的发展机遇，成为第一批进入中国市场的国际品牌。

1987年，雀巢进入中国市场，并于1996年在北京设立大中华区事业总部。不断扩大规模是雀巢一直以来的目标，因此，针对中国市场雀巢实施了大规模并购战略。雀巢在1999年和2001年对中国鸡精行业的两大品牌——太太乐和豪吉进行了80%和60%的股权收购。大约10年之后，雀巢在中国又进行了一次集中并购活动。2010年，雀巢与云南大山成立合资企业，收购其70%的股权，这使雀巢在中国拥有自己的水源。2011年，雀巢与银鹭和徐福记分别成立合资公司，对徐福记的收购使得雀巢登上了中国糖果和巧克力行业的首位。2012年，雀巢将辉瑞制药旗下的所有婴儿食品业务收于囊中，完成了对惠氏（Wyeth）奶粉的全球收购。此次收购也使得雀巢在2012年度的收入出现了成倍的增长。

雀巢在中国市场的一系列扩张为企业带来了新一轮的利润增长。2009—2015年，亚洲地区成为雀巢主要的收入增长地区，其中大中华区则是亚洲地区中最为重要的增长点。2013年，大中华区成为雀巢全球第二大市场，2015年，大中华区销售收入占雀巢全球收入的7.95%，增速明显，远超过其他地区的增长。2018年，中国市场收入为70亿瑞郎，较去年同期增长6.5%，有机增长率从2017年的1.6%提升至2018年的5%，这也带动亚洲、大洋洲和撒哈拉以南非洲地区的销售收入有机增长为4.3%，主要增长来源于婴儿营养、咖啡业务和烹饪品业务的创新以及电子商务领域。

2. 因地制宜，本土经营

雀巢集团在不断并购中成长起来。从雀巢成立至今的150年间，雀巢通过不断地并购，产品线横跨9个品类，其中有20多个国际知名品牌。在这些知名品牌之中，有接近一半是通过兼并或收购获得的。雀巢在并购中的成功得益于对被收购企业文化的尊重，和对他们权利的松绑。雀巢需要保留原有企业的长处，而不是将他们打造为翻版雀巢。

（1）管理本土化

曾任雀巢CEO的汉穆·茂赫Helmut Maucher一直认为收购的核心在于收购人才，而非收购公司。他认为这些公司之所以能够取得成功，是因为有优秀的本土人员管理，大家的目标要一致，但会让管理者独自去实现目标。这一全球战略也被运用在中国市场。由于文化差异和利益分歧，中外合资并非易事，雀巢明智地实施其战略思想，认为成功的合资企业绝非雀巢的克隆品，而应拥有强有力的自主机制，保留本地管理层对公司的领导，确保公司技术和品质的一贯性。

太太乐是雀巢在中国最为成功的投资之一。雀巢收购太太乐80%的股权后，并没有对太太乐的管理层做出重大调整，而是保留了其原有的管理模式。太太乐的创始人荣耀中对太太乐产品技术研发能力非常重视，他时常围绕着“鲜味”思考能够做出什么文章。他发现消费者认为鸡精不够营养健康，他想到提取蔬菜中的鲜味做调味品，这样既能够保证营养，还能提鲜。于是“蔬之鲜”被列入了新品研发范围。在新品研发过程中，由于太太乐的研发人员很有经验，所以整个研发过程由太太乐主导，雀巢研发中心则在消费者调研部分提供帮助，让其拥有研发自主权。而在人才管理上，雀巢具有丰富的人才管理经验和完善的人才培养计划，因此，雀巢会提供更多的培训项目和人才发展项目。一旦人力资源系统做好对接，雀巢合资公司的员工也能够拥有与雀巢总部相同的发展机会。这种“取长补短”的管理模式让雀巢与合资企业能够互相补充，实现长远发展。最重要的不是完全掌握管理权，而是在保留个性的基础上，保持彼此价值观的一致性。

（2）产品本土化

雀巢集团在不同国家的市场上虽然都用“雀巢”这一品牌，如奶粉、咖啡、冰激淋和巧克力等，但雀巢产品在不同地区的市场上都有着本土化的特点。

1995年雀巢咖啡进入中国市场。当时，咖啡文化在中国还没有得到普及，中国消费者喝咖啡的习惯也没有被培养起来，咖啡的口味更是以苦涩的印象留在中国消费者心中。喝咖啡也还停留在“富裕家庭才能够享受的消费活动”层面，仿佛遥不可及。雀巢在进入中国市场之前通过市场调查发现，中国消费者对咖啡“苦涩”的印象强烈，而他们的口味更偏好香甜、浓郁、奶味较重。雀巢根据中国消费者所表现出来的特点，推出了雀巢咖啡1+2，1是指速溶咖啡，2是指1份糖和1份咖啡植脂末。香甜的口味搭配便利的使用方式和便宜的价格，使得雀巢咖啡1+2迅速变成了人们的日常消费品之一，并且被年轻消费者当作需要熬夜、提神时必不可缺的饮料。雀巢咖啡在中国的口味本土化让雀巢成功打入中国市场，并且成功地占领了当时在中国属于蓝海的咖啡领域，咖啡文化也得到了普及。

（3）生产本土化

对于跨国公司来说，在当地市场投资设厂是融入本土市场，取得消费者认同感的最好方法，也就是生产本土化。生产本土化的主要表现形式就是利用当地的原料和配置，将其与所提供的生产技术结合起来，形成生产本土化。

奶制品业务是雀巢的核心业务之一，因此雀巢在进入中国市场时，首先布局了奶制品工厂。与前文中所提及的云南咖啡种植工作相似，雀巢在中国的黑龙江省、山东省青岛市和内蒙古自治区建立了3个奶制品工厂，以技术培训和示范养殖的方式帮助奶户养牛。雀巢从总部派来一批专家，在当地建立了一套激发奶农养牛积极性的牛奶采集网络和收购制度，并向农户传授饲养、管理奶牛和采奶技术。截至2016年，雀巢的3个工厂周边总共覆盖了517个鲜奶供应商，其中31个日供鲜奶量超过5吨。3个工厂每年对周边奶区的收购量在60万吨左右，能满足超过2/3雀巢在中国生产的产品所需要的奶量。雀巢在中国建立的奶制品工厂能够直接为雀巢提供奶源，生产奶粉、液态奶等奶制品，降低了生产成本，促进农业社区的可持续发展。

（五）组织保障——“雀巢先生”，精准管理

20世纪80年代至2019年，雀巢历经了四代掌舵者——汉穆・茂赫（Helmut Maucher）、包必达（Peter Brabeck–Letmathe）、保罗・薄凯（Paul Bulcke）和马克・施奈德（Mark Schneider）。

汉穆・茂赫在雀巢经历大危机时临危受命，并大胆地提出了一连串激发式的管理决策。他将发展中国家作为最佳市场，每年用巨额资金购买原料，用于发展中国家。同时每年拨出大量的经费，帮助这些国家提高农产品质量，并聘请专家，在这些国家中举办各种职业培训班。雀巢也因而在发展中国家树立了良好的形象。此外，汉穆・茂赫还试图减少行政机构的层次，简化步骤，避免过度强调组织的阶级性，以此来激发员工的工作热情。

包必达先生继任雀巢CEO时，雀巢已经是一个国际化程度很深，并且横跨多个产品品类，拥有庞大数量产品的食品帝国。包必达先生要做的就是让雀巢在快速的发展中保持谨慎和自律。

首先，包必达变“分权”为“集权”。雀巢开始整合分布在各地的工厂，化繁为简，将相似的产品划分至统一的业务部门进行集中管理。其次，为了使“分散”和“集中”达到平衡，资金分配、产品研发、人才培养和品牌管理等项目都交由雀巢公司总部集中掌握，而在广告传播、产品调整、拓宽市场等方面则遵循雀巢的本土化原则，尤其是针对消费者习惯这类差异化的因素，由分公司管控。

保罗・薄凯在任期间进一步强调了雀巢的战略方向：希望通过营养、

健康和保健提高人们的生活质量，并且希望通过科学研究的创新推动这一愿景的实现。至于如何开展业务，则要遵循创造共享价值的原则。这和慈善事业不同，薄凯把慈善事业比作“到了年底写一张支票，使良心得到安宁”，而创造共享价值则需要考虑业务发展如何兼顾社会并且持续创造价值。

马克·施奈德的任期从2017年开始，被一些媒体称为“局外人”。雀巢的历代掌舵者都是从雀巢的消费事业部提拔上来的，而施奈德则来自医疗保健行业的费森尤斯（Fresenius）公司。包必达在采访中提到，雀巢健康科学和皮肤健康从长远来看必须被整合到雀巢中，因此必须找一个懂得健康的人。施奈德上任后对雀巢非核心业务进行剥离，并且收购了多家食品健康相关企业，推动产品组合向高增长、高利润的品类和品牌发展。其中收购项目包括美国的蓝瓶咖啡、收购美国保健品品牌Atrium的母公司、携手星巴克组建全球咖啡联盟等。其他还包括在美国收购植基食品公司Sweet Earth、收购健康食品配送公司Freshly的少数股权以及收购Terrafertil公司的多数股份等。雀巢公布的最近一单收购计划是以20亿美元收购加拿大Champion宠物食品公司（至2019年）。

四代“雀巢先生”面对着不同的市场环境，但他们对雀巢的管理有着相同的原则，即尊重和责任。面对不同的市场环境和并购企业，他们都给予极大的尊重。新一任非雀巢文化下产生的CEO施奈德的加入，更加体现了雀巢的包容性。责任则表现为对“创造共享价值”经营理念的坚持，作为体量庞大的跨国公司，所承担的早已不仅是利润的增长、股东的权益，更要包含对可持续发展的考量。图3-6显示了文化深化阶段雀巢的品牌发展机制。

20世纪80年代至今，雀巢已经保持了30多年的稳定增长。在这30多年的发展过程中，中国市场受到雀巢的极大重视，成为雀巢销售额主要增量之一，并且欧美市场和其他地区市场稳定增长，国际市场得到进一步拓展。而雀巢品牌文化也得到了进一步深化。雀巢更加重视对消费者、股东和社会的责任。从消费者健康、股东利益，到社会可持续发展，雀巢在不断地寻求三方的协同发展。在国际市场进一步拓展中，雀巢将多元包容的品牌文化渗入各国市场。尊重本地文化，坚持本土化经营策略，成为雀巢并购的秘诀。

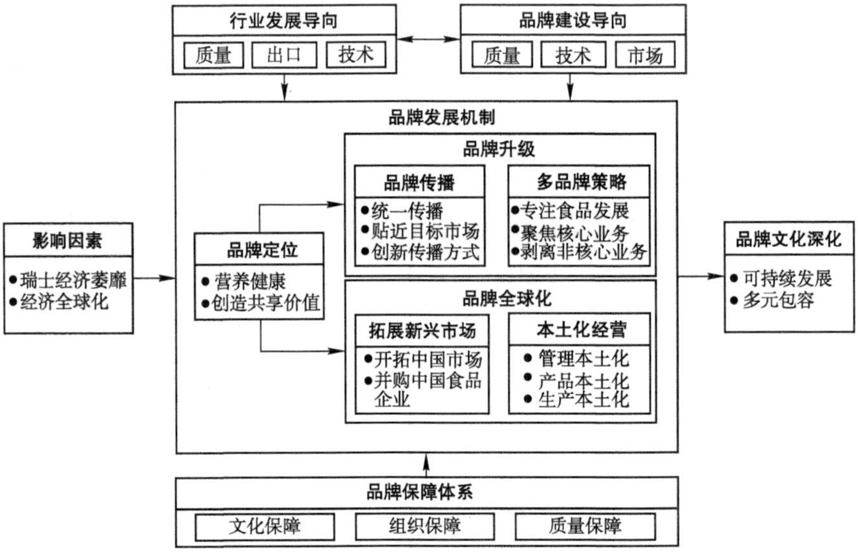

图 3-6　文化深化阶段雀巢品牌发展机制

2018年，《财富》新发布世界500强名单中，雀巢位于第64位；2018年Brand Finance发布的全球品牌价值500强名单中，雀巢位于第69位；2018年由世界品牌实验室发布的世界品牌500强名单中，雀巢位于第22位。这个经历了150年风雨的老牌食品品牌，在今天依旧保持着其独特的品牌价值和强势的品牌影响力。

四、结语

雀巢生长于瑞士，携带着瑞士品牌的DNA——多元、包容和其在发展过程中所形成的品牌责任感。

瑞士的包容性源于政治中立政策，法国人、德国人、意大利人和罗曼什人构成了共同的“瑞士人”，而历史上多民族的融合也造就了瑞士文化的多元性，这些都在雀巢这个食品品牌上得到了一一体现。作为一个国际化品牌，雀巢的多元包容体现在其跨国经营理念中——本土化经营。无论是从人力方面，还是从生产方面，与各个地区市场的特点和消费者进行融合才能够使企业兼并产生意义，使企业价值得以提升，从而让品牌真正被消费者所接受，而不仅仅是企业规模得到扩大。

如今的雀巢是世界第一大食品制造商，支撑其在150年中始终保持行业领先的重要因素之一，就是品牌不可或缺的责任感。早期雀巢的责任感表现为对社会问题的关注，现在表现为“创造共享价值”，如何让企业与社会共同发展，是品牌可持续发展下的共同课题，也是重要的责任。“共享文化”体现着雀巢——世界第一食品品牌的担当与责任。

但体量过于庞大的雀巢似乎也遇到了发展瓶颈，“雀巢正在衰落”的评价不绝于耳。雀巢目前在重新审视自身业务板块，对非核心业务进行剥离，并且更加关注营养医学，在健康食品领域做出新的尝试，例如在中国市场推出的健康汤饮品牌“辛善”、健康零食品牌“自然食客”、高蛋白质水品牌“Muscle Hunt”等。在消费者越来越注重健康饮食的市场环境下，雀巢也在向高端健康食品领域探索，因此雀巢能否抓住新的需求拐点，还需要用新的成绩加以证明。

案例二：

小指针撬动大产业，毫厘间藏纳百年史

——瑞士钟表产业品牌发展之路

同大多数产业一样，瑞士钟表品牌也经历了不同的发展阶段。从手工业时期的地域集聚到大工业时期的产业协作，再到信息工业时期的集群发展，瑞士钟表产业品牌经历了从无到有，从有到优的过程。其间，虽然遭受过日本钟表产业品牌等的严重冲击与挑战，但是瑞士钟表产业品牌的王者地位，至今仍然难以撼动。

一、宗教革命，无心插柳

钟表的诞生地并不是瑞士，而是法国。早在14世纪初，法国人就发明了第一台报时钟。由于欧洲的区域面积较小，地理环境存在较大的相似性，因此，钟表业诞生不久，便迅速在整个欧洲地区流行。瑞士钟表业与法国钟表业兴起的时间相当，然而由于法国是欧洲大陆的传统强国，在中世纪的封建社会，法国几乎是整个欧洲的经济文化中心，加上强大的中央集权制度，法国政府有能力对钟表业实行强有力的支持。相比之下，瑞士境内城邦林立，彼此孤立，真正意义上的“瑞士政府”是不存在的。通常情况下，瑞士地区的各个城邦对各自的钟表业都有支持政策，但是这种政策力度的差异使得瑞士钟表业在较长一段时间内都无法与法国钟表业相抗衡。这种状况随着宗教革命的兴起发生了变化。1572年，法国巴黎发生了“圣巴塞洛缪大屠杀”，约2万名胡格诺派教徒被法国政府杀害（见图3-7）。以此为起始，欧洲多个国家开始大肆迫害新教人士。法国对新教教派的残酷镇压导致优秀工匠大量流失，而瑞士作为宗教革命的发源地，自然成为众多信奉新教工匠的最佳避难所。从17世纪开始，法国的钟表业开始逐渐衰落，导致今天的法国品牌在世界钟表市场中失去了一席之地。

图 3–7　惨遭屠杀的胡格诺派教徒

相比之下，在宗教革命的起源地——瑞士，则是另一番景象。瑞士作为典型的农业国，其手工业并不十分发达。欧洲大陆掀起的宗教迫害活动，为技术匮乏的瑞士制表业带来了绝佳的赶超机遇。巴黎大屠杀事件之后，不少信仰新教的工匠纷纷逃离法国、德国以及意大利，前往瑞士避难。大量工匠移民的涌入令瑞士钟表业如获至宝。然而，仅仅是人才的储备仍不足以推动瑞士钟表业的快速发展。15世纪开始，欧洲的远洋船队频频出海，进行了一系列地理大发现活动，这便是著名的“大航海时代”。到17世纪，欧洲的航海技术日趋成熟，航海设备不断更新，钟表开始成为探险家与水手不可或缺的装备。新航线的开辟，加上远洋船队带回的巨额财富，极大地刺激了更多欧洲国家加入航海队伍当中。瑞士虽然没有参加太多的航海探险，但是，航海活动对钟表持续增加的需求却大大刺激了瑞士钟表业的发展，也不断催生着新技术的诞生。钟表的形态开始发生重大变化，从最初笨重的塔钟，到后来出现的怀表，再到更加小巧的手表，都折射出瑞士钟表匠精益求精的工匠精神。

然而，瑞士毕竟是一个贫瘠的山国，自然资源有限，大量涌入的宗教难民对其环境承载力提出了严峻挑战。于是，来自外地的工匠们为了在瑞士长久立足，纷纷在钟表产业中一显身手。一时间，瑞士境内涌现出海量的钟表品牌。经过发展，日内瓦逐渐成为瑞士钟表的品牌集散地。在当时，所谓“品牌”更多的是象征着一名工匠所具有的独立制作钟表的能力，并且在产品上镌刻工匠的名字成为区别于他人产品的常见手段。蜚声全球的“宝玑”（Breguet）品牌和“百达翡丽”（Patekphilippe）品牌均源于其工匠的名字。这一时期，瑞士钟表产业高度集中，日内瓦的竞争日趋激烈，在其境内，大大小小的钟表作坊不下几百家。为了避免恶性竞争，保持整个钟表产业的健康发展，1601年，瑞士钟表师公会在日内瓦正式成立。公会的成立在一定程度上改变了原先钟表市场混乱的竞争局面，但是，公会的准入条件十分苛刻，一些才华横溢却资历不足的年轻工匠受到排挤。因此，这些工匠被迫沿着侏罗山脉，以日内瓦为起点，开始向巴塞尔方向扩散，经过数十年的发展，位于侏罗山脉沿线的力洛克、拉绍德封等城镇的钟表产业逐渐开始兴起，形成了明显的钟表产业区域，为此，侏罗山脉也被称为“钟表山脉”。图3-8显示了该阶段瑞士钟表产业品牌发展

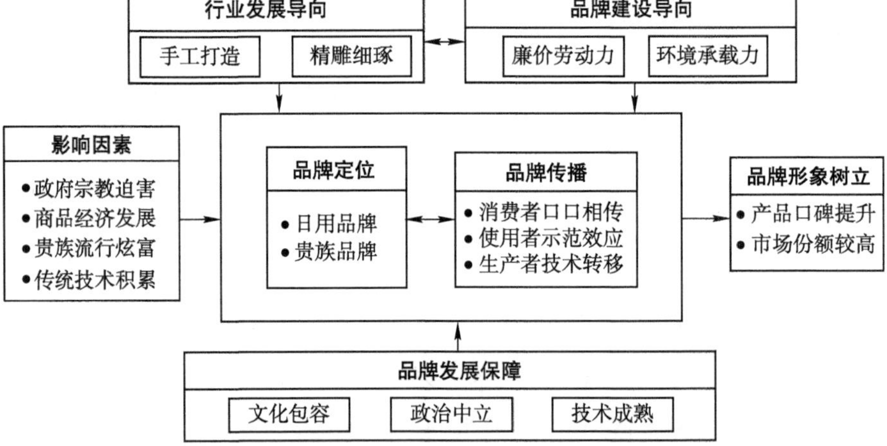

图3-8　形象树立阶段瑞士钟表产业品牌发展机制

过程中的影响因素、环境导向以及发展保障等，经过品牌定位与传播，瑞士钟表产业基本树立了良好的品牌形象。

除了激烈的市场竞争推动下的技术进步，市场容量也是促使瑞士钟表产业向“钟表山脉”集聚的重要因素。早期日内瓦的宗教政策是吸引瑞士钟表工匠的最主要原因，但是，一味追求高端产品甚至“皇家御用”的目标具有较高的风险——市场容量狭小且稳定性差。迫于压力，一些具备独立制表技术的工匠选择离开日内瓦，搜寻境内其他市场容量更大的地区（见图3–9）。这一时期，来自宗教信仰方面的威胁已经消失，如何发掘更适合长远发展的区位上升为主要问题。“钟表山脉”的崛起，恰恰由于瑞士是一个山地国家，资源贫乏，气候寒冷，在漫长的冬季，消耗大量时间与耐心的钟表行业成为一些瑞士人的不二选择。这部分瑞士人中有铁匠、珠宝匠甚至枪匠，他们将自己原有的技术与新引入的钟表技术相结合，进而形成了自身独特的设计风格。由于物美价廉，“钟表山脉”的钟表品牌很快在平民市场中站稳了脚跟，进而吸引了更多寻求廉价劳动力资源的钟表企业，引发了更大规模的资源禀赋导向的企业集聚行为。这些资源依赖型集聚的最大优势体现为降低了空间距离带来的物流成本，以及减少了不同市场主体之间产生的交易费用。但是，这种企业集聚仅限于地理空间上的集中，由于这一时期的企业独立掌握钟表生产全产业链，因此企业间彼此孤立，竞争异常激烈。

图3–9　早期瑞士钟表工匠的迁移方向

这一阶段的品牌主要侧重于传播功能，是品牌发展的初级阶段。该阶段的瑞士钟表行业尚未形成产业，但是出现了品牌大量集中的地理区域，例如日内瓦。由于这一阶段的钟表企业大多属于“麻雀虽小，五脏俱全”的手工作坊，因此，品牌发展的主要目标是提高产品的知名度，抢占更多的钟表市场份额。为此，许多钟表企业的工匠都会将自己的姓名刻印在钟表上，作为区别于其他产品的独有标识。此外，该阶段企业对品牌的认知也明显体现出“点”的特征，即品牌的形象、LOGO以及知名度等较浅层次的若干要素，而要素之间并无太多关联。同时，负责品牌管理人员大多处于基层，并且分散于生产、营销等多个不同的职能部门。由此可以看出，品牌在发展初期，仅仅作为一种宣传手段，与其他传播手段并无二致。瑞士钟表行业的特殊发展历史，决定了短期内涌入瑞士的钟表企业急剧增多，市场竞争骤然激烈，因此，品牌的传播作用占据主要地位。这一时期的品牌还与企业（产品）黏着程度较高，品牌仅仅局限于企业层面，其背书能力有限，因此，虽然早期瑞士钟表品牌多如牛毛，但是并未形成强大的影响力。

到了18世纪，瑞士境内的钟表产业已经十分成熟，并且区域的集聚效应也已十分明显。大量精通工艺的制表师使用自己的姓名作为产品的品牌LOGO，既在一个单一产业环境中独自寻求工艺的改进与技术的突破，也与他人共享该区域内有利于钟表生产的各种资源。这种“单打独斗”的手工作坊也逐渐出现了危机：伴随着英国工业革命的发展，机器大工业时代的降临，原有的手工工场生产模式被逐步淘汰。但是，执拗的瑞士工匠却不愿面对这一现实，他们坚信，纯手工打造的高品质钟表永远是钟表市场的主流产品，每一块钟表都是制表师智慧与心血的结晶，这种精密生产是机器生产永远无法做到的。因此，瑞士钟表产业在面对机器大工业的挑战时，选择了保守。虽然短期内瑞士钟表产业品牌依然强劲，但是进入19世纪后，瑞士钟表产业品牌终于出现了危机。

二、产业分工，独霸世界

19世纪末，瑞士钟表品牌已经驰名全球，但是同时也迎来了德国、美国等后发资本主义国家的强势追赶。1876年，瑞士钟表制造商在参加美国费城举办的世界博览会时吃惊地发现，美国的制表水平已经逐渐接近瑞士，在某些方面甚至已经超越了瑞士。当时，浪琴的技术开发部主任雅克·戴维被派往美国，代表瑞士钟表品牌参加世界博览会，同时还参观了美国的制表厂。经过调研发现，波士顿的沃尔瑟姆和芝加哥的埃尔金等竞争对手的车间采取严格的标准化生产，其生产的钟表零部件均能够实现通用组合。不仅如此，美国工厂式的大工业生产极大地降低了钟表的成本，提高了精度，无论在外观还是性能方面，均对瑞士钟表品牌形成强有力的威胁。

事实证明，瑞士传统钟表产业所一直秉承的手工作坊生产模式已岌岌可危，大规模批量生产势在必行。然而，要想实现钟表零件的大批量生产容易，可是对标准化问题却始终意见不统一。在早期的手工作坊时期，钟表生产从选材到加工到组装到销售，全部由制表匠独立完成，这样既实现了关键技术的保密，又保持了品牌的独立性。因此，一旦钟表产业实现工业化大批量生产，势必会打破原有钟表产业的价值链条。最终，在瑞士钟表行业公会的不懈努力下，瑞士钟表零部件开始采取公制系统与标准化生产，全力实现组件误差的最小化（见图3-10）。这一标准直到今天仍然发挥着巨大影响：钟表结构的直径至今仍采用“法分”（1法分=2.255毫米）来测量。

大工业生产不仅打破了原有手工作坊生产模式下的大多数相关产业链，还颠覆了传统瑞士钟表品牌的构成体系。大工业生产极大地提高了生产效率，单位产品的成本急剧下降。因此，手工作坊的产品纷纷转行或者破产，这样淘汰掉一大批竞争力不足、市场生存能力弱的小品牌。之

图 3–10　用于钟表精确测量的仪器

后，制表匠们发现，大工业生产带来的分工差异要求日益明显，有的品牌在机芯生产方面实力强劲；有的品牌精于贵金属与珠宝的雕琢与加工，适合后期组装；也有的品牌生产能力一般，但是销售渠道却异常丰富……于是，经过一段时间的发展与演化，瑞士钟表产业由区域化阶段进入产业化阶段，原本只是简单的生产分工，到后期逐渐演化为完整产业链的上、中、下游产业。不同的钟表品牌也因此进行了重新定位，有的品牌专注于机芯技术的研发与生产，如ETA；有的品牌主打豪华奢侈的珠宝表，外观绚丽多彩，如卡地亚（Cartier）；还有的品牌大搞事件营销，将品牌故事推向广大消费者，如劳力士（Rolex）……经过产业化发展的瑞士钟表品牌已经明显区别于传统的产品品牌。在产业化发展时期，几乎很少有瑞士钟表品牌像手工作坊时代那样独立完成一块钟表的生产，大部分都已经实现了产业分工。换句话讲，此时的瑞士钟表品牌，不仅代表着消费者手中的成品，还代表着瑞士整个钟表产业的口碑与形象。另外，这一时期也是欧美工业经济飞速发展的黄金时期，需求极为旺盛，整个钟表产业几乎不用考虑生产过剩的问题，加上瑞士廉价的钟表业劳动力，使得瑞士钟表产业一路狂飙。1800年，瑞士的钟表生产总量已经占到全世界钟表生产总量的2/3，小镇拉绍德封90%的居民从事钟表生产相关行业，截至1900年，拉绍德封生产的钟表总量已经是日内瓦生产钟表总量的5倍，并且这个数字占据了当年全球钟表生产总量的55%。

20世纪初的两次世界大战继大航海时代之后为武装中立的瑞士提供了又一个经济腾飞的机遇，钟表产业同样如此。由于衣着习惯的改变，传统瑞士钟表业将怀表逐步变成了手表，并且在两次世界大战中得到广泛应用。出于军事方面的需要，许多客户国家对时间的精准测量也不断提出新的要求。为了满足快速更新的市场要求，瑞士钟表技术研发也不断推陈出新，力压欧洲其他国家的竞争对手，始终稳坐世界钟表产业品牌第一把交椅。图3-11显示了该阶段瑞士钟表产业品牌发展过程中的影响因素、环境导向以及发展保障等，在品牌定位与品牌传播的基础上，品牌集群的出现

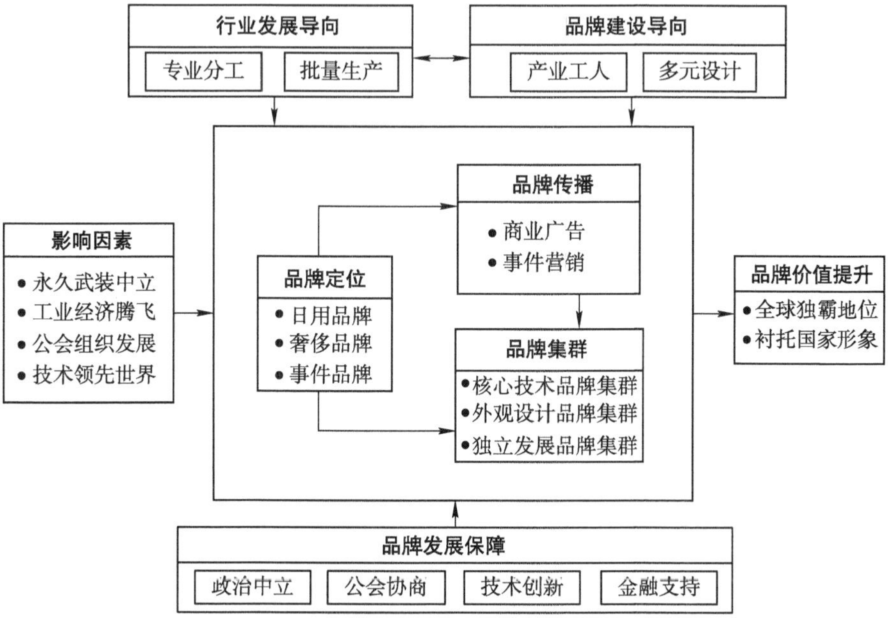

图3-11　价值提升阶段瑞士钟表产业品牌发展机制

大大推动了瑞士钟表产业品牌的发展，在共享品牌资源的同时，提升了品牌的自身价值。

该阶段中，瑞士钟表产业表现出典型的“蜂窝型”产业集群特征。所谓“蜂窝型”产业集群，主要表现为专业化生产链的不同环节连接负责不同生产环节的中小型企业，进而形成完整的企业网络。经过一段时期的发展演变与竞争淘汰，许多拥有独立制表生产链的企业相继消亡，反而一些以某种专项技术见长的钟表企业逐步崛起，这些企业虽然拥有明显的技术优势，但是却难以独立完成钟表的设计制作到市场销售。为此，瑞士钟表行业协会开始积极发挥作用，在不同企业之间奔走协调，为瑞士形成完整的钟表产业集群奠定了基础。实现初步产业化集群的瑞士钟表企业如同蜂窝中的独立单元，依靠企业间的相互密切合作、相互协作衔接、相互信任、利益共享来完成对整个钟表的生产与销售。形成这种产业集群的原因，一方面是由钟表产品的生产工艺特性决定的。钟表从样式设计、零件铸造、加工打磨到拼装组合、包装销售等各个流程均可独立拆分，因此决定了各个环节生产的专业性。另一方面是由于特定社会关系网络中关系型信任机制所嵌入的社会资本作用力极大，集群中的小企业能够充分利用整体分工网络带来的规模效应降低生产成本，并且更加聚焦于单一生产环节，提高专业化技术。不仅如此，除第一阶段企业间的地缘联系之外，嵌入同一社会网络的小企业之间还衍生出基于血缘、亲缘等更深入的关系型信任，更进一步降低了企业间的交易成本。综合这两方面的优势，蜂窝型产业集群为瑞士钟表行业带来了巨大的竞争优势，以至于到了20世纪初，“钟表山谷”已经成为世界钟表业绝无仅有的霸主（见图3-12）。

这一阶段的品牌主要侧重于营销功能，是品牌发展的价值提升阶段，或者说是基本阶段。不同于前期形象树立阶段，价值提升阶段的瑞士钟表行业已经基本实现产业化生产，并且在地域上形成了日内瓦、拉绍德封、力洛克等重要的钟表产业集聚中心。由于市场份额的大幅度增加，产

图 3–12　分工协作的瑞士钟表作坊

品影响力的不断扩大，瑞士钟表品牌的传播功能逐渐减弱，转而向营销功能迁移。大部分瑞士钟表企业开始将品牌定位作为重要的营销手段，加强顾客的品牌体验和大量的事件营销方式来推广品牌。这一时期，由于品牌的重要性上升，企业中的中层管理人员开始负责品牌运营，并将其作为品牌资产进行管理。另外，瑞士钟表产业的形成，也决定了其品牌的区域化特征。不同的钟表企业集群地区，其主打产品不同。例如，日内瓦只负责设计和组装“精美的艺术品”，因此，集中在日内瓦的钟表品牌大多以华丽的外表与精致的设计而闻名；而瑞士钟表的核心产业——机芯产业，却大多集中在格朗日等较为偏远的城镇，当然，最具影响力的机芯品牌ETA总部也位于此。与第一阶段不同，该阶段瑞士钟表品牌受产业分工影响较为明显，逐步与企业（产品）相剥离，转而与钟表产业链的不同环节相结合，形成“上游—中游—下游”的线状产业品牌体系。因此，该阶段瑞士钟表品牌表现出较为明显的产业分工特征，单个企业独撑整个产业链的状况较为少见，品牌开始成为整个瑞士钟表产业的共享资产。

二战结束后，瑞士钟表产业品牌继续保持其一贯的辉煌，一直持续到20世纪70年代。日本精工公司凭借一块石英机芯引发了手表产业的革命。这场革命如同一场突如其来的风暴，以摧枯拉朽之势横扫了全世界的手表市场。瑞士钟表产业猝不及防，短短几年之内就丢失了大部分市场份额，钟表产业从业人员更是从90万骤降到30万。伴随着产业的萧条，瑞士钟表品牌虽然没有顷刻之间分崩离析，但是在后期与日本钟表品牌的一系列交手中，颓势明显。

三、跌落神坛，重整旗鼓

瑞士钟表产业独霸全球表坛长达几个世纪之久，更是孕育了无数世界知名品牌。然而，当面对日本钟表产业品牌发起的挑战时，瑞士钟表产业品牌竟一时无计可施（见图3–13）。事实上，早在20世纪60年代，瑞士就已最先研发了石英机芯技术。然而，瑞士制表师认为，钟表市场的主流应当永远属于"工艺品"级别的机械机芯手表，使用电池作为能源的石英机芯充其量只配充当"玩具"。毫无疑问，如果论产品做工、机芯技术、市场份额，日本钟表产业无论如何也没有胜算。但是，事实证明，对新技术的忽视以及对未来市场发展方向的判断偏差导致瑞士钟表产业几乎在一夜之间被打倒。

由于此次打击是全行业的，瑞士钟表产业的公会组织也无力自救。最终，瑞士联邦政府出面，向瑞士的银行系统求援。虽然资金链的断裂可以通过金融手段进行弥补，但是瑞士钟表产业面临的不仅仅是这一问题，更深层次的危机源于瑞士钟表产业长期以来的思维僵化。在瑞士人眼中，领先了几百年的钟表品牌已经成为国家符号，提起钟表，全世界都会想到瑞士。但瑞士人没有看透的是，瑞士钟表品牌仍然停留在产业层面，与百年之前的品牌层级并无二致。20世纪的产业竞争已经不再局限于国家或者地区内部，全球化的发展使得许多后发国家能够直接参与世界市场的产业竞争。日本钟表产业的崛起，其石英机芯技术固然重要，但是，如果缺少了全球化的商业观念，日本钟表产业的崛起速度不可能如此迅速，势头不可能如此猛烈。

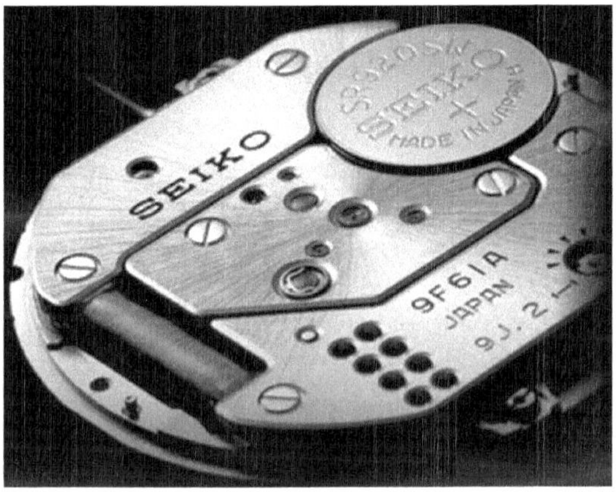

图 3–13　曾经击败瑞士机械机芯的日本精工（SEIKO）石英机芯

图片来源：http://zblhd.blog.163.com/blog/static/134781575201102501933576/。

不仅如此，瑞士钟表产业“大而全”的功能定位也拖垮了瑞士钟表产业的发展速度。传统机械手表相比于石英手表要更笨重，走时误差更大而且更加不易保养。在产品功能定位上，走时精准是一块手表最基本的条件，但是瑞士的制表师无论技艺多么精湛，也不可能完全解决机械手表的固有缺陷。当时的瑞士钟表品牌中，无一例外都将手表的计时功能放在了首位。当这样的产业品牌定位面对绝对技术优势的石英表时，毫无疑问会败下阵来。痛定思痛，瑞士人深刻反省了自身的不足，决定绝地反击。不久，尼古拉斯·海耶克率领Swatch集团进军钟表产业，开始大刀阔斧地进行行业洗牌。经过一系列的收购，海耶克（Hayek）的Swatch集团先后将宝玑（Breguet）、宝珀（Blancpain）、欧米茄（Omega）、浪琴（Longines）、雷达（Rado）、天梭（Tissot）、卡尔文·克莱恩（Calvin Klein）、雪铁纳（Certina）、米度（Mido）、汉米尔顿（Hamilton）等国际知名品牌收入旗下，并且创立了与集团同名品牌斯沃琪（Swatch）。海耶克认为，瑞士钟表产业之所以没能在与日本钟表产业的竞争中占据上风，是犯了“避重就轻”的错误。在功能原本先天不足的条件下硬碰硬，而丰富的品牌历史资源却白白浪费掉了。因此，海耶克决定重塑瑞士钟表产业品牌形象，先后砍掉了宝玑、欧米茄等中高端品牌的低端产品，完全将其定位为“奢侈品”“收藏品”。尤其是宝玑，其长达400年的悠久历史以及陀飞轮发明者的身份为其赢得了一大批全球精密机械手表爱好者的青睐，其中一些收藏家对陀飞轮几乎达到了痴迷的程度，惊叹于其巧夺天工的工艺。欧米茄的历史相对较短，但是其发展过程中总伴随着重大事件。20世纪60年代的美国登月计划中，首次登月的3名宇航员佩戴的就是欧米茄手表，也是目前全世界唯一登上过月球的手表品牌。欧米茄与奥运会的关系始终十分紧密，曾经连续多届作为奥运会指定计时器而在运动场上亮相。而新秀品牌Swatch专注于时尚的外形设计，通过艳丽的色彩、多变的外形以及低廉的售价迅速打开市场，成为新一代瑞士手表品牌中的翘楚。图3-14显示了该阶段瑞士钟表产业品牌发展过程中的影响因素、环境导向以及发展保障等，面对新的市场环境与强有力的竞争对手，瑞士钟表产业品牌定位发生了较大变化，品牌传播也随之改变。此外，钟表产业品牌还延伸至其他相

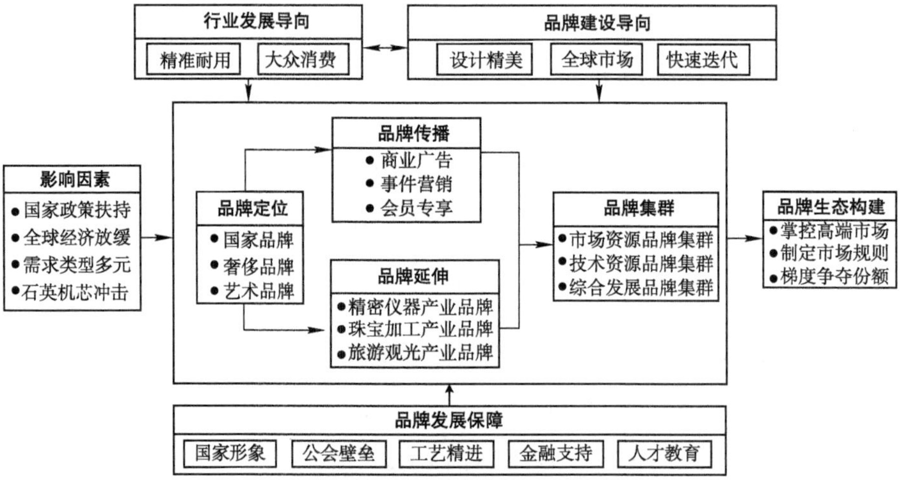

图3-14　生态构建阶段瑞士钟表产业品牌发展机制

关产业品牌当中，并结合新的品牌传播，促使瑞士钟表产业产生新的品牌集群，最终构建了完善的品牌生态系统。

在前两个阶段，瑞士钟表行业始终占据世界钟表行业鳌头，对营销渠道方面并未加以足够重视，直到20世纪70年代日本石英表的问世。由于石英机芯技术成本低廉、走时精准且易于维护，刚刚进入市场便对传统的瑞士机械表市场形成巨大冲击。迫于市场压力，瑞士钟表行业协会不得不对原有产业集群模式做出调整。在生态构建阶段，瑞士钟表产业集群更加注重专业化的销售市场与销售网络，其产业策略开始从需求侧向供给侧转变。经过一系列并购与整合，瑞士钟表产业形成了“侏罗山”与“侏罗山谷”两大钟表产业集群。其中，“侏罗山”钟表产业集群主要定位于普通市场，大多采用工业化集中生产，强调钟表的功能与性价比；而“侏罗山谷”钟表产业集群的市场定位是高端、奢华与复杂工艺的艺术品，因此仍保留传统手工作坊的生产方式。由于技术优势明显，一些普通钟表的高复杂部分也是在这一地区完成的。由此可见，虽然两个钟表产业集群市场定位与生产模式迥异，但是共同的特点是对市场资源的针对性较强。两大集群的发展与蓬勃发展的旅游观光业息息相关。二战后，瑞士永久中立国的身份得到进一步巩固，未经战火破坏的湖光山色每年吸引大量游客前来观光，如小镇英特拉根。日内瓦作为多个国际组织的总部所在地，常年存在大量流动人口。这些都为市场渠道的拓展提供了有利条件，在贸易机会成熟之后，一些钟表企业开始从原生产地搬迁至这些流动人口较多、市场机会较多的地区，另一些企业出于技术保密、人才挽留等原因保留原址，从而形成了上述两大钟表产业集群。这两类集群均依附于专业化的销售市场或者销售网络，不同于以往的产品生产，这种集群模式主要生产同质化、有限差别化的产品：一方面，同质化产品能够确保原有的规模优势，充分利用企业间分工的低成本、低价格进行对外竞争；另一方面，则鼓励企业在某些技术层面实现自身产品的差异化，获取相对的垄断利润（见

图3-15)。这两种产业集群的组合不但挽救了濒临毁灭的瑞士钟表业，还绝地反击，牢牢占据了全球高端奢侈钟表生产的绝大多数市场份额。

图 3-15　不同市场定位的瑞士钟表品牌

图片来源：https://www.zhihu.com/collection/224032488；https://www.620e.com/swqxks429307/。

生态构建阶段的品牌主要侧重于战略功能，是品牌发展的高级阶段，或者说是理想阶段。在形象树立阶段与价值提升阶段，瑞士钟表产业品牌经历了从无到有的过程，而品牌发展的高级阶段是其从有到优的过程。此时的瑞士钟表产业集群发展已经基本成熟，大大小小的钟表企业沿侏罗山脉从日内瓦一路延伸到巴塞尔，这些企业分工明确，联系紧密。由于此时的瑞士钟表产业已经占据了世界霸主的地位，品牌的功能不再局限于传播与营销，而是向更高层次的战略层面迁移。在这一时期，品牌战略往往作为企业战略的重要组成部分，由企业高层管理者，甚至CEO亲自负责，并且通常设有专门的部门（委员会）或团队来负责品牌管理。作为瑞士出口经济重要支柱的钟表产业，其品牌战略甚至影响到联邦政府的一系列政策。另外，这一时期还出现了更加特殊的现象：品牌与生产产地相剥离，转而向市场集中。一般来讲，瑞士的钟表产业品牌集中于侏罗山谷的沿线城镇，因为这些城镇钟表生产历史悠久，技术发达，相关配套设施也十分完善。但是，这些城镇地处山区，气候寒冷且交通不便，在历史上曾是瑞士经济比较欠发达地区。因此，这些地区虽然钟表生产十分发达，但是远离市场，不利于品牌的长远发展。在第一阶段与第二阶段的短缺经济时代，钟表市场长期处于供不应求的状态，钟表生产与市场需求的对接并不十分紧密。然而，随着日本石英表技术的崛起，瑞士钟表品牌开始面临巨大的生存危机。因此，瑞士钟表品牌开始从产业聚集地转向市场聚集地，尤其以金融业、旅游业发达的一线城市为主要代表。钟表产业最新的调研报告显示，2017年，瑞士钟表产业合计396个品牌，共有978家钟表零售店，其中苏黎世、日内瓦、卢塞恩、巴塞尔和英特拉根的钟表零售店就达到了288家，占总数的29.4%，基本包含了所有的钟表品牌。然而在这5座城市中，仅有日内瓦从事钟表生产相关产业，其他4座城市均以金融业与旅游业为主要经济支柱。由此可见，瑞士钟表产业的集群品牌已经从原本的资源与技术指向转变为市场指向，其目标定位也从传统的功能性产品转向产业领导者，以求进一步提升品牌价值。为此，瑞士钟表产业通过一系列措施进行品牌战略管理：包括制定品牌政策（包括品牌并购）、建立品牌识别系统、导入并实施品牌导向、规划品牌架构和品牌系统、建立业务战略与品牌战略的关系、进行品牌审计、进行品牌战略性监控和品牌价值评估等。经过一系列品牌整合，瑞士钟表业再度称霸全球钟表市场。

经过一系列的挖掘与打造，瑞士钟表产业终于重新进行了品牌定位，不再局限于传统的“计时器”，更多地融入了文化与艺术元素，为整个瑞士钟表产业的成功打造了一个品牌神话，这一神话的体系十分丰富，其中有历史故事，有技术知识，有名人传记，让瑞士的钟表品牌真正成为国家名片。21世纪，瑞士钟表品牌转型基本成功，不仅保住了大多数瑞士钟表品牌的“纯正血统”，还重新将瑞士钟表品牌进行了定位，避开了恶性竞争。正当瑞士钟表产业刚刚松下一口气时，基于大数据、云技术的智能化手表开始在市场中崭露头角。这些手表能够与电子移动设备相连接，共享其拥有的海量数据。这些功能是传统计时装备难以比肩的优势，因此，刚刚摆脱危机的瑞士钟表产业品牌再次面临了新的考验。

四、结语

瑞士钟表产业品牌持续了600余年，期间创造了无数辉煌与成功。从最初的皇家艺术品到后来的日常消费品，再到如今的全方位市场覆盖，每一次成长与蜕变，都伴随着空前的危机与挑战。美国的大工业标准化生产颠覆了瑞士传统手工精制的模式，但是，瑞士在极短时间内即完成了全行业范围内的标准化改革，为其降低成本、提高产量打下了坚实基础；日本的石英机芯技术打破了瑞士机械机芯技术高高在上的神话，但是，瑞士及时顺应了世界范围内的石英机芯大潮，还牢牢控制了全球高端钟表品牌的市场份额及行业话语权。

每一次陷入看似绝境的阵痛过后，瑞士钟表产业品牌都带来了浴火重生的华丽转身。支撑瑞士钟表产业品牌辉煌至今的是其自始不变的工匠精神。大至提升市场地位的品牌精准定位，小至完善客户体验的品牌服务延伸，瑞士人的工匠精神已经融入到钟表产业品牌的点点滴滴，这也注定了瑞士钟表产业品牌拥有无法舍弃的高贵血统。在不远的未来，瑞士钟表产业品牌可能再一次遭遇来自全新智能手表技术的挑战。但是，正如钟表界流行的一句箴言：谁拥有了一块纯手工机械表，谁就拥有了这名制表师的智慧。瑞士钟表产业品牌所拥有的历史沉淀、文化积累以及凝结其中的工匠精神是无法替代的，并将继续为瑞士钟表产业品牌的不朽神话保驾护航。

北欧篇

北欧小国成就全球大品牌

——北欧品牌发展档案

北欧五国是指位于北欧的丹麦、瑞典、挪威、芬兰和冰岛。不同于西欧、东欧和南欧，北欧有自己独特的地理环境和社会、历史文化特点。“既然我们被上帝放到东西方交界的夹缝中，我们就得学会在夹缝中生存的艺术。”[①]北欧国家的人是这么说的，也是这么做的。从地理位置和环境来看，北欧国家大多地处北极圈附近，自然条件相对恶劣，东侧是俄罗斯，南侧是欧洲大陆，国家要想生存、发展，必须发挥自己的政治智慧和创造性。特殊的地理位置和环境，使北欧人形成了颇富有北欧特色的民族性格和文化，同时也造就了北欧企业独树一帜的品牌特征。

2017年，北欧有3家企业入选Interbrand全球最佳品牌排行榜，总品牌价值达到459.84亿美元，占当年榜单品牌总价值的2.46%。其中著名品牌H&M和宜家（IKEA）长期位于全球品牌百强排行榜中。作为服装业的领先品牌，H&M的品牌价值排名相对稳定，2016年位列第20，实现入选以来的最高排名，品牌价值由2015年的222.22亿美元上升到226.81亿美元，同比增长2%。北欧的另一代表品牌宜家在家具领域的品牌价值排名第1，品牌价值持续增长，2017年品牌价值达到184.72亿美元，排名第25位，相较于2015年165.41亿美元的品牌价值，上升比例达到11.7%。2015年，乐高（LEGO）成为北欧第3个进入到Interbrand百强排行榜中的品牌，位列

① 芬兰谚语。

第82，到2016年品牌价值和排名迅速上升，同比增长24.8%，2017年品牌价值达到70.24亿美元，排名第67。

北欧品牌的塑造一部分源于文化历史背景，在结合国家本土特色的同时注重现代商业中的品牌管理、整合营销传播策略，共同致力于管理和推广国家形象。北欧风格是随着欧洲现代主义运动发展起来的，“功能主义”是其代名词之一，著名的诺基亚（NOKIA）就曾以功能主义的品牌特点闻名全球，除此之外，与欧洲其他国家的现代主义设计艺术相比，北欧风格融合了自己的文化特征，并结合地理条件、自然环境和设计资源，形成了独具人情味的设计艺术语言。简约与人性的至上组合，形成了独树一帜的北欧形象。

一、科技创新，品牌源泉

北欧的创新传统由来已久，从18世纪发明的温度计到2003年问世的网络语音聊天工具Skype，从活动扳手到世界上第一台心脏起搏器——北欧长期以来都是孕育创新的沃土。北欧国家虽然只占了世界边缘的一角，但从18世纪发生科技革命以来，它们为世界贡献了颇具规模的发明创造成果。以号称“工程师之国”的瑞典为例，按相同的人口基数计算，它是全世界专利及专利申请数目最多的国家之一。

北欧品牌带有浓厚的创新色彩，其历史背景、文化底蕴为创新的发展孕育提供了土壤，此外，国家在创新方面的资金投入和政策指导也为创新品牌的塑造提供了支持。21世纪以来，北欧各国政府在创新建设方面做出很大的努力，为了全面构建国家创新体系，专门成立国家创新机构，通过改善国家创新环境，资助适应需求的科研活动，推动科技成果向生产力转化，从而增强国家创新力。北欧绝大多数企业在发展中离不开创新驱动，创新精神提升企业的活力和整体竞争力，也是建设品牌过程中彰显的特征。北欧最具创新色彩的知名品牌乐高正是通过创新实现企业价值的提升和品牌形象的树立，仅仅用了10年左右时间，乐高便从濒临破产到登上全球第一大玩具制造商的宝座，其中最核心的因素就是不断创新与运用。

二、以人为本，品牌力量

北欧企业的理念往往是为大众服务，而不是专为迎合某个少数阶层，这使得北欧企业在产品设计上有一种贴近生活的人文关怀，并兼具实用的功能效用，这在瑞典家具企业宜家的身上体现得淋漓尽致。现代而不追赶时髦，实用而不乏新颖，这一概括可以形容每一件宜家的家具产品。简约、自然，注重以人为本，宜家在多方面都体现了瑞典家具的古老传统，斯堪的纳维亚风格将现代主义设计思想与传统的设计文化相结合，既注意产品的实用功能，又强调设计中的人文因素，避免过于刻板和严酷的几何形状，从而产生一种富于“人情味儿”的现代美学，宜家的产品正是富有这种人情味儿，细节之处往往有着独具匠心的人性设计，反映出关注人们个性自由的社会中，宜家致力于人的内在细微差别，这样有效避免了严重违背个性化生活方式的一致性所带来的束缚。

北欧品牌强调将艺术与实用结合起来，形成一种更舒适、更富有人情味儿的设计风格。北欧人强调简单结构与舒适功能的完美结合，即便是设计一把椅子，也要追求它的造型美，更注重从人体结构出发，讲究它的曲线如何与人体接触时完美地贴合在一起，使其与人体协调，倍感舒适。无论是宜家，还是已经转型的芬兰公司诺基亚，“以人为本”一直都贯穿于北欧企业的文化中，与人本思想相辅相成。

三、极简主义，品牌风格

北欧风格以简洁著称于世，主要特征为极简主义和对功能性的强调。在北欧文化里，人们对生活、对家居，对各种杂货都比较珍视，“尽量长时间地使用”是北欧人的生活信条，简洁、实用、环保的理念渗透在北欧人生活的方方面面。北欧设计的特点表现在：注重功能、追求理性，讲究简洁明朗的颜色。淡爽清雅的自然材质，线条流畅，不事雕琢。功能主义可以说是美学之中极简主义的原始要求，结合了功能主义的内核，以及人们不断上升地对美感的追求，使得简单大方、注重线条和功能的结合等成就了极简之美。由于极简主义线条简单、清晰，颜色也较为单一，所以极不容易过时，这样的外形特点又增强了产品的耐看性。生存环境往往对当地的“风格”起着决定性作用。通常我们所看到的“简约而不简单”往往就来自于对使用者的充分研究。

北欧风格的简洁还影响到后来的“极简主义”“简约主义”“后现代”等风格，在20世纪的“工业设计”浪潮中，北欧风格的简洁被推向极致。北欧的设计艺术以其简约、明快，良好的功能和富有人情味儿的特征为世界所瞩目，这种独具特色的设计风格内核受本民族传统艺术的影响，这些特点也形成了人们对北欧品牌形象最直接的认识和对北欧风格最突出的总结。

四、廉政文化，品牌精神

北欧国家的社会廉洁得到了整个国际社会的承认。“崇廉忌贪”是北欧国家廉政文化的核心。通过长期的反腐败教育，北欧营造了一个全社会都崇尚廉政而痛恨贪婪的浓厚氛围，整个社会都尊重诚实，憎恶贪婪。“平民化”是北欧清廉政府文化的另一个特征，北欧官员的“平民化”特征显而易见，他们没有任何特权，总统上下班骑自行车，市长往返地铁也不是什么新鲜事。北欧国家坚持平等，除了代表国家形象的活动，领导人在日常生活中不享受特殊待遇。权力的开放和平衡使每个北欧人都知道，没有一个人是特别的公民。尽管瑞典、丹麦和挪威等国实行君主立宪制，但是国王的称号早已有名无实，经过近一个世纪的演化，这些国王及其亲属变得非常平民化。北欧国家对公职人员的行为有着严格的要求，政府官员必须时刻保持他们的形象，对着装、言行、奖惩、津贴和休假有明确的规定。在如今的北欧，政府官员平等、为民和清廉的思想早已蔚然成风，北欧国家对政府官员细节的要求，使政府官员成为国家和人民的一杆清廉自律的标尺，它对整个社会产生了巨大的影响。

北欧对“廉洁从政”和公民“崇廉尚廉”的信仰与追求，使清正廉洁成为全北欧人民的共识、生活习惯与精神需要。这种社会风尚和人生价值追求，为北欧树立清廉公正的形象发挥重要作用。在2016年的清廉指数排行榜中，世界最清廉的10个国家中丹麦排名第1，芬兰和瑞典分别为第3和第4，挪威位居第6。

案例一：

芬兰小镇走出的世界品牌

——诺基亚品牌发展之路

诺基亚成立于1865年，林业起家却一度成为全球最大的手机制造商。从大规模的收购兼并到归于专注；从家族式管理到现代化治理结构；从生产家常日用的卫生纸、雨靴到手机、互联网等高科技产品；从濒于破产边缘，甚至被爱立信拒绝收购，到成为手机中的翘楚……诺基亚的影响并不局限于企业自身，它成为芬兰的骄傲，被称为“北欧小国走出的通信巨人”。诺基亚百年的发展史是一个不断进行战略调整，不断转型、变革创新和陷入危机的过程，同样是诺基亚树立品牌、提升品牌到品牌衰退的过程。

诺基亚品牌建立之初通过国际化战略的实施走向全世界，以并购的方式扩大海外市场，依靠持续的技术创新和高效的组织管理在多元化领域取得成功，成为当时芬兰最大的公司，在整个北欧及全球树立品牌形象。为进一步加强品牌建设，诺基亚于1992年提出“科技以人为本”的理念，开始了一系列品牌营销策略，包括主题广告、个性铃声等宣传活动。诺基亚倡导从顾客角度出发，将科技与人性融为一体，在技术创新和质量管理中充分贯彻该思想。诺基亚独特的品牌定位让其在当时竞争激烈的环境下赢得市场，并且走向企业巅峰。1996年开始，诺基亚连续14年占据手机市场份额第1，1998年，诺基亚成为全球最大的手机制造商，到2005年，诺基亚的品牌价值达到264.52亿美元，排名从2004年的第8位上升到第6位。2007年第四季度，诺基亚全球市场占有率首次达到40%，当年的营业收入达到510.58亿欧元。巅峰时期，每天有13亿人通过它通话，《新闻周刊》

曾如此评论：因为它，未来是芬兰人的天下。

但在2008年席卷全球的金融危机的冲击下，诺基亚一路高歌猛进的势头被打乱，利润出现大幅下滑，而这仅仅是噩梦的开始。时代正在改变，面对功能手机向智能手机转型的汹涌浪潮，诺基亚显得缓慢而笨拙，以“人为本”的企业理念在发生偏差，决策层对市场变化的反应速度在下降，技术创新的方向忽略用户体验，诺基亚在新的形势下失去竞争力，品牌形象渐渐衰退。在苹果（iPhone）和谷歌安卓（Android）系统智能手机的夹击下，诺基亚全球手机销量第1的地位在2011年第二季度被苹果及三星双双超越。面对危机，诺基亚孤注一掷，于2011年2月与微软（Microsoft）达成全球战略同盟，并深度合作Windows Phone系统，但这一决策并未将诺基亚从颓势中拯救出来。在2011年Interbrand发布的全球最佳品牌排行榜上，诺基亚排名第19位，品牌价值为210.09亿美元，而到了2013年诺基亚的排名已经跌落至第57名，品牌价值也缩水至74.44亿美元，比上一年度暴跌65%。

诺基亚从最初的造纸厂一步步成为移动通信领域的巨头，其品牌价值的提升主要依靠以技术创新、组织管理和质量管理来保证产品的市场竞争力和企业形象，通过对企业品牌的独特定位，在企业和顾客之间建立联系，以多种策略推广品牌，实现品牌知名度、品牌美誉度和品牌忠诚度的提升，这也给中国企业品牌建设提供了新的思路。同样，诺基亚的品牌形象由盛转衰的过程也启示了企业在拥有一定市场和地位时应当时刻关注外部环境的变化，积极应对新形势，不可轻敌自负。

一、顺应巨变，蛇吞两象——诺基亚品牌初现

19世纪60年代，工业化时代的钟声敲醒了北欧芬兰狩猎人的美梦。基于这里大片茂密的原始森林，造纸工业原料供应商纷纷来到这里寻找自己的原料产地。1865年，一位名叫弗莱德里克·艾德斯坦（Fredich·Idestam）

的工程师来到芬兰北部的一个小镇，并在小镇的河边建立了一个木浆厂，因为听到这里的人们津津乐道“诺基亚”的传说，于是决定把这个河岸边的工厂以及所在社区取名为“诺基亚”。

19世纪六七十年代，欧洲近代工业发展速度越来越快，纸浆纸板的市场需求量剧增。良好的自由市场环境也给诺基亚带来极大的发展机遇，其纸浆销量迅速上升，纸浆业务在诺基亚工厂开业后不久便一炮打响。随着工业化浪潮在欧洲兴起，纸板的消费量迅速增加，艾德斯坦建立了一个国际销售网，使诺基亚的产品出口到俄国、英国和法国。当市场容量增速放缓，加入竞争的跟进者数量增加时，市场竞争变得异常激烈，恶性价格战打响。为了协调实价，分割市场区域，避免价格战，艾德斯坦联合各大企业于1874年成立了芬兰第一个纸板企业联盟。1892年，纸品企业联盟成立，艾德斯坦凭借诺基亚在造纸行业中的声望和他本人在企业同盟中的作用，成为造纸业的领导者。

19世纪70年代后期，第二次工业革命兴起后，电力工业应用广泛，通信需求大幅提升，社会对电缆的需求日益增加。诺基亚新一届的领导者米其林（Leo Mechelin）将目光投向电缆业。1902年，诺基亚公司正式增加电缆厂业务，迈出了跨产业经营的第一步。在诺基亚公司成长的过程中，芬兰的近代工业开始推进，1898年，芬兰橡胶厂成立，主要生产套靴，之后成为诺基亚的邻居。1912年，芬兰电缆厂成立，随着人们对电力运输、电报电话网络需求的日益增加，电缆需求量也随之增加。两次世界大战的爆发使3家企业与军方、官方的合作日益紧密，融合步伐不断加快。20世纪50年代开始，发达国家战后经济基本恢复，进而开始进行大规模固定投资。伴随着第三次科技革命的出现，科学技术突飞猛进，社会生产迅速发展，企业并购的高潮兴起，3家企业决心以兼并的方式组合成一家集团公司。1967年，诺基亚以“蛇”吞“象”的姿态将芬兰电缆厂和芬兰橡胶厂成功兼并，诺基亚的品牌形象由造纸行业的领导者转型为横跨多个产业的大型集团。

二、两翼并举，大步开拓——诺基亚品牌认知

20世纪60年代，世界电信行业已经进入向民用电信业发展的新阶段，诺基亚正式开始发展电子业务，将集团现有的业务划分为电子部、造纸部、橡胶部和电缆部四大板块，当时的电信行业和电子行业均发展到一定阶段，诺基亚的业务方向同时涉及这两个方面。1968年，诺基亚加大在电子电信领域的投资，1969年，诺基亚第一个在芬兰引进脉冲编码调制传输设备，成为第一个“吃螃蟹的人”，率先进入数字时代，同年世界第一个网络协议标准诞生。诺基亚始终关注着技术的最新发展，紧跟技术动态和发展潮流，在引进先进设备后便开始研发计算机业务。直至1972年，诺基亚成功研制出第一台计算机设备“Mikko”，它的诞生是诺基亚微型计算机研发之路上的里程碑，之后“Mikko2”计算机也顺利研发，这更加巩固了诺基亚的产业地位。

诺基亚认识到电子电信研发是高技术的创造性劳动，需要技术人才的同时，还必须充分发挥人才的独立性、创造性。因此，公司在电子部实行了扁平化的“项目制”改革，推动企业的技术创新。项目制改革简化了组织结构，尤其是对技术人员而言，业务上的问题可以直接向高层经理反映，免除了层级之间汇报的烦琐环节，保证了技术人员的自由空间和独立主见。改革实施后，电子部的研究项目数量明显增加，研究难题得到高效解决，这极大地加快了研究项目的进展，同时也鼓舞了技术人员的工作热情，带动起整个电子部的繁荣发展。此时诺基亚是一个业务多元化的集团，随着企业兼并热潮的来临，诺基亚开始了国际化扩张战略，凭借技术突破和有效组织管理开始国际化扩张，采用并购方式快速实施品牌经营战略，有效提高市场份额，扩大品牌的知名度。

1973年，时任摩托罗拉（Motorola）设计师的马丁·库伯（Martin·Cooper）

带领团队研发出全球首部移动电话。1983年，摩托罗拉推出全球第一款真正意义上的手机——黛娜（Dyna），自此手机市场开始兴起并迅猛发展起来。为应对手机市场的快速竞争，诺基亚对集团治理结构进行调整，形成双重管理体系，主要由董事会和集团执行委员会双管齐下对集团进行管理。当时的管理者凯拉莫（Kari·Kairamo）以民主亲和的形象领导着诺基亚集团的发展，他在集团内部倡导平等开放的企业理念，强调等级和信息不对称会引发组织效率问题，同时凯拉莫亲和力的个人特点和人际关系导向在一定程度上反映诺基亚的品牌形象，向社会开放诺基亚集团的战略规划，获得了芬兰政府和公众对诺基亚品牌的信任。凯拉莫还积极推动诺基亚积累和运用政商资源，为芬兰的国际化教育和职业培训捐款发声，极大地提高了诺基亚在芬兰乃至北欧的影响力。图4-1显示了诺基亚品牌形象认知阶段的发展机制。

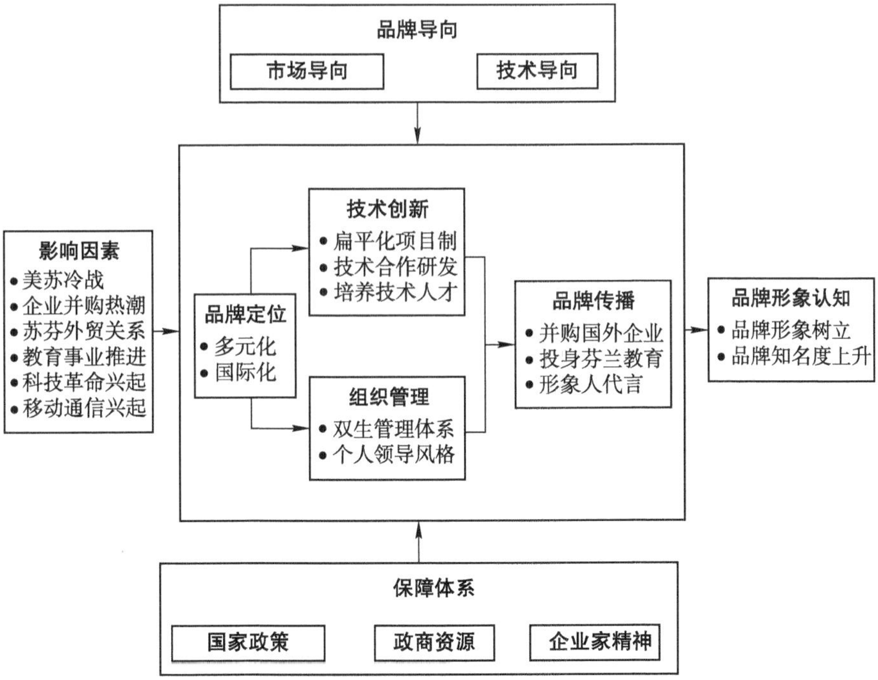

图4-1 诺基亚品牌形象认知阶段的发展机制

该图首先揭示了诺基亚品牌崛起之初的内外部影响因素，在市场与技术双重导向下，诺基亚对品牌发展有了清晰的定位，一方面立足技术创新，另一方面重视组织管理，这种双管齐下的发展模式极大地促进了诺基亚的品牌传播，加之诺基亚以国家政策、政商资源与企业家精神作为品牌发展的重要保障，最终树立了诺基亚良好的品牌形象。

（一）内外兼备，开启品牌之路

第二次世界大战结束后，国际市场关系逐渐修复，市场需求的膨胀速度降低，许多业务的利润空间越来越小。在这种背景下，以诺基亚为代表的一系列公司开始向外扩张，利用并购扩大业务范围，开拓更多的海外市场。20世纪50年代，芬兰与苏联签订友好合作互助条约，60年代，芬兰逐渐加入欧洲自由贸易联盟，70年代，芬兰与欧洲经济共同体签订协议，在优良的外贸环境下，诺基亚迅速向外扩张，品牌知名度大大增加，成为国际市场上的多元化企业。

芬兰的教育事业十分发达，20世纪80年代在全国实行9年一贯制义务、免费教育，从制度设计到资源分配保持均衡发展，从政府机构到公民家庭，整个社会形成教育网络体系。为进一步推动创新技术的发展，芬兰建立国家技术创新局，资助了大量通信技术领域企业，其中以诺基亚为代表的一些软件企业还与高校建立联合研究机构，促进企业的技术创新和培养技术人才。国家教育体制的完善和创新研发的投入，为诺基亚的发展提供了更多有利的条件。

1981年，瑞典、挪威、丹麦、芬兰的电讯管理部门正式确立北欧移动电话（NMT）服务网络标准，北欧移动电话服务网络标准属于第一代移动通信技术，也就是通常所说的“1G技术”。随后北欧的移动服务网络开通，市场对移动电话的需求更加迫切，诺基亚公司加大对研发的投入力度，在一年后推出第一部移动电话“移动元老”，开启诺基亚移动通信设备的研发之路。北欧通信技术标准的确立引导了诺基亚的发展，也为技术创新提供了支撑。

（二）品牌定位，锁定多元国际化

在需求膨胀的外部环境和3家企业合并为一体的内部格局下，诺基亚集团开始多元化国际化扩张的战略，涉足包括电话机、电报机、电视机等多个业务领域。品牌定位是指企业确定适合自身发展的市场位置，设计并塑造自己相应的产品、品牌及企业形象，以争取目标消费者的认同。20世纪中后期的诺基亚公司已经是芬兰最大的企业，多元化经营业务的开展使其逐渐壮大，此时诺基亚将目光瞄向全球，目标是成为全球化的企业。诺基亚通过并购的方式扩大生产经营规模，因而整体成本费用降低，资源得以科学整合，并购的国际化模式促使诺基亚快速生产产品、占领市场，积极与客户建立密切关系，利用国际化过程提高品牌知名度，树立品牌形象。

（三）技术创新，提升产品竞争力

技术是品牌的核心体现，技术创新是产品获得市场竞争力的关键因素。诺基亚在技术创新上一直保持较强的国际竞争力，1969年，诺基亚成为芬兰第一个引进电信传输设备的企业，率先迈进数字时代，开始电信领域的研究。诺基亚电子部加大与其他企业的研发合作，在合作研发中得到芬兰贸易部和交通通信部的支持，同时诺基亚还加大研发资金的投入，大力培养技术人才，为企业的技术创新提供充足的资源和条件。技术创新的结果是为企业带来重大的项目突破，加快了产品业务革新速度，为提升企业整体实力、塑造品牌形象提供了坚实的基础。

（四）组织管理，提高运作效率

有效的组织管理有利于提高企业的运作效率，推进企业的发展，良好的企业氛围有助于企业文化的形成和品牌文化的培育。1978年上任的凯拉莫致力于营造平等开放的组织关系，这种“孔雀型”的领导风格善于宣扬理念、塑造愿景，强调组织间的人际导向，降低组织内成本，加强组织内部沟通，实现信息交流的流畅性和保持企业内部的创新活力。1983年，为应对外部环境，凯拉莫推行双重管理体系，整个集团治理体系涉及股东大会、董事会、集团执行委员会和监事会，但主要由董事会和集团执行委员会双管齐下对集团进行管理。在确立双重管理体系后，凯拉莫加大了在集团内贯彻自己的管理理念的力度，强调等级和信息的不对称是组织效率的最大天敌，倡导平等开放和人际导向的理念。高效的组织管理带动企业的高效率运作，良好的组织氛围是深化企业文化形成品牌文化的有利条件。

（五）品牌传播，构建品牌形象

品牌传播的过程就是企业与消费者建立联系的过程，诺基亚在通过并购实现国际化战略时充分融入当地市场，这样的并购方式既可以获得并购对象原有的品牌，又可以强化自己的品牌，能为有效实施品牌经营战略提供新的选择和支撑。诺基亚还积极投身芬兰的国际化教育和职业培训领域，推动社会教育事业的发展，为诺基亚塑造良好的品牌形象。诺基亚在品牌传播中还利用名人代言推广品牌，1987年诺基亚推出的“城市人”（Cityman）手机被作为礼物赠送给苏联的最高领导人戈尔巴乔夫，戈尔巴乔夫用“城市人”手机向莫斯科拨打了电话，从此这部手机被全世界的人所认识，“城市人”手机带领诺基亚走进了全球市场。诺基亚通过多种方式的品牌推广，成功地在20世纪80年代树立了国际化的品牌形象。

（六）多方资源，共筑品牌建设

20世纪70年代，诺基亚的研发紧紧围绕市场进行，在芬兰国内的市场份额出现不断增长的强劲发展态势，这与芬兰国家政策造成的独特竞争环境有着重要关系。在电信领域，芬兰政府一直鼓励竞争政策，诺基亚在向外扩张的过程中也依赖芬兰的外贸政策，芬兰对外友好的外贸关系，为诺基亚提供了优势的外贸环境。

得益于充分利用政商资源，诺基亚在发展中借助官方的影响力，强势占领国内市场。诺基亚公司、芬兰橡胶厂和芬兰电缆厂长期以来积累了深厚的政商关系，诺基亚集团当时的领导人比约恩（Björn·Westerlund）也有在中央政府任职的经历，这些条件为诺基亚争取了强大的政商资源，是诺基亚迅速发展树立形象的关键原因之一。由于当时诺基亚已经是芬兰知名度很高的顶级企业，在全国范围内有着广泛而巨大的影响力，也进一步吸引政府与其建立关系、相互合作。

三、以人为本，迈向巅峰——诺基亚品牌提升

20世纪末，移动通信领域发展迅速，移动技术时代由2G向3G过渡，移动电话生产商竞争激烈。为塑造公司形象和品牌形象，诺基亚在1992年提出“科技以人为本”的品牌理念，充分把握市场与消费的趋势，在品牌战略上避开技术劣势，以高超的人性化诉求来定位企业品牌的形象，强调科技的真正魅力源于人性本身。凭借独特的品牌定位，诺基亚依据技术与市场的融合，通过持续的技术创新和高品质的质量满足顾客的需求，实现科技与人性的统一。除此之外，诺基亚还开展一系列品牌推广的策略，以个性化的广告和铃声吸引关注，同时也积极参与品牌赞助和履行社会责任，把握一切机会展现企业形象。诺基亚在这一阶段成功地由多元化集团转变为电信行业的领先者，在全世界范围内享有较高的美誉度和客户忠诚度。品牌价值的提升速度更是惊人，1992年的诺基亚市值不足2亿美元，而13年后的2005年，市值达到700亿美元，品牌价值位居全球第6。图4-2显示了诺基亚品牌价值提升阶段的发展机制。

在该阶段，除了内外部环境因素的变化，诺基亚品牌发展机制也相应发生了变化。在原有市场导向与技术导向的基础上，品牌加强了对创新导向的重视程度，由此将技术创新提高到一个更加重要的位置上。在重新审视品牌定位的同时，诺基亚加入了更多品牌文化内涵，将科技与人文有机结合。同时，对产品质量的管控也成为诺基亚品牌发展的重要指标。借助于创新机制与企业文化的有力支撑，加上传承自创业之初的企业家精神，

诺基亚的品牌传播继续保持强劲势头，并有效提升了品牌价值。

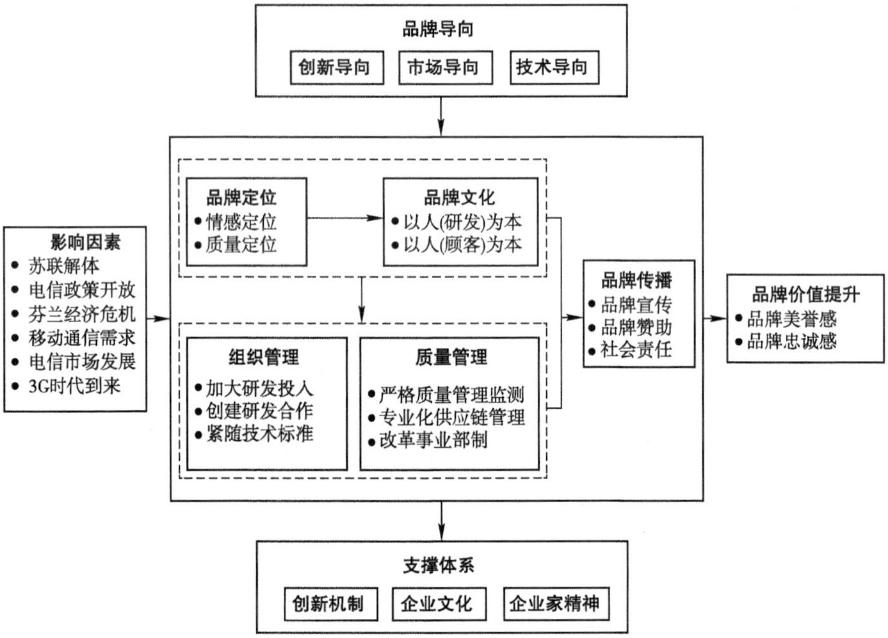

图 4-2 诺基亚品牌价值提升阶段的发展机制

（一）技术迭代，市场需求上升

随着通信技术领域标准的确立，欧洲各国政府纷纷加强对移动通信网络的管制，只有芬兰例外，芬兰政府开放自由的政策为诺基亚的研发创新提供了机遇。但20世纪末苏联由于解体，与芬兰的贸易降低了70%，诺基亚对苏联长期巨大的出口受到严重影响，多元化业务出现冗余的状态，同时芬兰财政金融政策紧缩，芬兰国内总需求急剧下降。经济衰退和苏联解体给诺基亚的多元化业务战略带来严重打击。在机遇与挑战面前，诺基亚开始新一轮的战略布局，对业务进行整改并加快品牌建设，希望通过品牌经营战略赢得市场。

20世纪90年代初，芬兰陷入战后最严重的经济危机。为改变这种局面，芬兰在大力培养和发展信息与通信产业的同时，利用以信息技术为主的高新技术对传统的森林工业、金属及机械制造业进行改造。芬兰政府还积极应用多重融资渠道、调整货币政策和财政政策渡过经济危机，此时经济回暖为诺基亚新产品的推出提供了契机，创造出诺基亚历史上的第一个手机销售纪录，奠定了诺基亚在移动通信领域强大品牌影响力的基础。

20世纪80年代以来，移动通信已成为现代通信网络中发展最快并不可缺少的通信方式之一。90年代初进入移动通信蓬勃发展期，用户需求增长迅猛，为了满足日常的简便使用，通信设备向小型化、微型化发展，除了语音功能，还催生出短信等新业务。日益增长的需求不断推动诺基亚的产品创新，需求与技术的融合也是诺基亚提升竞争力的重要因素。

在这一阶段，诺基亚经历通信技术由二代向三代转变的过程，3G技术在传输数据的速度上有了巨大提升，能传播图像、音乐、视频等多种媒体形式。技术标准的更新引导技术创新，诺基亚通过持续的技术探索推动产品的更新提升，积极参与技术标准的研究制定，不断超越当前的产品开发，抢占市场优势。

（二）品牌定位，科技以人为本

品牌定位是企业在市场定位和产品定位的基础上，对特定的品牌在文化取向及个性差异上的商业性决策，它是建立一个与目标市场有关的品牌形象过程。20世纪90年代，诺基亚开始对品牌建设大力投资，从科技公司少有的人文角度出发，找到适合自己的品牌文化根基和新的市场诉求，以情感定位的方式体现品牌文化，与顾客产生共鸣。诺基亚品牌不仅是一个高科技品牌，还是一个人性化和与消费者息息相关的品牌，这种“科技以人为本”的品牌定位在技术上保证质量，同时情感上强调顾客的重要性，极大地促进诺基亚品牌价值的提升。据Interbrand调查，诺基亚在2002年全球品牌排名第6，是前10名中唯一入榜的非美系品牌，同时调查也显示，消费者喜欢诺基亚的原因更多的是其彰显的品牌特质。

（三）品牌文化，创造品牌信仰

品牌文化是指通过赋予品牌深刻而丰富的文化内涵，树立鲜明的品牌定位，并充分利用各种强有效的内外部传播途径形成消费者对品牌在精神上的高度认同，创造品牌信仰，最终形成强烈的品牌忠诚。

诺基亚“科技以人为本”的体现之一在于对研发体系、研发人员的重视，这是企业技术创新的源动力。诺基亚非常关注对技术人才的培养，为了鼓励研发，给予研发人员充分的自由空间，确保尊重他们的独立主见。企业精简组织结构，为内部的技术研发提供良好的沟通氛围。“科技以人为本”的理念深入贯彻到企业的组织管理中，倡导团队协同相互信任，为实现目标共同奋斗。

“科技以人为本”还表现在对顾客的重视，诺基亚在产品研发中非常关注人体工程学研究，曾在手机尺寸的设计上始终坚持“嘴巴到耳朵的距离很重要”的准则，重视顾客在使用手机通话时，嘴巴说话和耳朵听话的舒适度，通过科技提供给消费者生活上沟通的便利。诺基亚研发了许多最轻、最小、最薄的产品，目的就在于使产品方便消费者使用及满足其心理上的需求。

“科技以人为本”的理念践行让专业的技术开发人员更加关注顾客的需求，这种研发模式直接推动了研发人员走进市场，从顾客需求出发，从人的个性需求出发，在研发人员“科技以人为本”的意识中形成“市场需求”的研发导向，避免“以先进技术开发市场”的做法。诺基亚对品牌赋予充分的内涵和价值，并成功将品牌理念融于实际企业的经营管理之中，以品牌战略建立与顾客的联系，提升品牌的忠诚度和品牌价值。

（四）技术创新，保持核心竞争力

通信领域是科学技术竞争最激烈的领域之一，技术创新是促进产品升级更新、扩大市场份额、提高竞争力的重要途径，诺基亚在这一阶段的技术创新主要表现在加大研发投入、加强研发合作以及紧随技术标准。诺基亚非常注重研发投入，高研发投入为诺基亚的技术创新提供经济支撑。1999年公司用于研发新产品的经费达17.55亿欧元，占总营业额的9%，约占芬兰全国工业产品研制总费用的1/4。它在包括中国在内的全球12个国家建立了44个研发中心，其中在美国集中建立了6个研究发展中心。诺基亚研究发展中心与诺基亚所有业务部门和技术平台有着密切联系，负责诺基亚的产品开发，是整个诺基亚的灵魂所在。

诺基亚的技术创新除了企业自主研发，更多的是与大学、科研机构建立合作关系，诺基亚在芬兰、中国、美国、德国等国家设立了研发分支机构。20世纪90年代后期，诺基亚与各国大学的合作对企业的人才招新、技术创新和员工教育都有很大帮助，利用高效研究院的资源开展项目研发，能够加快技术创新的进程，对诺基亚的研发工作起到极大的促进作用。除此之外，为了进一步挖掘手机功能，诺基亚还与一些行业领先者联合进行开发研究。例如1998年，诺基亚与摩托罗拉公司、爱立信公司、普兴公司合作成立塞班（Symbian）公司，目的在于开发智能手机的操作系统。公司间的强强合作加快了技术的创新，塞班公司的成立也为诺基亚开发塞班系统提供了良好的基础。

通信技术的更新换代直接影响技术研发的方向，诺基亚在技术创新的过程中时刻紧随通信技术标准。1990年正式制定了GSM技术，诺基亚通过手机研制和扩大生产规模，积极提供GSM网站扩容服务，在GSM市场形成规模，成为全球最大的GSM基站供应商。同样的，在3G技术提出后，诺基亚在全球签订了34个WCDMA合同，为全球客户建设上万个3G基站。依据技术标准建立技术基站有助于诺基亚抢占市场，大量本地化基站开办网络试验工作，推进诺基亚的技术创新。

（五）质量管理，增强质量感知

品牌的核心体现在产品质量上，高质量的产品能够给顾客带来高质量的感知，从而提高品牌的美誉度。诺基亚在这一阶段的质量管理主要从严格质量管理检测、专业化管理供应链以及对事业制改革这三个方面实行，以提高生产过程的效率来提升质量管理，从而树立良好的品牌形象。

通信产业的制造生产涉及多个供应商，一旦某个供应商提供的零配件出现问题，将严重影响下游生产的质量，因此，从源头上保证供应商零配件的质量合格是诺基亚质量管理的第一步。它将质量管理检测延伸到供应商，通过供应链管理体系的配合，把质量管理沿着产业链向后方追溯，使供应商在质量管理上与诺基亚形成一个同利害、共进退的共同体。此外，诺基亚在企业内部还设立“诺基亚全球质量奖”，对在改进质量管理、提升质量水平方面取得重要成绩者实施改进奖励计划，以鼓励企业内部员工严格把控产品质量。诺基亚对产品质量的重视和检测对提高竞争水平和品牌形象起到了重要作用。

（六）品牌传播，推广品牌形象

品牌传播的最终目的是要发挥创意的力量，利用各种有效发声点在市场上形成品牌声浪。传播是品牌影响力塑造的主要途径，是培养消费者忠诚度的有效手段。诺基亚通过主题广告、个性化铃声、品牌赞助和社会责任等形式实现品牌建设，促使顾客做出购买选择并加深对品牌的感知，从而扩大品牌影响力。

20世纪90年代初，系列广告“诺基亚主题公园”在欧洲各大主要电视台播出，运用轻松的创意传递出一个讯息——个人通信时代已经到来，每个人都可以拥有一台诺基亚移动电话。这场广告运动在短短几年的时间内，使诺基亚从一个品牌知名度几乎为零的公司一举成为欧洲最大的移动电话销售商。诺基亚还为每款手机定制专属的诺基亚铃声，个性化铃声表现出独特的诺基亚品牌形象。诺基亚还围绕品牌内涵赞助体育项目，将体育营销作为打造充满活力的品牌形象，建立积极的感性沟通和保持长期良好关系的理想平台，推动诺基亚的品牌建设。

此外，诺基亚还将社会责任视为品牌传播的重要组成部分，注重在经营活动时肩负社会责任，在具体工作中将自身的长远利益与利益相关者长远利益结合在一起，对当地的道德规范和适用法律予以充分的尊重，从承担社会责任的事务中获得可持续发展的社会信任力，确保社会责任工作与企业的总体战略保持高度一致。诺基亚把企业的社会责任当作促进经营活动、培养品牌形象、赢得市场认同、实现企业战略的重要手段。

（七）科技与文化，致力品牌发扬

诺基亚一贯认为，在高科技领域的市场竞争中能够生存下去的唯一途径是永远走在别人面前。因此诺基亚致力于创新，它第一个打破每两年发布一个新产品的业界规律，以平均一个多月的速度发布一个新产品。除了在技术创新方面大量投入，在制造工艺、物流管理、战略、商务模式和客户关系方面，诺基亚都非常注重创新。在企业内部，公司设立“诺基亚创新奖”，员工可以就任何关于设计、技术等想法上报，普通员工可以根据自己对生产线的认识，提出相应的整改经验，诺基亚鼓励员工尝试创新，组织内部营造浓厚的创新氛围，这也是诺基亚不断保持竞争力的有效保障。

诺基亚手机产品的品质、设计和不断创新吸引了消费者，本质上归结于诺基亚品牌背后融入的企业文化：消费者满意、尊重个人、成就感和持续学习。这四种价值取向在移动电话品牌的定位、产品开发理念和个性表现方面被诺基亚演绎得淋漓尽致，这是诺基亚品牌价值成功提升的关键原因。市场竞争中产品性能和品质越来越相似的条件下，唯一可以形成差异和不可模仿、不可替代的就是企业文化塑造的品牌形象，因此诺基亚的企业文化是品牌建设的强大支撑。

四、转型失败，巨星陨落——诺基亚品牌衰退

诺基亚在21世纪初期的前几年达到事业的顶峰，一度成为全球领先的移动手机销售商，但随着4G时代的到来，智能手机进入通信市

场，在面对苹果公司于2007年推出的iPhone和采用谷歌安卓系统的智能手机双层夹击下，诺基亚连续14年全球手机销量第1的地位在2011年被苹果及三星双双超越。2012年2月，诺基亚放弃经营多年的塞班（Symbian）系统，转而投入微软的Windows Phone系统。在截至2013年6月底的第二财季报表数据中显示，诺基亚净营业收入为56.95亿欧元，同比下降24%，净亏损2.27亿欧元。在行业激烈的竞争环境下，诺基亚内部出现文化偏差和“大企业病”等现象，决策层没有充分重视竞争者和市场变化，导致在技术开发上出现问题，最终诺基亚手机大部分业务被微软收购，品牌形象衰退严重。图4-3显示了诺基亚品牌形象衰退阶段的作用机制。

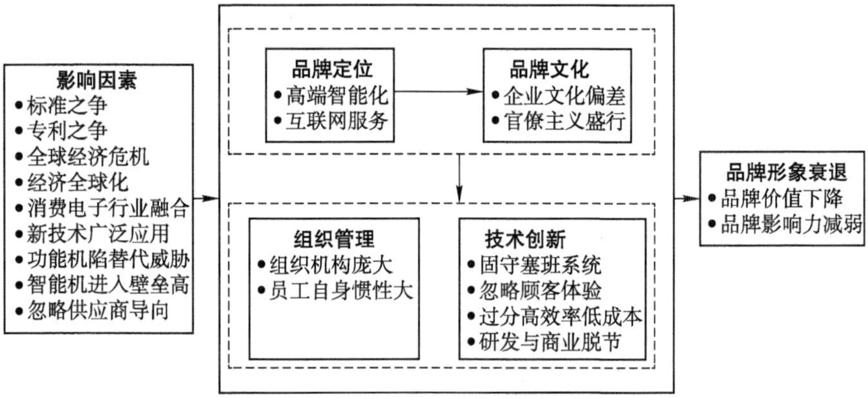

图4-3 诺基亚品牌形象衰退阶段的作用机制

此阶段中，诺基亚品牌导向出现了偏差，甚至迷惘。虽然诺基亚敏锐地感觉到内外部环境变化，但是自身做出的选择却出现了失误。虽然其品牌定位紧跟时代，但是经过多年发展，“大企业病”所产生的负面文化不可避免地影响到其品牌文化当中，在组织管理方面亦是如此。而诺基亚引以为豪的技术创新也未能成功抵消“大企业病”所带来的问题，陷入了故步自封的怪圈当中。因此，诺基亚品牌形象衰退也就不足为奇。

（一）经济危机，技术广泛革新

进入21世纪，电信行业的竞争首先表现在标准之争，这些制式标准除了技术因素，更多的是与政治因素、国家利益联系在一起，如美国和欧洲的标准主导之争。在2G时代是TDMA和CDMA之争，到了3G时代则为WCDMA、CDMA2000、TD-SCDMA的制式较量。其次是专利战争，由于手机行业具有高度技术密集型特征，专利体系复杂至极，几乎所有的手机厂商都介入了专利大战。诺基亚和苹果的角力一直没有停止过，此外还有苹果与三星的“世纪大战”，也曾因被苹果专利起诉，在美国市场遭遇溃败。

手机行业兴衰与全球经济发展状况密切相关，手机销量一直受到经济景气程度的影响。在2008—2009年经济危机期间，手机行业出现了首次衰退。这期间，不仅摩托罗拉、索尼爱立信深陷赤字，甚至连行业领导者诺基亚的利润都出现剧烈下滑，其净利润从2007年的67.03亿欧元下滑到了2009年的0.17亿欧元。经济全球化的背景下，IT与电信企业在全球市场上展开竞争。如果想做到行业领导者的位置，必须参与到全球范围的市场争夺中，尤其需要在北美、西欧、亚太三个关键市场上取得优势。由于本土市场容量较大，美国和中国的企业往往是先占据本国市场，然后向全球市场发力；而欧洲或者日本、韩国的企业，由于本土市场并不足以扶持全球性的行业巨头，故往往会较早走全球化道路。以诺基亚为例，2012年欧洲的营业收入在诺基亚的占比少于30%。

随着移动互联网时代的到来，以往看似互不相关的行业正在趋于融合。作为移动智能终端代表，智能手机经历从“通信工具”到“超级终端”的发展后，又将用户的“心理依赖”引导到“生存依赖”。以智能手机为代表的移动智能终端摧毁旧有的硬件格局，占领消费者的绝大部分注意力与时间分配。与此相对应的是，以构架为代表的传统终端正陷入衰退。功能手机、数码相机、游戏机、电子书等传统消费电子行业均遭到重创。在一个融合的移动智能终端上，消费者能实现以往需要诸多硬件才能实现的应用。

近年来，以智能操作系统、智能人机交互技术、手机屏幕显示技术、应用处理器技术以及电池、充电等技术为代表的多项智能手机关键技术取得了快速发展。其中软件技术的发展使智能手机具有更加灵活开放的应用开发平台，能够以更为人性化的人机交互方式同时处理更多的任务。而硬件技术的发展，又让智能手机有更长的使用时间、更宽广的移动互联网使用体验、更绚丽的多媒体体验和更逼真和流畅的游戏体验。

（二）竞争加剧，陷入转型危机

随着低端智能机的普及，功能机被替代的威胁不断加剧，低端智能手机的转换成本较低，在性能和应用上远优于功能手机，而且在价格上也不再处于劣势。诺基亚在2012年推出的Asha功能手机获得了不错的销售业绩和利润率，但并不能得到有效保证其在功能手机市场的成功。此时的三星、华为、中兴和其他手机制造商正将安卓手机导入廉价手机市场。2013年第二季度，诺基亚功能手机的营业收入同比下滑了38.67%，毛利率仅为19.5%，同比下滑4.5个百分点。在行业内部竞争强度上，尽管功能手机市场在衰退，但竞争依然在加剧。除苹果对功能手机不感兴趣外，主要的手机厂商都还在该领域竞争。

智能手机的进入壁垒远高于功能手机行业。在某种意义上，2007—2008年，当智能手机作为独立的子行业登上舞台时，对所有的相关企业而言都意味着机遇与挑战。诺基亚、苹果、谷歌和三星这几大竞争对手处于同一起跑线，都是新进入者，塞班、苹果IOS和安卓都有机会。诺基亚虽然是功能手机的领导者，但其实处在更不利的地位，因为智能手机更接近于PC而不是手机，而诺基亚并不具备PC领域的经验。

3G给市场带来了许多改变，其中最重要的就是销售模式的改变。原来地位并不是突出的运营商为了迅速推广3G，纷纷采取优惠措施，例如以话费换取手机，这样各运营商就变成了智能手机的采购商。诺基亚未能为美国市场开发定制手机也致使他们无法获得当地运营商的信任，加剧了市场份额的丢失。诺基亚这种“我说了算”的方式使得他们无法与运营商良好合作，后者更喜欢与摩托罗拉这种更变通的厂商合作。而像三星、苹果等公司也愿意和运营商合作，这也是他们在业界影响力不断增长的原因。然而，诺基亚仍依赖于自建自主商店，并直接向消费者销售裸机，这也意味着诺基亚的销售价并不是最实惠的，从而导致诺基亚的转型非常困难。

（三）品牌定位，转型目标不明确

处于巅峰之上的诺基亚也开始思考如何通过转型来提升竞争力，以维持现有的优势。诺基亚当时占领功能手机市场最多的份额，以坚固耐用、简单省电、附加功能少等特点立身，而高端智能手机所占的比重不大，因此，诺基亚做出战略调整，着力打造高端智能手机实现转型。在经过一系列的技术创新后，诺基亚的塞班系统和产品研发设计并没有达到预期，人们对诺基亚智能机还是延续着过去功能机时代的评价，诺基亚手机的优势还停留在简单、耐用的阶段。之后诺基亚决定向市场的移动互联化方向转型，并在2007年发布全新的互联网服务品牌Ovi，2008年推出诺基亚手机网店Ovi商店。然而这次转型也没有成功，2011年诺基亚正式宣布将放弃其旗下Ovi品牌。由于不断地转型失败，诺基亚市场份额减少的同时，品牌价值逐渐下降。

（四）品牌文化，出现偏差

诺基亚企业的文化全部着眼于人。数据显示，为了满足各类人群的不同要求，诺基亚竟然开发了至少1000种产品，但产品同质性非常严重。另外，诺基亚所宣扬的“科技以人为本”的理念也出现了偏差。现在消费者并不单纯把手机终端当作传统的手机，通话变成了一种基本功能。遗憾的是，此时的诺基亚完全没有做到“科技以人为本”，忽视用户体验，产品思想还停留在做手机的阶段。诺基亚自认为是市场领导者，内部官僚现象出现，决策缓慢，行动呆滞。《新诺基亚》一书中即举出了诺基亚僵化与官僚作风的例子，认为现代官僚主义最大的特点是规避风险、抑制创新，使创新过程缓慢甚至不复存在；产品的更新速度越来越慢，从研发、生产到销售，所有环节都呈现出一种奄奄一息的暮年气息。

（五）组织庞大，运营效率降低

曾经拥有遍布世界的能够收集不同地区用户需求的研发人员和大量的销售管理人员为诺基亚加分不少。但随着4G时代的到来，诺基亚冗余的组织机构设置弊端日益突出。组织机构过于庞大使各部门配合困难，办事效率低，加之管理层冗余，审批流程过长，使得其对市场机会的把握和决策很慢，与之相伴的仅剩下庞大的运营成本。

从诺基亚高层领导角度看，他们今天取得的地位是与过去的核心能力的成功紧密相连的，这使得他们很难积极主动地将现有核心能力推翻并重塑；另外，新型核心能力的建立必然投入多、风险大，而高层领导普遍认为其内部管理已趋于成熟，孤注一掷冒风险做出重大变革是极不明智的。从其员工角度分析，一旦要创建适应新环境的新核心能力，他们已有的知识与技能可能要失去价值，所以他们会极力反对，阻止企业进行新技术的创新、新核心能力的创建，阻止企业向新业务领域、新市场拓展。

（六）固守塞班，技术脱离市场

虽然塞班操作系统市场份额一度达到60%，但是由于技术限制，进入移动互联网时代，在触摸屏、互联网扩展等应用上跟不上时代发展。虽然塞班手机的确具有一定的开放性，但与安卓等智能系统相比已经远远落在后面。安卓智能系统的崛起致使诺基亚市场份额不可避免地下滑。在互联网无限贴近人们生活的时代，无论是苹果还是谷歌，都十分注重用户网上体验和用户界面的设计，其定位和发展方向都力求与消费者的要求贴近。而无论怎么改进，塞班系统都不能从根本上走入这个方向，诺基亚只能从手机的外观及配置上做出调整。由于诺基亚没有紧跟客户需求设计贴合用户偏好的新产品，而是坚守其赖以成名却已不符合时代发展的旧设计，导致其在坚守市场份额的战役中节节败退。

诺基亚的成本控制能力，早已成为成功教案。诺基亚拥有极度复杂的供应链，每个环节都精确控制风险与成本。但是不合理的坚持，致使核心能力变成核心障碍。在手机的触控风潮中，诺基亚过分的成本控制导致其内部管理着重于细节创新，无暇总揽全局，错过了最优的改革时机，而且生产出的产品落伍，无法占据主流市场。拥有5000名创新人员和专业研究机构NRC的诺基亚，在自己的产品上并没有太多具有真正创新性的技术。

五、剥离重组，聚集创新——诺基亚品牌重生

为了摆脱困境，诺基亚采取了激进的、赌注型的方式来扭转局势。其第一大战略问题是手机业务的存亡。在手机行业的竞争中，苹果的IOS系统和谷歌的安卓系统正在快速扩张市场，而诺基亚的Windows Phone战略似乎很难挽救公司。因此，诺基亚于2013年9月以72亿美元将手机业务出售给微软，宣告其开始拉开剥离业务大幕。

剥离手机业务后，诺基亚形成三个完全不同的业务组合：网络基础设施、地图服务和技术与专利许可业务。这也促成了公司下一个重大的战略决策：诺基亚应该发展为一家投资组合公司，还是应该专注于业务活动。网络基础设施是诺基亚最大的业务。但从2007年起，诺基亚一直作为与西门子（Siemens）对半持股的合资企业运营该业务，并计划准备成立完全独立的分公司及首次公开募股，减少在这一领域的投入。

但在2013年嗅到机遇后，诺基亚决定收购西门子的股份，完全控制该业务。究其原因在于，其合资协议即将到期，而其中一方则需要掌握该业务百分之百的所有权，并承担与之相关的所有风险和回报。事实证明，诺基亚的做法是成功的。在接下来的两年中，诺基亚使网络部门变成公司的新核心，并创造了数十亿美元的股东价值。

2015年，诺基亚宣布收购阿尔卡特—朗讯（Alcatel–Lucent）的计划

后，其关于网络基础设施业务的计划才浮出水面。这一撼动行业格局的166亿美元的收购，使诺基亚从一个移动网络供应商，发展成为全方位服务的网络基础设施供应商（包括IP路由和光纤网络等服务），并使其在北美的地位更为稳固。同年，诺基亚将地图业务以30亿美元出售给大众德国汽车公司［包括奥迪（Audi）、宝马（BMW）和戴姆勒（Daimler）］，进一步加强对网络基础设施业务的关注。除了拥有诺基亚大部分的专利，该业务部门还专注于虚拟现实和数字健康等领域的创新。虽然这一业务在2016年诺基亚收入中的占比还不到5%，但它创造了22%的营业利润，而且分析师认为其在公司估值中占据的份额甚至更高。

诺基亚从一个濒临破产的移动设备制造商成功转型为全球领先的网络基础设施和科技公司之一。其市值从2012年7月的最低点开始，到2017年7月，已增长了超过500%。2018年7月31日，美国移动运营商公司T-Mobile表示，已经与诺基亚达成交易，让后者为其提供35亿美元的下一代5G网络设备，这是迄今为止全球关于5G最大规模的交易。同样是在2018年7月初，诺基亚与中国移动签署了价值10亿欧元(约合78亿元人民币)的框架协议。诺基亚正在加快布局全球的5G进程，尤其在中国、美国、北欧、南非这四个重要的市场。诺基亚也推出全新的BT SD-WAN服务，旨在向固定网络进行多元化战略，已经在美国与波兰初见成效。在中国，诺基亚与华晨宝马进行LTE技术方面的合作，与手机厂商OPPO签署了专利授权协议，这些都表明诺基亚已经抛弃了守旧和封闭的思想，正在更加开放地拥抱市场。诺基亚新任CEO拉吉夫·苏里（Rajeev·Suri）表示，在2019年，全球的5G商用将持续稳定地展开。

伴随着5G浪潮的来临，手机通信行业的发展将迎来新一轮的变革，全球的运营商也将进行规模宏大的网络与基站升级，诺基亚发现了这一趋势，并积极准备，利用自身的技术积累换取新一轮的5G变革。希望这一次的5G时代可以让诺基亚再现辉煌，这不仅是顺应时代的变化，更是让自己的用户及时体验到更高速的网络。诺基亚从经历“鬼门关”到新核心业务的繁荣发展，这也绝不会是其最后一次蜕变。这一次的成功表明了诺基亚有能力驾驭大规模商业危机，进行重新定位，并以更强劲的势头东山再起。如今，诺基亚再次成为芬兰的骄傲，仍然是芬兰国内最有价值的公司。诺基亚在其悠久历史的下一篇章中已占据了有利的地位。

六、结语

对于大部分人来说，诺基亚都是一种非常特别的情怀，只要提及就会感觉很温暖。消费者对诺基亚的好感度明显要高于苹果、三星。但很不幸，或许是盛极必衰，诺基亚的最后一款塞班智能手机——诺基亚808 Pure View，注定成为诺基亚时代的绝唱。

诺基亚始于通信，迅速兴于手机又“亡”于手机，而后又靠通信东山再起，重塑品牌。曾因手机盛极一时的诺基亚，其实自始至终都是一家通信设备提供商。随着时代的变迁，5G被认为是第四次工业革命，预计到2035年，5G将为市场带来数十亿美元的价值。所有电信巨头都摩拳擦掌，希望赶上即将到来的这一波浪潮，只有具备商业、研究和专利策略的企业，才会更有机会登上5G领域的宝座。面对竞争激烈的5G市场，诺基亚同样表现出了自己的野心，诺基亚目前已在全球30个不同国家和地区与16家运营商签署了5G部署商业合同。近日，诺基亚又宣布与奥地利一家运营商达成合作协议，将为奥地利的5G建设提供设备和技术支持，这是诺基亚在全球取得的第30份5G合同，可以说，在5G方面,诺基亚硕果累累。

2015年并购阿尔卡特一朗讯，2016年完成并购并且全年营收超越爱立信成为全球第二大通信设备制造商，2019年则在全球范围内拿下30份5G合同并与华为展开较量，诺基亚走上一条典型的企业自我救赎和转型重生之路。

在150年的历史中，保守和封闭的战略让诺基亚多次濒于破产边界，但聚焦与并购的战略也让它屡屡化险为夷。尽管手机业务已经没落，但诺基亚“押宝”通信技术的策略十分成功，如今的诺基亚已是全球电信运营商的“座上宾”，并力图在全球5G发展的浪潮之中乘胜追击，重回巅峰。

案例二：

快时尚：颠覆世界的瑞典旋风

——H&M集团品牌发展之路

时尚行业历史悠久，长期以来，“时尚”始终是优雅、精致与昂贵的代名词。对于象牙塔中的“时尚”，普通消费者往往望而却步。然而，随着经济水平的提高，传统“时尚”一步一步走下神坛，走向大众。

一、品牌形象建立阶段——低价也可以有时尚

时尚行业是一个“烧钱”的行业——发展时尚行业必须有较高的经济发展水平。因为经济发展水平在一定程度上决定了消费者的文化程度、受教育程度以及社会开放程度。快速多变的时尚行业需要一个开明、兼容并蓄的环境氛围，这种环境有助于吸引各地人才与资金，从而快速吸收风格迥异的时尚元素，并进一步加以提炼和创新。

瑞典大部分地区属于温带针叶林气候，部分南部地区属于温带阔叶林气候，64%的国土由森林覆盖，盛产云杉、松木、白桦等重要建材。绿荫之下，埋藏着塑造工业骨骼的无价之宝——铁矿。瑞典最大的铁矿储藏在北部地区，得益于丰富的天然资源，瑞典在进入20世纪后便屹立于工业化国家行列之中。在两次世界大战中，瑞典坚持政治中立，与敌对双方同时进行贸易往来。1945年第二次世界大战结束后，轰轰烈烈的欧洲恢复运动为瑞典扩大出口提供了条件，与此同时，瑞典本国的内需亦不断扩大。这两方面因素促进了瑞典经济的快速起飞，为时尚产业的诞生奠定了良好的经济基础。

不同文化内涵会为不同地区的时尚产业注入独特灵魂，造就独一无

二的时尚产业内涵。经过20世纪20年代的“纯净主义”以及之后“柔性功能主义”的发展，“以人为中心”的设计理念始终贯穿瑞典设计。除此之外，地理环境、产业基础因素等都对时尚产业的发展有着深远影响。例如，时尚产业多诞生于四季分明的地区，因为这样的气候有利于不同服装的发展；需要便利的海陆交通运输作为辅助，以便物流和信息能够及时、畅通地传递。以上都是时尚产业在瑞典的重要环境因素。

瑞典传统服装与现代时尚存在较大差异：男子上身穿短上衣和背心，下身穿紧身裤子，头上戴高筒礼帽或平顶帽子。女子上身常是坎肩和衬衣，搭配各种花色的长裙，腰间佩戴荷包或小袋。繁复多样的花边、编结、刺绣、抽纱等工艺被广泛应用于传统服装。适婚女子要在母亲督促下花费几年时间绣制婚服，并且新娘在婚礼上还要戴上王冠式女帽。

随着现代时尚审美的融入，这样复杂华丽的传统服饰也在逐渐改变，很重要的一个原因是功能主义思想在20世纪上半叶进入瑞典的设计领域。功能主义是现代设计领域的一个重要派别，主张设计要适应现代大工业生产和生活需要，是以讲求设计功能、技术和经济效益为特征的学派。1919年，乔治·保尔逊（Gregor Paulsson）出版了《更美好的日常设计》一书，提出一些目的明确的设计改革口号，如“让艺术家为工业进行设计”“设计更好的家庭用品”。他强烈呼吁设计改革，以适应机械化生产的需求，被视为时尚潮流改革的开端。

（一）低价定位，绕开传统市场

1946年，作为销售员的埃林·佩尔森（Erling Persson）在朋友的建议下前往美国旅行。他在旅行的途中，看到当地街边售价便宜、薄利多销的服装店，一家比一家生意好，灵光一闪，想将这种销售模式带回瑞典，模仿美国的做法。

于是在回国之后第二年，埃林·佩尔森在瑞典的韦斯特罗斯（Vasteras）

开了一家新型女装店（见图4-4）。他为它命名为Hennes，瑞典语中是“她的”的意思。顾名思义，这是家专卖女装的商店，就是当今H&M的前身。到1969年，H&M已拥有42家门店。随着规模的扩大，H&M的品类也在不断扩展——1968年，Hennes收购了斯德哥尔摩的狩猎服装和捕鱼设备零售商Mauritz Widforss，更名为Hennes&Mauritz，即今天的H&M，开始售卖男装和童装。

图 4-4　Hennes 位于瑞典韦斯特罗斯的第一家商店

图片来源：https://www.douban.com/note/546439987/?from=tag。

H&M诞生之前，瑞典的零售业与欧洲大多数国家一样被昂贵的百货公司所主导。H&M抓住了传统百货商场无法顾及的市场需求，主打平价特色。通过“低价”这一定位，H&M成功将自己与其他竞争者区分开来，生意蒸蒸日上。低价定位贯穿于H&M的发展过程，但这很容易被竞争对手模仿，因此，H&M在1968年打破常规，运用1年采购12次的策略，希望对流行趋势进行快速反应。这时的H&M已经在追逐时尚的路上，并愿意不断做出创新变革。

（二）选址陈列，沉浸独特主题

对于实体店铺来说，选址是最为关键的因素。位于不同商圈的商店，经营策略、经营效率、投入成本以及后期的发展都不同。从1947年建立第一家店起，H&M就确定了“在最好的商业区销售”的选址原则。在这种原则指导下，20世纪50年代，H&M在斯德哥尔摩市中心地区开设了瑞典首都第一家分店。为了保证低成本，H&M确定了公司仅租赁，不拥有店面产权的策略。通过这种方式，公司可以规避资金短缺风险，更加自由地追求自己的经营理念。

在店内，商品陈列的方式也有一番讲究。龙门架、高柜、高仓、流水台、人台、模特、道具等互相配合，产生层次感，使卖场生动化。陈列方式不仅仅局限于简单的侧挂、正挂或折叠，无论是在色彩还是数量上，都努力达到与品牌个性相接近的“色彩平衡”。在款式上，H&M将上衣、下装、皮包、配饰搭配放在一起，与当季主题相呼应，降低顾客搭配的难度。

（三）模特广告，独特品牌宣传

1954年，为帮助斯德哥尔摩开张的一家新店做宣传，H&M在瑞典最大的日报上刊登了一则全版彩色广告，从此开启了H&M独树一帜的宣传风格。H&M现任创意总监安·索菲·约翰逊（Ann-Sofie Johansson）也坦诚相告：从小她就受到H&M广告的影响，最终来到H&M工作。由此可见，无论在外部还是内部，H&M广告的影响力都不言而喻。

20世纪70年代，H&M从报纸、杂志等大众传媒的市场推广渠道转移到室外广告牌，并且所有广告都选用知名模特拍摄。H&M不像ZARA那样躲避广告宣传。相反，它热衷于寻找代言人。H&M的广告特点鲜明、风格简洁，通常是模特在白色背景板前的随意摆拍。白色背景不会过多吸引目光，姿态随意的模特搭配适当的妆容，充分表达服装蕴含的感情与理念，这几乎成为H&M所在城市的一道风景线。图4-5显示了H&M形象建立阶段品牌发展机制。

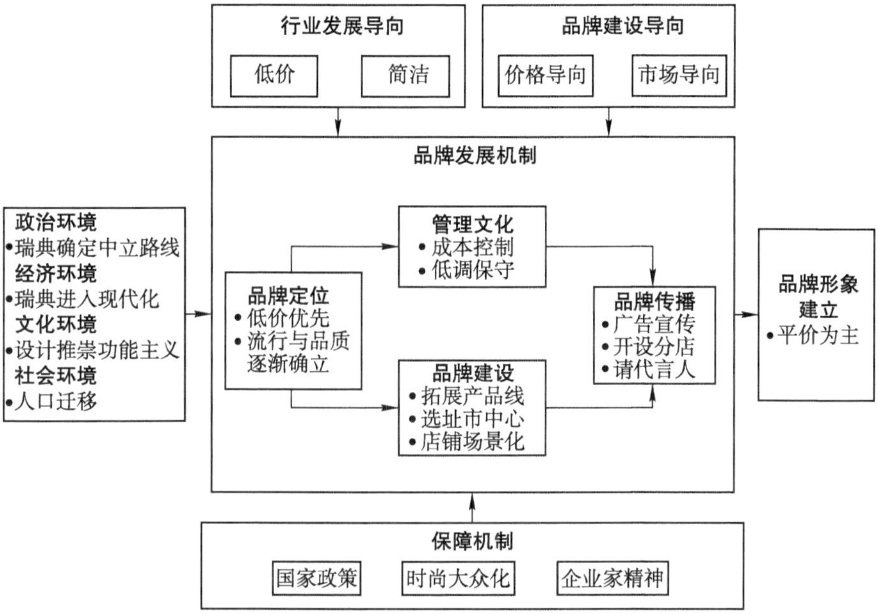

图4-5 H&M形象建立阶段品牌发展机制

这一时期，瑞典的经济环境相对友好，再加上设计变革等因素的影响，为H&M公司提供了一个较为有利的环境。服装行业不再崇尚重工繁复的定制华服，简洁的版型反而更受大众欢迎，价格也不似之前昂贵。为顺应时代变化，H&M确立了“低价优先”的品牌定位，全面控制成本。在品牌建设方面，H&M更注重客户的需求，不断扩展产品线，设计能够满足大众需求的款式。在品牌传播方面，H&M别具一格的广告设计，与知名模特合作、不断强化品牌特点、提高品牌知名度，形成了以平价为主的品牌形象。此时H&M处于早期建设阶段，埃林·佩尔森作为主要管控者，使公司的早期发展影响深远。

二、品牌价值提升阶段——T台也可以在身边

随着第二次世界大战的结束，其他欧洲国家经济逐渐恢复。瑞典开始在很多领域里失去有利条件：与瑞典必须进口的其他产品价格相比，瑞典出口原料产品的世界市场价格在不断走低。1970—1973年，经济问题成为瑞典政治的争议中心。经历多年的繁荣之后，瑞典经济此时出现了一些危险迹象——作为经济繁荣源泉的制造业部门相对规模越来越小，国际收支情况恶化。到20世纪70年代末期，瑞典经济发展速度明显放缓，之后还连续出现成本上升、物价上涨、财政赤字的局面。

20世纪70年代之前，由于低生育率和学制延长等因素的影响，普遍出现了劳动力供给相对不足的现象，使得瑞典一直靠吸收移民来满足劳动力市场的需要。1973年10月爆发的中东战争引发全球性石油危机，石油价格暴涨使许多国家采取紧缩政策，但瑞典社民党认为，不采取这种政策而渡过这种萧条难关是有可能的。政府和一些反对党达成了《哈格协议》（哈格是瑞典首都斯德哥尔摩的一座宫殿名称），根据协议决定降低税收，提高雇主缴纳的社会保险金，使劳资合同规定增加的工资不至于被交税和通货膨胀所吞没，但这种做法实际上也提高了瑞典的人力成本。

在瑞典国内面临内忧外患时，H&M把眼光投向全球市场，以期取得新突破。在这一时期，H&M瞄准目标顾客，精准定位，同时大刀阔斧地设计、重构了新的供应链系统，以确保公司拥有全球扩张的眼光与能力。

（一）转变定位，加入流行品质

20世纪70年代，欧洲消费者市场呈现出向“奢华”与“省钱”两个极端挪移的趋势：在“奢华”趋势中，消费者不惜高价购买品质优良、充分展现个性特征、满足情感需求的产品和服务；而在“省钱”趋势中，消费者则尽可能地寻找低价格高品质的商品。这种“矛盾”的需求暗示着消费

者对“平价时尚”的渴望。1972年，埃林·佩尔森的儿子斯蒂芬·佩尔森（Stefan Persson）加入公司，他希望公司在唯一标榜的低价位之外，能再加入流行及品质的特色。虽然有许多人认为，这些特色无法同时存在于同一个品牌中，但是斯蒂芬却相信公司能够做到。1982年，埃林·佩尔森让位给他的儿子斯蒂芬·佩尔森，公司迎来了史上第二位CEO。此后，H&M的定位更加潮流时尚，迎合了年轻人的追求。

针对新定位，H&M设计了“特立独行”的目标客户。当大部分女装品牌目标定位在18~35岁的时尚女性时，H&M却另辟蹊径。它将目光锁定在“热衷时尚的每一个人”——大众，即在稳定的社会结构中，处于“大部分”的人群。在橄榄型社会结构中，这样的市场定位拥有最大面积的区域。H&M所有的产品开发都是基于满足越来越时尚的平民大众这一目标定位。新的定位选择打开了一个新市场，好处也显而易见：产品的针对性进一步明确，竞争优势逐渐凸显，品牌价值得到提升。

（二）全球扩张，建立时尚帝国

1974年，Hennes&Mauritz在斯德哥尔摩证券交易所上市。同年，这些商店统一更名为“H&M”，为即将到来的全球扩张奠定基础。1976年，英国首家H&M分店开业时，29岁的斯蒂芬拿着一张瑞典国宝ABBA乐队的唱片，在街头招揽顾客。到20世纪80年代，H&M开始在全球进行扩张，在德国和荷兰开设首家H&M门店。1980年，H&M收购瑞典邮购公司“罗威尔斯”（Rowells），从线上进入了消费者视野。这时“电子商务”一词还没有诞生。

斯蒂芬·佩尔森在接受《商业周刊》访问时曾经表示，他的父亲一度质疑公司的扩张政策是否冲过了头。毕竟他的父亲在创立公司29年后，才在伦敦开设了第一家国外分店。斯蒂芬·佩尔森的答案简洁清晰，那就是，“当你正炙手可热时，你不能停下来让热度变冷”。

（三）供应双链，建立竞争优势

20世纪60年代中期至70年代，H&M为了控制成本，在北欧、南欧、东亚等地区陆续设立了生产基地，它并不拥有自己的工厂，而是将生产全部外包给欧亚22个国家的700个独立供应商。随着企业规模的增长，供需是否相匹配成为日益凸显的问题。一方面，产品供不应求会降低利润，影响顾客购物体验，降低品牌影响力。另一方面，存货积压会导致企业运转不周乃至资金链断裂。为了避免上述情况，H&M提出“时尚三角”策略，加大企业技术投入，建立双系统供应链，运用科技寻找解决方案。

1.“时尚三角”策略

“时尚三角”是H&M追逐潮流风尚的基本思想——它由基础服装、当前流行和趋势服装组成，呈金字塔形（见图4−6）。底端是顾客需求量最大的商品；中端代表当季正在流行的服装；而位于顶端的商品则能反映最新的时尚趋势。

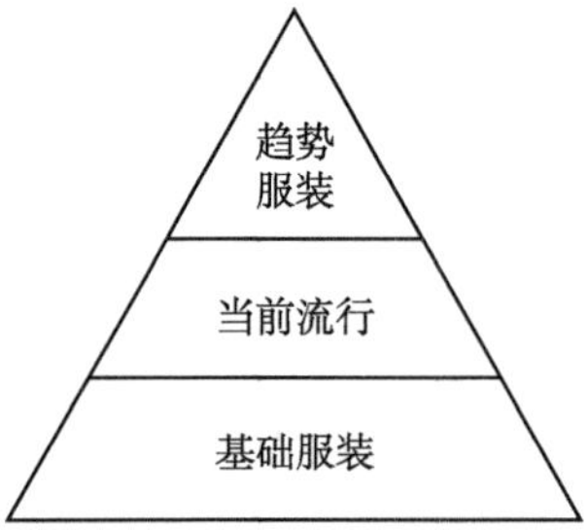

图4-6 “时尚三角”

通过调整“时尚三角”各个层次的比例关系，H&M可以将扩大销量与反映时尚完美结合。每个设计系列中都包含这三类服饰，并根据该系列设计理念确定不同款式所占比重。例如，在“联名”系列中，趋势服装占比较大；在“风潮”系列中，当前流行的服饰占比较大；而在一些日常系列中，基础服饰更多。在初次投入市场后，H&M可以根据市场反应追加生产，确保热销款式库存充足，迅速扩大销量。

2. 双系统供应链

“时尚三角”策略演绎着一个玩转时间和成本的经典故事，但并不是完美无缺。最大的问题在于如何实现比例及产量的快速变化。针对这个问题，H&M设计了两条不同的供应链：管控亚洲生产的高效供应链和管控欧洲生产的快速反应供应链。对于制作基本款式的亚洲供应商，H&M高效供应链的基本思路是在满足产品供给的同时，使成本控制到最低，因此，它与供应商之间的沟通往往通过Email进行。在这条供应链里，更多的工作是靠生产办事处的员工以标准化流程进行监控。而对于追随时尚的欧洲供应商，H&M采取的策略并不是创造潮流，而是在流行趋势刚刚出现的时候，准确识别并迅速推出相应的服装款式，将最好的创意最快地收为己用。

一件T台时装批量生产后才会进入店铺零售，这段时间称为该时装的前导时间。时尚变化的速度很快，越早将产品上架，就越能及时体现时尚。但并不是所有产品的前导时间越短越好，只有适当的前导时间才有利于H&M在价格、时间和品质之间找到最佳平衡点。H&M的前导时间从2~3周到6个月不等。放在亚洲生产的大批量常规时装和童装提前6个月订购，而最流行的服装仅在短短几周时间内便完成从创意、设计、生产、运输，到进入专卖店的流程，这也是H&M集团的独特经营策略。

3. “日行万里”的物流系统

“同步”（Takten），是H&M第一任CEO提出的理念，即每周更新明细列表，使得每个采购部门、每家店都能知道每款产品卖出了多少。引进ICT系统与OFS系统之后，这一理念贯彻落实得十分彻底。ICT（Information and Communication Technology）即信息和通信技术，是电信服务、信息服务、IT服务及应用的有机结合。在IT平台上，H&M的采购部和销售部紧密合作，所有门店也能在IT平台上知道彼此的销售情况以便及时进行货物调拨；采购和物流部门能跟踪到每款产品的销售和库存情况，便于及时补货。而在内部，H&M采用名为OFS（Offer Follow-up System）的信息系统跟踪供应链的生产计划。在成功引入两个系统后，H&M将产业链中各个环节打通，连点成线，高效整合，建立了其他品牌无法比拟的品牌核心竞争优势。

在H&M，生产一件衣服的基本流程是“创意与设计—品类规划—采购与生产—物流与配送—专卖店陈列”。而在每一个环节，ICT和OFS都各司其职，发挥了重要作用。

（1）创意与设计

在H&M总部，设计部门与采购部门协同工作。每个设计都由一支拥有设计师、采购员、助理、打版师、财务总监及部门经理的团队共同完成。在设计阶段，H&M的设计师在进行产品设计之前会先参考ICT平台所获取的实时销售数据，解读其中反映出来的顾客喜好和流行趋势，以便设计出满足市场需求的产品。该做法是在每个设计理念中将现代常规服装与流行前线时装均衡地组合在一起，形成H&M的产品系列。这样就可以在设计初期在价格、市场反馈和流行时尚之间取得平衡。利用计算机进行设计后，设计将会被传至采购部。

（2）品类规划

做完选款决策后，品类规划团队将根据销售预测、铺底量、适销周期、配送周期、生产周期、生产成本、目标库存结构和控制量等进行综合决策。影响产品的不仅仅是数据，专卖店的规模对如何分配产品系列也有一定影响。比如，流行性强的服装要限量生产，而且可能仅在大城市专卖店销售。另一方面，现代常规服装，比如多种花色的当季款上装，将被大批量订购并配送给更多的专卖店。

公司每天都以国家及店面为单位，分析每件衣服的销售成绩，热卖产品会立刻增加生产以及时满足顾客需要。H&M的化妆品每季也有更新，以配合当季流行的服装颜色。在规划环节，以销定配，以配定产，计算出各款的生产云，交给采购与生产团队进行采购和生产。

（3）采购与生产

在确定生产数量后，生产部去联系供应商来安排生产。H&M共有28个分布在全球各地的生产部，负责协调和监控产品的生产。在亚洲采购基本产品时，供应商从靠近销售地的地方采购需要快速反应的产品。对于那些特别强调流行性的服饰，H&M将订单投放到欧洲，以最快的速度来响应市场需求。

H&M通过E-mail将设计图纸发给供应商后，供应商首先需要制作样衣传回H&M确认，待修改意见返回后，供应商开始生产推销样品，推销样品一般为20件左右，再次确认无误后，才进行大批量生产。同时，H&M的供应商和传统供应商存在很大区别，主要差异在于他们预先只做少量生产，主要的生产是根据销售数据分析实时增产的。供应商只是根据信息来预先购买大量布料，之后的工序如染色和剪裁在得到进一步订单确认前将不会进行，控制成本之余，也可保持灵活性。

为控制亚洲供应商的生产进度，工作人员会在生产初期、中期和后期分别到生产厂验货。验货后，H&M的员工会将生产进度录入OFS系统汇报至瑞典总部。如何与这些分布在世界各地的供应商建立联系？H&M采取在生产地设立办事处的策略，以协调内部采购部门和供应商的关系，以及发展新的供应商。生产办事处要确保找到合适的供应商，与之签署行为准则协议，以确保商品是在优良的品质下，以低廉价格生产。通过采取全球生产外包策略，H&M的低价产品毛利始终能够维持在53%左右。

整个过程中，H&M同时扮演了进口商、批发商和零售商的角色，尽可能减少产品经手的层级，简化过程，有利于降低库存。源源不断的新货被摆上货架，让消费者能够快速买到上架的衣服，上街展示新鲜的时髦服饰。2004年秋天，因为补货及时，H&M一款畅销的黑色羊毛裙的销售额比预期翻了二番。“每天都有新款产品抵达门店”，这对消费者很有诱惑力。近3年来，H&M的库存仅相当于销售额的10%~11%。这在服装行业是一个很低的数字。图4-7显示了H&M价值提升阶段品牌发展机制。

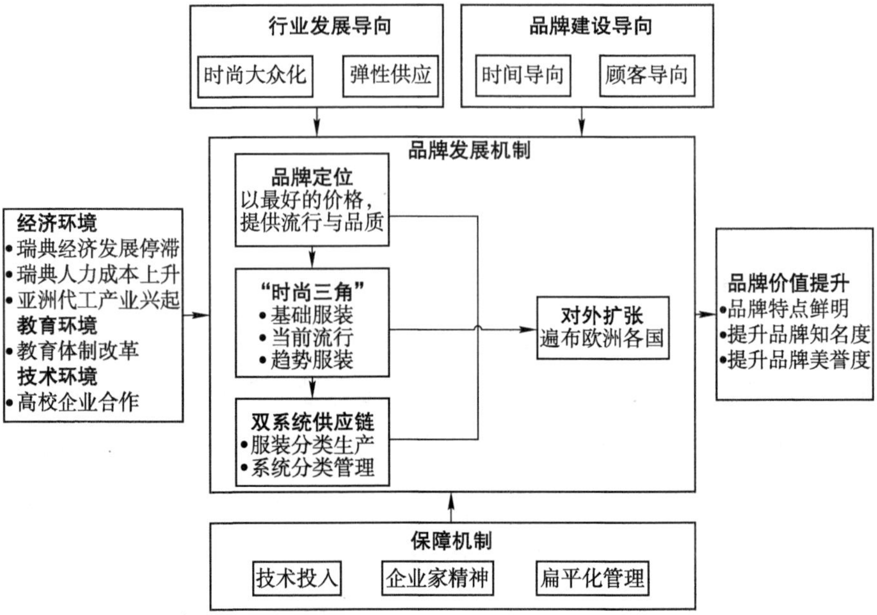

图4-7 H&M价值提升阶段品牌发展机制

在品牌价值提升阶段，瑞典国内经济发展速度放缓，国内市场趋近饱和。与此同时，消费者追求时尚的脚步加快，选品眼光更加挑剔。在这种环境下，H&M从热爱时尚的新颖角度重新设计了品牌定位与目标客户，运用"时尚三角"策略设计了能够满足弹性需求的全新供应链。在经过十几年的全球扩张后，H&M店铺遍布欧洲，"低价、流行、品质"的品牌特点深入人心，品牌知名度和美誉度大幅提升。对技术的投入以及第二任领导者斯蒂芬·佩尔森积极进取的精神都是这一阶段保证H&M持续发展的关键因素。

三、品牌形象突破阶段——奢侈也可以很便宜

20世纪90年代，经济国际化趋势进一步加强。无论在广度还是深度方面，国际经济联系和合作都取得全新突破。知识信息网络化，全球贸易自

由化，金融资本国际化，生产体系跨国化和运行机制趋同化等方面都有了空前加强。

这一时期，时装设计进入多元化阶段。随着人们观念的不断更新、题材的不断丰富，时装界越发异彩纷呈。由此引发的东方热、民族风情顿时席卷国际时装舞台，这些具有时代感的服装强调时装的新异性、易变性与现实性。时装系统之间的相互往来，在设计、着装习惯、经济三方面构成了全新环境，为时装带来更高的附加值。

依托于互联网的电子商务能够超越时间、空间的限制，有效打破国家和地区之间各种有形、无形的壁垒，刺激国家和地区的对外贸易发展。网购也成为人们生活中必不可少的部分，小至生活用品，大到高档奢侈品，人们都可以在网上购买。

与2010年才开始探索网络购物的ZARA不同，早在1998年底，H&M就开始在瑞典提供网上购物服务。同年，巴黎第一家H&M门店开业。1999年底，H&M宣布进入西班牙市场，这意味着它将要与和自己定位相似的ZARA抗衡。2000年，一家大型H&M旗舰店在纽约第五大道开业，在美国开设第一家门店标志着H&M在欧洲以外地区的扩张开始。直到21世纪，H&M才将亚洲纳入其全球版图，2007年，H&M在上海和香港开设了第一家门店。

2009年，H&M Home面市，H&M开始尝试为顾客提供更加有趣的家居设计。2015年，H&M特别设计一系列化妆、身体护理和发型产品。2016年，H&M Sport推出了全系列功能性面料的时尚运动服装。通过不断地发展，H&M拥有青少年装、女装、童装、鞋类、配饰、内衣、睡衣及化妆品等各类商品。通过提供丰富多变的产品品类，H&M产品结构更加贴近消费者的选择需求。

20世纪80年代之前，H&M并没有让人觉得很酷，因为H&M只是被视为一个零售店，在众多零售店中并不出奇。H&M第一任设计主管玛格丽塔·范·登·博施（Margareta van den Bosch）于1987年5月成为H&M的设计主管，一直担任这个职位至今。回忆往昔，她为H&M的变化深感自豪——追随着“大众奢侈化”的风潮，H&M正进军不同时尚潮流，开启快速设计的新市场。

（一）核心价值——客户的时尚才是H&M的时尚

对一位即将参加聚会，需要一件得体礼服的女士来说，H&M就是最好的选择：不会为款式流行与否而烦恼，更不会为价格高低而犹豫。H&M认为，顾客现在最需要的是“魅力”。因此过去50年里，H&M一直把注意力放在顾客身上，一旦市场品位转变，H&M也随之调整。H&M不是时尚的独裁者，顾客需要的时尚才是H&M的时尚。H&M品牌核心价值归结起来有三点：时尚、令人兴奋、有亲和力。

如今，H&M聘请了100多位设计师，专注于不同的系列、主题、颜色、材料。由玛格丽塔·范·登·博施所带领的H&M设计团队像对待易腐的新鲜水果一样时刻保持时装的新鲜、流动。每年，H&M的设计师都会固定出现在各大时尚T台前。除此之外，设计团队还会出现在街头、音乐会、影视剧等地寻找灵感，有时候他们甚至不相信T台。通常在一年前，H&M就已经由设计部及采购部开始规划潮流趋势和时尚产品。

这些飞速设计或许在某些地方与其他品牌类似，但H&M严厉禁止抄袭。除此之外，H&M还有着另外一些禁忌，如产品绝不允许出现“性”这一类字眼，绝不过分前卫。因为只有被大多数人所接受，才是真正的时尚。

（二）高端设计——让大众的梦触手可及

联名设计又称“跨界设计”，是一种先锋的设计理念与方式。在传统观念中，奢侈品稀缺而独特，拥有丰富的内涵、高昂的价格，与快时尚产品是截然相反的产物。但是从其他品牌的成功尝试中，斯蒂芬受到启发，展开了与顶尖设计师合作的计划。

2004年，H&M和著名设计师卡尔·拉格菲尔德（Karl Lagerfeld）联手向时尚界展示：设计不是价格问题。卡尔·拉格菲尔德与H&M共同打造了一个胶囊系列，灵感来自设计师本人高贵的形象。一经推出，要价15英镑的T恤、硬领衬衫、紧身牛仔裤、黑缎颈链和亮片夹克的销售额便一路飙升。根据时尚行业权威杂志《WWD》的报道，部分顾客在三秒内买了20或30件。H&M纽约第五大道分店每小时售出1500~2000件。在全球范围内，该系列产品在一天内几乎全部售光。H&M创意总监安·索菲·约翰逊表示：起初，H&M只想做一些圣诞特别活动，却无意获得了新机遇。

2008年，H&M推出设计师川久保玲设计的Comme des Garcons×HM系列，强调波尔卡圆点、面料拼接及不规则剪裁。整个系列光怪陆离，充满川久保玲式的先锋色彩，在东京旗舰店铺一开售，10分钟内就被抢购一空。2011年，H&M推出范思哲（Versace）联名系列。该系列充分反映设计师多纳提拉·范思哲（Donatella Versace）的设计风格：闪亮的金色迷你裙、黑色乳胶头巾、热带印花长裤和系带皮雨衣。在开售几分钟之后，H&M网站就陷入瘫痪，并为自己赢得了第二季的合作机会。

从第一次与其他品牌设计师合作以来，范思哲、罗伯托·卡沃利（Roberto Cavalli）、亚历山大·王（Alexander Wang）和斯特拉·麦卡特尼（Stella McCartney）等时尚巨头都受到H&M的邀请。H&M每年推出两次设计师合作系列，直到2013年才减为一次。在正式发表的几个月前，H&M在各类媒体陆续推出吊人胃口的宣传照，引导舆论逐渐升温。在联名系列正式开售后，通宵露营排队的顾客争相入店，提着行李箱来装货和带货。

联名系列不仅是H&M的销售奇迹，也是时尚界每年最重要的盛事之一。H&M联名系列和维多利亚的秘密（Victoria's Secret）时尚内衣秀、大都会艺术博物馆时装学院慈善晚宴（Met Gala）一样举足轻重、备受瞩目。

然而，这股风潮由于顶售（Topshop）和塔吉特（Target）也推出了联名系列，让消费者患了“联名疲劳”而退烧。在有些年份，联名系列因为过于时髦，只能吸引小众人群。但是低潮并没有持续很久，2014年，亚历山大·王联名系列再次掀起了一股风潮。

2019年5月23日，H&M在戛纳的amfAR Gala非正式开幕会上公布了2019年的设计师合作款。在宣布意大利时装设计师Giambattista Valli × H&M的消息几小时前，眼尖的H&M粉丝发现，这两个品牌在当天早些时候都将自己的头像换成了同一个心形标识。在迷人的amfAR年度晚会上，Giambattista Valli × H&M设计师合作系列全球代言人李宇春身着系列礼服，亮相戛纳，完美演绎个性优雅之美。詹巴迪斯塔·瓦利（Giambattista Valli）是泡泡纱裙大师，尤其擅长奢华的火车裙和精致的鸡尾酒会礼服。Giambattista Valli × H&M合作款亮相戛纳红毯，这几款于2019年5月25日（周六）登陆全球12家H&M指定门店和网上商店（这是首次合作款在发布后立即投入门店），而该系列全部产品则于2019年11月7日在全球登陆。

为什么H&M联名设计会如此成功？首先，从发展之初，H&M就一直在突破边界，创新已经深刻烙印在企业文化之中。而设计的本质就是创造新的产品，解决新的问题，因此联名设计可以看作是创新的结果。与此同时，它又推动了创新——因为联名设计获得巨大成功，H&M开始不断尝试与其他设计师联手，甚至创立新的品牌尝试进军奢侈品行业。其次，相比其他平价服装，H&M更注重时尚这一特质，不断追赶时尚，这与奢侈品引领时尚的特点更加接近。从追随到创造，只有一步之遥。最后，在有H&M巨大市场与良好口碑的保证下，设计师也会考虑满足粉丝们的请求。可以说，打破奢侈品与快时尚之间的壁垒是理所当然的事情。

（三）可持续发展——让时尚更美丽

为了保证长期的竞争优势，同时以合理的价格为顾客提供时尚产品，H&M提出了自己的发展目标：创建一个能够实现经济、社会和环境可持续发展的服装快时尚产业链，关注人类、地球和公司利益之间的可持续关系。

H&M把发展目标拆分，提出了七项可持续承诺并公开部分实施效果。具体如下。

1. 为有环保意识的客户提供时尚产品

H&M使用可循环再利用的棉制品，支持再生纤维的技术创新。针对有环保意识的客户，H&M努力倡导再生皮革的使用，引入正确的洗涤和保养指导以降低污染，建立废旧织物循环再利用的网站并翻译成多种语言。结果显示，H&M使用的11.4%的棉来自废旧织物；他们的产品包含7.8%的有机棉和3.6%更好的棉；740万双鞋用水基胶粘剂生产；H&M使用了相当于790万个塑料瓶回收得到的聚酯纤维；倡导织物循环再利用的网站每年的访问量高达375000次。

2. 选择并奖励负责任的合作伙伴，帮助这些供应商加强自身的可持续性

H&M对其供应商工厂进行了2541次审计，为在孟加拉国服装制造厂工作的超过100000名工人和中层管理者提供了火灾安全方面的培训。为此，H&M的供应商可持续性绩效指数从76.5提高到78.4。

3. 建立更符合伦理的标准

这意味着做对的事情，比如公平地对待合作伙伴、确保员工对H&M道德规范的正确认识和理解、在全公司范围内实施新的人事政策、提高员工之间的多元性和平等性、保证和谐的工作关系、确保对不同国家的同事坚持开放性对话。这些承诺的实施效果如下：集体谈判协议覆盖了60%的H&M员工；100%的H&M商品供应商和47%的员工接受了道德规范方面的特别培训；74%的H&M管理者和50%的董事会成员为女性；H&M成为2013年1月在瑞典成立的国际透明组织的公司支持者。

4. 密切关注气候问题

H&M涉及气候问题的环保举措包括减少温室气体的总排放、选择并倡导环保的运输方式、在供应商中间提高能源使用效率等。H&M通过合并店铺并提高门店的能源使用效率，相比相同的销售额，能减少5%的二氧化碳排放。公司计划未来使用的电力均来自可再生资源，如太阳能和风能。H&M还成功倡导154个供应商工厂加入他们的能效提升计划，约90%的进口商品通过海运或铁路运输从生产国送达配送中心。

5. 提出重复利用并回收废旧织物

H&M与世界自然基金会（WWF）合作实施了一项具有创新性的水管理策略：倡导服装生产过程中的节水行动。H&M与WWF签订了一项3年期的水管理合作协议，旨在改变行业规则。利用BSR废水标准，H&M促使供应商工厂将溶剂型聚氨酯（PU）替换为水基代替品。基于这些措施，配送中心和门店每年可循环利用300万升雨水资源；H&M产品目录使用的纸均经过欧盟环保标准认证。

6. 加强社区建设

H&M与孟加拉国的联合国儿童基金会合作，通过强化教育、倡导消费者加入慈善工作以增强社区关系，以及拓展H&M儿童项目等一系列活动，来创造新的就业机会。借此，H&M在全球已经创造了7402个就业机会。此外，超过130万人在H&M的供应商工厂找到了就业机会。H&M和H&M环保自觉行动基金会支持的社区已得到了约420万瑞典克朗（约630万美元/500万欧元）的投资。图4-8显示了H&M形象突破阶段品牌发展机制。

在品牌形象突破阶段，互联网拉近全球距离，经济一体化进程加速，服装设计呈现出百花齐放的国际盛况。H&M顺应跨界融合的潮流趋势，线上线下共同发力，凭借联名设计打开新市场，开启快速设计新局面。随着环保意识的增强，H&M在可持续发展方面也做出不懈努力。经过这一时期的发展，H&M享誉全球，拥有众多流行品类，成为世界领头快时尚品牌。

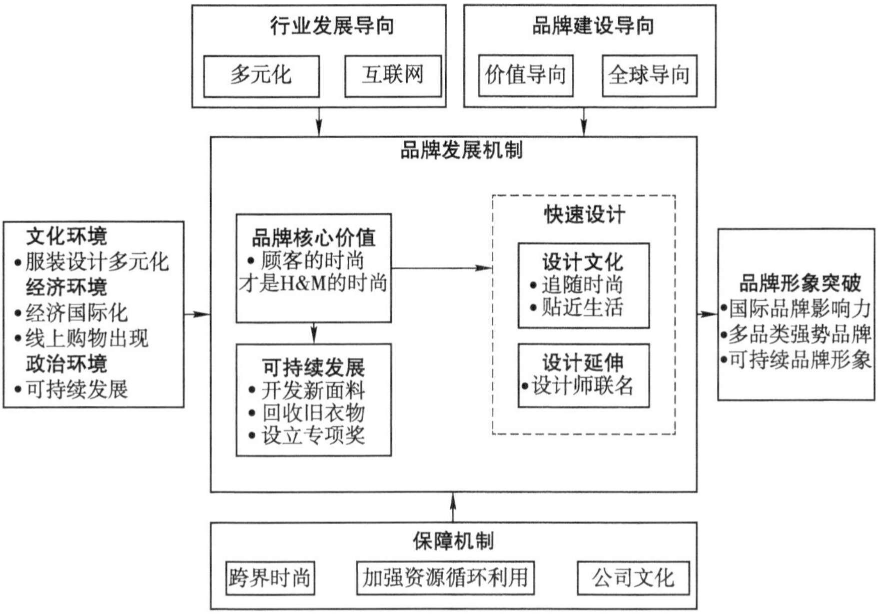

图 4-8　H&M 形象突破阶段品牌发展机制

四、结语

从1947年诞生至今，H&M已历经80余载风雨，从名不见经传的小小零售商一步步成长为世界快时尚巨头。其品牌发展经历一波三折，多次化险为夷，成功经验值得人们学习。

紧随客户核心需求是H&M品牌成功的内核。当消费者习惯于选择昂贵服装时，H&M从中发现潜在需求，开辟低价市场。当平民大众开始涌现对T台模特的期盼时，H&M及时调整品牌定位，迎合消费者内心渴望。当顾客眼光变得挑剔狭隘时，H&M及时改变时尚融合方式，创造新的时尚融合路径。看似百般讨好的背后，是H&M对消费者内心真实想法的灵敏洞察，对顾客首要选品标准的不懈追求。

对时尚有独到见解是H&M品牌成功的关键因素。成立之初，H&M并不追随时尚。但H&M很快就尝试追逐多变的时尚风潮：选择多次采购策略、设计双系统供应链……在硬件成熟之后，H&M又选择才华横溢的玛格丽塔·范·登·博施担任设计主管，创造了属于顾客的平价时尚天地。

时尚永恒不变的地方就在于永远在变。对快时尚行业来说，这种变化更加复杂迅速，这意味着H&M前路依旧曲折，例如在环境保护、公平正义等方面，H&M还需更加努力。是步入衰落还是继续辉煌，还需要H&M用行动书写答案。

印度篇

品牌弱国的国家品牌培育

——印度国家品牌发展档案

当人们谈到印度时，都会说些什么呢？是纷繁复杂的宗教历史，是沉闷严苛的“种姓制度”，是绚丽多彩的纱丽服饰，是载歌载舞的特色影业，还是精密尖端的软件服务？无疑，印度这个神秘而遥远的中亚国家拥有着太多代名词和引人入胜的故事，我们随时间的线索梳理印度品牌的发展历史，并且从印度国民品牌“塔塔”（Tata）出发，细数其时代赋予的烙印和勋章。

经历了200余年的欧洲国家殖民统治与第一次、第二次世界大战的打击，1947年以前的印度，生产以第一产业、第二产业为主，第二产业的发展停留在初级的手工业与资源密集型的重工业阶段。处于品牌经济萌芽阶段的印度，在商品经济发展的初期，消费品与服务业的发展非常落后，除英国外，基本与其他国家没有直接贸易往来。英国长期的殖民统治自然而然地把西方的政治制度、思想意识等带进了印度。这些在传入过程中因环境的不同而发生了变化，开始逐渐影响印度的封建主义。印度一部分社会上层人物和知识分子在西方思想的影响下，大力变革他们的传统意识，在政治上要求独立、自由、民主，在经济上向往科学技术，发展现代工业，这也直接或间接地推动了印度向现代经济转化。

正是这种新产业与旧工业的共存、先进思想与意识对传统文化与认知的持续冲击，催生了印度文化产业。20世纪初，印度文化产业的代表——电影业，其萌芽在印度孟买城初现，多年的文化矛盾与冲击找到了电影这一宣泄出口，迸发出璀璨果实。1931年，宝莱坞制作出印度电影史上第一部有声电影，从此，印度超过一半以上的电影制作都在宝莱坞进行。在前期行业发展的引领之下，短短10年间，印度电影业得到了迅猛发展，其中宝莱坞影视基地建成多个电影制片厂，年产量将近200部。在这个具有深厚行业历史背景的文化区域，产业集群效应逐渐形成，内部和外部经济增长迅速。随后，印度电影业逐渐从单纯的影片拍摄基地转为表达艺术与思想的平台。20世纪30年代，印度电影受到民族独立运动的影响，倾向于现实主义创作，直指社会不公；20世纪40年代，印度有声电影开始涌现，歌舞和戏剧成为电影表演的新形式；印度独立前后，一批新的电影艺术家将时代镜头对准饥寒交迫的底层农民，以超现实主义手法进行电影创作，用歌舞、影视剧、影片等影音作品来交流思想、讽刺现实、宣泄情绪的传统自那时起就在印度作者和观众的心中建立起来。

总体而言，在印度独立前，印度的民族工业就已经取得了很大的发展，公民意识也在逐渐觉醒。独立之后的印度政府立即出台了新的经济政策以稳定印度的经济秩序，发展生产。这些政策也为后来轻工业和商品经济的发展提供了重要引导。细数当时印度政府的工业政策可以发现，独立后的印度在连续“六五”工业发展计划之后，整个工业行业的重心在印度新政府成立后将近40年的时间里从重工业与初级手工业领域逐渐向消费品与软件、咨询等服务行业转移。

20世纪七八十年代，许多行业受印度工业政策的引领，都逐步实现了产业技术化和现代化，企业效率得到了进一步的提升，更多出口导向型产业如雨后春笋般涌现。传统国有企业更加重视管理干部的培养和经营效率的提升，国有企业从政府手中获得了更多自主权，能源科技创新和能源开采产业也得到了政府更多的支持。

1991年是印度经济的“分水岭”。印度拉奥政府进行了一系列改革，主要以自由化、市场化、全球化为方向。这次改革使印度封闭落后的商品经济有了巨大发展空间，印度政府在放开对私营经济的管制、引进外资和国外先进技术以及鼓励出口方面做出了巨大努力，对第一产业建设也倡导“农产品全球化”。在这一时期，移民并定居海外的印度裔社群的消费实力日渐攀升，印度政府为吸引他们的投资精心设计了各类优惠计划，也正是这个群体的产生与发展，促进了印度文化产业集群和技术产业集群的繁荣。

一、创造，带动文化输出

“宝莱坞电影”以其独具的特点成为印度电影的代名词，它的历史最早可以追溯到19世纪末20世纪初。1912年，印度诞生第一部由R.G·托尔内摄制的完整故事片《蓬达利克》，而真正拉开印度电影序幕的是唐狄拉特·戈温特·巴尔吉（Dhundiraj Govind Phalke）在1913年取材于印度神话拍摄的故事片《哈里什昌德拉国王》，拍摄这部电影的巴尔吉也被誉为“印度电影之父”。随着该片在全国范围内的成功上映，孟买的一些资本家开始投资拍摄电影，为印度早期电影工业的发展创造了基础。1920年后，印度电影工业在之前的基础上逐步形成了以印地语为主的孟买、以孟加拉语为主的加尔各答、以泰米尔语为主的马德拉斯三大制片中心，印度电影的产量也逐年增长。20世纪20~30年代是印度电影的繁荣时期，从1920年之初的18部发展到1931年，已多达207部。

1931年，一家名为“塔里甘兹”的有声电影院出现在加尔各答市。同年，伊兰尼成功地拍摄了第一部有声电影《阿拉姆·阿拉》，该片类型为幻想故事片，场景形式变化多样，整部电影穿插了十几段歌舞表演。自此，歌舞类电影开始在印度电影中崭露头角。1931年有声电影仅有28部，无声电影多达300部，4年之后有声电影达到233部，无声电影仅剩7部。有声电影的出现对印度电影工业发展的作用不可小觑，电影公司如雨后春笋般纷纷成立：新戏剧影片公司主要以表现社会问题而为人所知；有以思想和摄影技巧为主的印度晨光电影公司；还有专注国际影片的孟买有声公司等。

电影作为一种流动的艺术，视听语言是其一个重要特性。随着电影艺术的不断发展，电影为了告别默片时代，开始对其他艺术形式进行融合与吸收。时至今日，广大观众在提及印度电影或者是宝莱坞电影的时候，首先想到的还是其中的印度歌舞。

1947年，伴随着印度获得独立自治，电影的产量也发生了剧增，电影业迎来了一个崭新的跨越，至此，歌舞场面在印度任何类型电影中均占据了不可替代的位置，歌舞电影迎来了“黄金阶段”。以此为新起点，一大批优秀的印度影片开始走向国外并获得世界声誉，从《流浪者》到21世纪红遍大半个世界的《印度往事》，印度电影虽然历经坎坷，但可以肯定的是，载歌载舞的艺术形式依然是它的主旋律。

在歌舞片充斥着印度电影时，有些导演很大程度上受意大利新现实主义电影的影响，认为电影是一种严肃的艺术表现方式，是具有社会意义和艺术真实的交流手段，提出了印度电影艺术发展的新方向，一批反映社会现实问题的电影浮出水面。孟加拉邦的萨蒂亚吉特·雷伊、里特威客·卡塔克、莫里纳尔·森和希阿姆·贝内加尔等青年导演拍摄的影片与商业电影并存对立，被称为“新电影”或“平行电影”。1955年，“新电影”的出现震惊了印度电影艺术，严肃的社会题材也能赢得观众的喜爱，并使印度电影名扬世界。

印度电影业在20世纪60年代进入低迷期，70年代之后获得了长足发展。1971年，印度的电影产量超过日本，成为年产电影最多的国家。进入80年代，印度政府成立了电影发展局，主张发展和推广优秀的艺术电影。在政府的大力资助下，不仅涌现出一批年轻导演，老一代的导演也创造出了新的电影，印度开始向亚非、欧洲各国出口大量的爱情歌舞片。1992年，印度政府终止对进口影片的限制，好莱坞电影涌入印度电影市场，给本国电影再次造成危机。20世纪90年代中后期，一批国外学习电影制作回国的年轻导演开始尝试改变传统的歌舞模式，培育印度电影的新潮流，“新概念”电影时代来临。

宝莱坞影视文化产业在20世纪90年代逐渐与传统“印度电影产业”分离开来，专注进行电影产品的对外输送。其风格和题材呈现繁荣发展的态势，很多独立的电影制作商通过创造“马萨拉”（Masala）式电影，继承了印度文化中的浪漫主义风格，巧妙融合了印度民族喜剧、歌舞、流行音乐等文化艺术成分，正面人物形象超脱豪迈，影片情节婉转扣人心弦，服饰布景精致华丽（见图5-1），歌舞场面宏大壮美，甚至不惜以延长电影时间为代价，打造内容繁复、价格超值的电影，极具感染力。

图5-1　独具特色的印度民族装饰

资料来源：http://ahsjhwm.com/image.baidu.com。

印度作者阿希什·拉贾德雅克萨（Ashish Rajadhayksha）在所著文章《印度电影的宝莱坞化：全球舞台上的文化国族主义》中提道：“以宝莱坞为大旗的全球化对公共领域与资本主义这两元力量进行了重构；正是这种冲突力量在全球化转型中催生了印度国族主义（这种国族主义强调的是一

种基于文明、文化的归属感)。”宝莱坞影业也被形容为“既对怀旧兴味无穷，又对传承国族文化充满了急切的使命感”。正是得益于这种对文化传承的使命感，宝莱坞才能一直保持其艺术风格和独特韵味。

宝莱坞电影产业在国际化道路上的一系列对文化创新与融合方面做出的尝试也值得一提。其不仅采用国际化的创作题材与制作方式，积极与其他国家合作拍摄影片，表现内核也在逐渐融合其他国家的传统文化。其中，在中国市场上赢得将近13亿票房的《摔跤吧，爸爸》就是由迪士尼影业（美）、阿米尔汗制片公司（印）和UTV影业（印）联合出品的以印度奥运故事为背景的合资影片。另外，从中国的一些电影中也能找到印度的影子——2017年春节档上映的由王宝强主演的《大闹天竺》和由成龙主演的《功夫瑜伽》两部影片不仅由印方合作投资，还在印度本土取景、融入了大量印度元素。文化元素在影片中的碰撞与交融，为整个宝莱坞文化产业增色不少，也正是这种尝试让宝莱坞在国际市场上大放异彩。

二、创新，引领科技浪潮

印度的另外一个极负盛名的国家名片，是IT产业。在技术发展层面，19世纪50年代，英国资本大量输入印度，大力发展机械化的原料加工工业，建立了数以千计的碾米厂、面粉厂、轧棉厂、棉花包装厂，在加尔各答建立了大批的黄麻纺织厂，此外，还开办了一些煤矿、锰矿和云母矿。英国之所以发展这些加工工业和采矿业，就是要把农产品在印度加工后再运往英国，以降低成本。正是这样的代加工方式给印度生产投资者提供了指引，也提供了一些技术上的启蒙。事实上，从东印度公司与印度贸易之时起，英国就雇用了一部分印度商人和技术人员，彼此之间建立了一定的经营合作关系和雇佣关系。印度手工业者在为英国人服务的过程中，也掌握了一定的手工业生产技术与资本主义的经营方式。总体而言，在这一历史时期，伴随着印度民族工业的发展，新生印度民族资本主义、英国殖民者、英国政府在一段时间内处于共生状态。第一次世界大战之后，印度民族资本主义的发展加快了步伐，大批纺织企业投入生产，民族资本建起了钢铁工业，随之带动了其他工业的发展。

独立之后的印度政府立即出台了新的经济政策以稳定印度的经济秩序，发展生产，抑制通货膨胀。在这一阶段，政府为轻工业和商品经济的发展提供了重要引导。针对大多数企业，印度进行了全面的国有化改组，以尽量减少私人企业控制印度经济的可能性。

除此之外，印度政府还肩负着重振以重工业和初级手工业为主的印度工业的重大任务。1951年，印度开始实施第一个五年计划，同年颁布了《工业发展与管理法》，这部法案主要是为了增强中央政府在工业发展和管理中的权力，为工业发展制订计划，控制工业的发展方向和进度，监管工业企业的投入产出活动。1956年，第二个《工业政策决议》出台，在工业政策的实施方面，印度加强了对工业领域的监管，成立垄断调查委员会并建立了工业许可证制度。1970年，工业许可证制度将所有产业划分为核心领域、重点投资领域、中间领域和可自由进入领域四个类别，其中前三类需要政府颁发工业许可证方能进入。其结果是最终演化为"许可证为王"现象。而后的工业政策逐渐放宽进出口的限制，并且普遍向扶持消费品企业倾斜，鼓励高新技术发展。

早在1988年就被美国新闻周刊评选为"十大高科技城市之一"的班加罗尔就是在这一时代的政策引领下逐步发展起来的，成为全球第五大信息科技中心，被誉为"印度硅谷"。发展伊始，班加罗尔的软件服务行业只是以其低廉的价格为少量的客户提供软件组间的生产和维修的服务，但在低廉价格之上，他们给客户提供的是超强的质量和极高的效率。逐渐地，班加罗尔的软件服务获得了原有客户的信任和更多潜在客户的青睐，并开始转向技术含量更高、利润空间更大的研发领域，做ERP的设计和企业系统的整合。这其中体现的安全性使班加罗尔的软件行业从单纯的服务提供者变为外国客户的忠实伙伴，这为21世纪其向IT咨询顾问的转变奠定了良好的信任基础，从表5-1中可以看出印度IT产业转型的过程。

表5-1 印度IT产业转型过程

年份	产品与服务	合约规模/万美元	主要客户	对客户价值
1985—1995年	软件组件、维修服务	50	Fortune前100大	低廉成本
1996—2000年	电子商务、ERP	500	Fortune前500大	质量、生产力
2001—2004年	系统整合、软件外包、BPO	4000	全球2000大	信息安全、流程管理
2005—2010年	IT顾问、IT委外服务	10000	全球5000大	信息化赋能
2011—至今	解决方案	50000	全球10000大	价值链攀升

资料来源：作者自制。

如果说"文化特色"是宝莱坞文化产业发展的基石，那"创新机制"就是其信息产业发展的牵引绳。20世纪90年代后期，印度政府取消了对印度企业的全面管制，印度的工业政策更加注重对企业技术的提升和创新能力的培养。随着印度班加罗尔IT产业的兴起，整个印度掀起了技术即是生产力的浪潮。整个行业以技术创新为导向，像Infosys，Wipro，Ranbaxy这样的公司开始崛起，现代新兴的高科技企业向世界展示出一个全新的印度，其中一些公司的发展速度让人咋舌，比拉集团、信实集团、Mahindra & Mahindra等传统制造业企业也获得了迅速增长。再加上印度高等教育体制的完善、传统文化对外的不断输出，印度各产业的品牌生态系统日趋成熟，为企业、产业品牌的发展提供了优良的环境，并促进了品牌的发展壮大。在短短半个世纪内，印度就从一个依靠重工业与劳动密集型手工业发展的落后国家，逐步成为仅次于美国的第二大软件出口国，成为世界上软件业增长最快的国家。

三、品牌，推动国家发展

在Brand Finance2016年发布的品牌500强排行榜中，印度品牌占500强有9家，分别为第103名的塔塔集团(Tata Group)、第190名的Airtel电信、第221名的印度人寿、第251名的印孚瑟斯(Infosys)、第294名的印度国家银行(State Bank of India)、第345名的信实工业(Reliance Industries)、第369名的印度石油(Indian Oil)、第378名的HCL科技、第498名的拿丁集团(Larsen & Toubro)，前100强中并没有印度企业品牌的身影。可以看出，在进入前500名的印度企业中，除了受到印度政府资金与政策扶持的印度国有企业，如印度国家银行、印度石油等，入选的就只有信息技术与商务咨询公司印孚瑟斯和信息系统开发公司HCL科技公司。可见，信息技术与软件产业是印度少有的优势行业品牌，其在国际上的声誉与影响力也对印度发展起到了巨大的引领作用。

在Brand Finance品牌500强中位列首席的印度品牌塔塔（Tata）集团，作为印度民族工业发展的先锋和支柱，在历经了100多年的风霜洗礼后，现已发展成为以工业为基础、横跨7个行业13个领域的商业帝国，是一个全球化的、受到广泛信任和尊敬的品牌。其品牌的发展过程曲折漫长，从萌芽、逐步探索到后来蓬勃发展，有非常丰富的品牌发展经验值得我们学习和借鉴。

案例：

印度支柱，恒河明珠

——印度塔塔集团品牌发展之路

作为英国最重要的殖民地，印度社会的发展方向被英国的殖民统治深深地影响着，无论是从经济上还是政治上，这个影响都几乎贯穿了印度的整个近代史。在欧洲工业革命完成后，英国将工厂制度引入印度，并且加大对印度封建落后的经济制度的改造力度，这也从另一方面催生了早期的印度工业。由印度民族资本家创建的民族工业早在19世纪中期就已经出现，这得益于英国殖民者对基础设施的建造，而印度早期的民族工业从19世纪后期开始发展非常迅速。塔塔集团的创始人詹姆谢特吉·纳萨万吉·塔塔（Jamsetji Tata）就是在这一时期成功创业的印度民族工业企业家——1868年，塔塔创办了他的第一家公司——亚历山大纺织厂。

成立初期，塔塔集团及其成员公司就以“为社会大众谋福祉”为使命，公司内部对于企业使命的传承性使得塔塔集团持续地保持了社会效益与经济利益的“双赢”。以企业的高效管理与人民的普遍认可为支撑，通过一次次的经营领域延伸、生产技术创新、品牌形象升级，塔塔集团已经成为一个拥有雄厚品牌资产的国际化商业帝国。近150年来，“塔塔”这一品牌因其恪守良好的价值观和商业道德而广受世界好评。

塔塔集团共有29个上市公司，2016—2017财年总收入为1003.9亿美元，在全球各地的职员人数超过66万人，其市值总额约1164.1亿美元（截至2016年3月31日）。塔塔集团主要从事的行业涉及信息技术及通信、工程、资源等7个行业的13个领域（见表5-2），其办事机构遍布世界六大洲100多个国家。以“全球范围内改善所服务社区的生活质量，并长期为其利益相关者创造价值”为集团宗旨，塔塔集团旗下的许多公司在其相关行业都取得了全球领先的地位。塔塔通信公司是世界排名第一的国际语音服务批发商；塔塔汽车公司是世界排名前十位的商用车辆制造商；塔塔钢铁公司跻身于世界前十五强钢铁制造商之间；塔塔咨询服务公司的市值和利润使其荣膺世界第二大IT服务公司；塔塔全球饮料公司是世界第二大品牌茶叶公司；塔塔化工公司是世界第二大纯碱生产商。塔塔集团的运营公司在各自所在的地区创造了大量的就业机会，为当地的投资建设做出了巨大贡献。

表 5–2　塔塔集团主要从事的七大行业

塔塔集团主要从事的七大行业		
信息技术及通信行业	信息技术	Tata Consultancy Services
		Tata Elxsi
		Tata Technologies
		Tata Interactive Systems
		Tata Business Support Services
	通信	Tata Sky
		Tata Teleservices
		Tata Communications
工程行业	汽车领域	Tata Motors
		Tata AutoComp Systems
		Tata Telco Construction Equipment Company
	工程产品与服务	Tata Projects
		Voltas
		Tata Consulting Engineers
		TRF
资源行业	金属	Tata Steel
	关联领域	Tata Refractories
	综合领域	Tata Advanced Materials

续表

塔塔集团主要从事的七大行业		
服务行业	酒店及房地产开发	Indian Hotels（Taj Hotels）
		Tata Realty and Infrastructure
		Tata Housing Development Company
		JUSCO
	金融服务	Tata AIG Life Insurance Company
		Tata AIG General Insurance Company
		Tata Asset Management
		Tata Investment Corporation
		Tata Capital
	其他服务	Tata Strategic Management Group
		Tata Services
能源行业	能源领域	Tata Power
		Tata BP Solar
消费品行业	消费品领域	Tata Global Beverages
		Titan Industries
		Infiniti Retail
		Trent
化工行业	化工领域	Tata Chemicals
		Advinus
		Rallis India

资料来源：根据互联网公开资料整理。

得益于勇于开拓的企业家精神，塔塔集团在印度开辟了数个对国家具有重要意义的行业：钢铁、电力、酒店和航空业。近些年塔塔集团的开拓精神在其旗下的公司中得到了体现。这些公司包括塔塔咨询服务公司，该公司是印度第一家软件公司；塔塔汽车公司，该公司于1998年生产出印度第一辆本土研制汽车Indica，该公司近期又推出了世界上最经济小型车塔塔Nano。集团追求卓越的理念也在最近的创新中显露无余，例如，塔塔钢铁欧洲公司研发了静音轨道技术，与捷豹—路虎研发了第二代全地形反馈适应系统——通过红外线激光扫描来判断地形，以及涉水行车协助系统。

在约150年的企业历史沿革中，塔塔品牌成长主要分为三个阶段：品牌孕育阶段、品牌探索阶段、品牌发展阶段（见图5-2）。

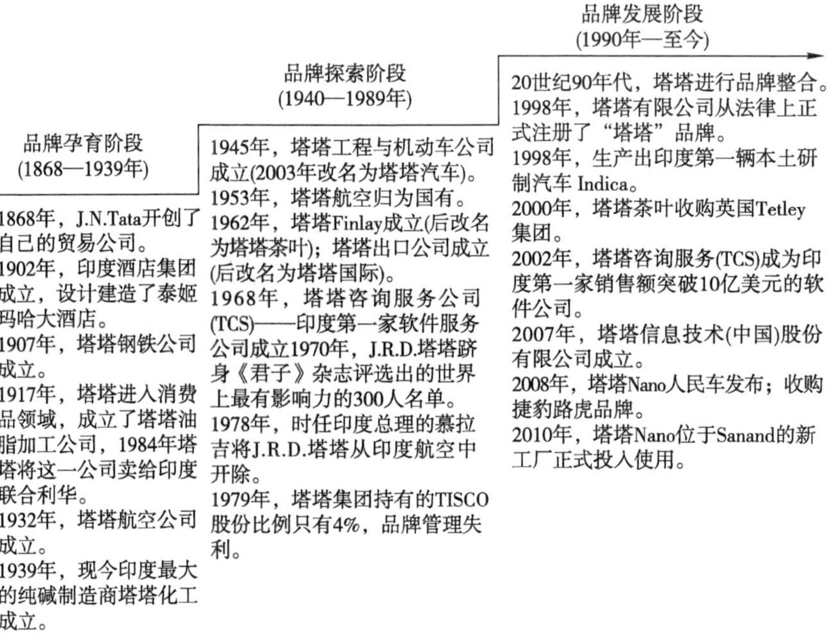

图 5-2 塔塔集团品牌发展阶段划分

资料来源：http://www.tatachina.com.cn/article/list-15.html。

一、夹缝生存，民族先驱

印度近代资本主义大工业产生于19世纪50年代，当时印度国土上所生产的大多数产品都是为出口英国所用，印度当地的农业、手工业、少有的重工业、商业都是英国工业资本剥削的对象。农民们失去土地，手工业者也少有生计，不得不出卖劳力。而印度大商人也在买办贸易和自营贸易中积累了资本，印度的资本主义大工业时代就是在这样的社会背景下开始萌芽的。

塔塔集团的创始人——詹姆谢特吉·塔塔就是众多民族工业企业家中

的一个。1858年，他从艾尔芬斯顿学院毕业后，加入父亲的商行工作。在英国游学了4年后，詹姆谢特吉于1869年与朋友合伙开设了第一个棉纺织厂，是塔塔家族兴办的第一家工业企业。后来在去英国考察市场期间，他发现英国商人将印度生产的棉花低价买到英国进行加工，加工出棉纺织成品后再以高价卖给印度人民，这使他深深地反思印度落后的工业技术水平，痛定思痛的詹姆谢特吉决定买入英国的棉纺织机器，将更先进的工业技术引入印度，大力发展印度的民族工业。

（一）品牌定位——民族工业的建设者

在开创第一家女皇纺织厂时，詹姆谢特吉唯一的想法就是学习英国的棉纺织技术来提高印度落后的纺织技术水平。20世纪初，为了自己的同胞可以不受屈辱地享受欧洲人同样水准的服务，塔塔开设了当时全亚洲唯一的豪华酒店——泰姬玛哈酒店（Taj Mahal Hotel）（见图5-3）。此后，还因印度修建铁路的需要，兴办了塔塔钢铁公司。塔塔集团对于自身的定位非常简单，就是一个为印度人民和印度整体发展服务的企业，一个本土化的品牌，采用外国的技术在印度国内进行生产，作为工业发展的先锋引领印度工业前行。

图5-3　现泰姬玛哈酒店外景

资料来源：http://news.sina.com.cn/w/2008-11-27/233616739114.shtml。

1917年，塔塔进入消费品领域，成立了塔塔油脂加工公司。1932年，杰汉吉尔·拉坦吉·达达博伊·塔塔（Jehangir Ratanji Dadabhoy Tata）成立了塔塔航空公司，并在印度独立后向新政府建议成立一家新的国际航空公司——印度国际航空公司（Air India）。1939年，现今印度最大的纯碱制造商塔塔化工成立，塔塔化工也是在纯碱制造领域不断开发新技术和生产工艺的印度工业先锋。

（二）经营理念——至上技术

除了科学的管理体制，采用最新技术和选用最佳人才，也是企业取得成功必不可少的因素，这在工业基础落后、科技人才匮乏的印度显得尤为重要。

在当时工业水平发展刚刚起步，科技人才极度匮乏的状态下，塔塔仍不惜代价采用当时最新最好的技术，这是塔塔所有企业奉行的传统准则。其中的塔塔钢铁公司就是企业不间断地追求现代化并采用最新技术的范例。1900年，塔塔钢铁公司采用了领先时代的平炉炼钢法而不是印度本土的贝氏转炉法，这使得塔塔钢铁公司在投产初期便获得成功，取得低成本高产量的领先优势。第一次世界大战结束时，塔塔的钢铁产量已经占印度国内消费量的一半，但它并没有故步自封，而是坚持技术现代化更新，采用美国新开发的双联工艺炼钢法，使铁轨车间、条钢轧机、薄钢板机可以同时运转。20世纪30年代初期，塔塔钢铁又实施了新的现代化计划，新的高炉、炼焦炉一一投产，极大地提高了公司的钢铁产量。在第二次世界大战前夕，塔塔的钢产量已经达到印度国内消费量的73%。

塔塔集团的子公司一般都设有自己的研究与开发机构，且实力雄厚。塔塔企业内部许多生产中的重大技术问题，都依靠自己的研究机构解决，这些研究与开发机构对提高企业的生产质量和效益起到非常重要的作用。除此之外，塔塔企业很多研究部门还为同行业的其他企业提供帮助，真正起到民族工业发展“领头羊”的作用。

20世纪50年代后期设立的塔塔电力公司研究与开发部门，将当时印度热电厂发电设备的利用率从48.5%提高到89%，解决了印度供电问题的燃眉之急。塔塔钢铁公司开发出技术领先世界的高纯度钢，这种钢材可以耐受喷气式飞机汽轮机的高强温，又能抵御喜马拉雅山的严寒。此外，塔塔化工公司依靠自己强大的研究与开发力量，攻克了被国际工业卡特尔保密的纯碱配方，并在用水技术上进行创新，在60年代解决了印度生产用水的大难题。

（三）经营理念——领先人才

塔塔先生对本家族接班人的培养，既重视学识，又重视实践。塔塔集团的董事长接班人不仅需要受过印度和西方的良好教育、精通工业技术，还要具备管理能力与战略意识，作为整个集团的连接者，还需具备一定的个人魅力与精神。即便在印度如此严苛的种姓制度与继承制度的社会环境下，塔塔集团的接班人选择一向都不是简单的“嫡长子继承制”，而是在年龄相近的多位亲属中，选出最有能力且最具有发展眼光的年轻人作为下一任集团董事长。

创始人詹姆谢特吉·塔塔14岁即进入大学，19岁大学毕业后又赴英留学，学习欧洲的棉纺织技术，并将这种领先的技术与西式的管理方法引入印度，开设了第一家棉纺织厂，在短期内将业务量赶超英国驻印度的各大纺织公司。20世纪，詹姆谢特吉意识到国家的经济独立需要强大的基础建设能力作为基石，他联合表弟和长子道拉布吉（Sir Dorabji Tata）成立了塔塔父子公司，即如今印度最大的工业巨头——塔塔钢铁公司。第二代掌权者由詹姆谢特吉的大儿子道拉布吉·塔塔接任。道拉布吉不仅稳中求进地继承了父亲的纺织与钢铁事业，还将业务积极拓展至化工、交通等领域；除此之外，他还继续发扬父亲的慈善精神，为印度本土教育及印度对外留学生提供了大量的资金帮助。第三代掌权者是道拉布吉姑姑的儿子诺罗吉（Nowroji），他所执掌的9年是塔塔公司在第二次世界大战期间的过渡时期。第四代掌权者贾罕吉·塔塔（J.R.D.Tata）执掌的50年，是塔塔集团最重要的一个阶段，他大力发展飞行事业，开创印度航空业之先河。除此之外，他还在低迷的国内市场中将公司业务拓展至消费品领域，并进行了一系列的并购活动，带领塔塔集团成为真正的跨国巨头。第五代掌权者拉坦·塔塔（Latan Tata），曾就读于康奈尔大学和哈佛大学，学成归国以后，在家族企业中从底层小职员做起，由于表现不俗而受到第四代家族领袖贾罕吉的青睐。贾罕吉在1981年将家族核心子公司塔塔工业董事会主席一职让与拉坦·塔塔，此后便重点培养，10年之后，将塔塔集团董事会主席的位置传给了这位他选定的家族接班人（见图5-4）。

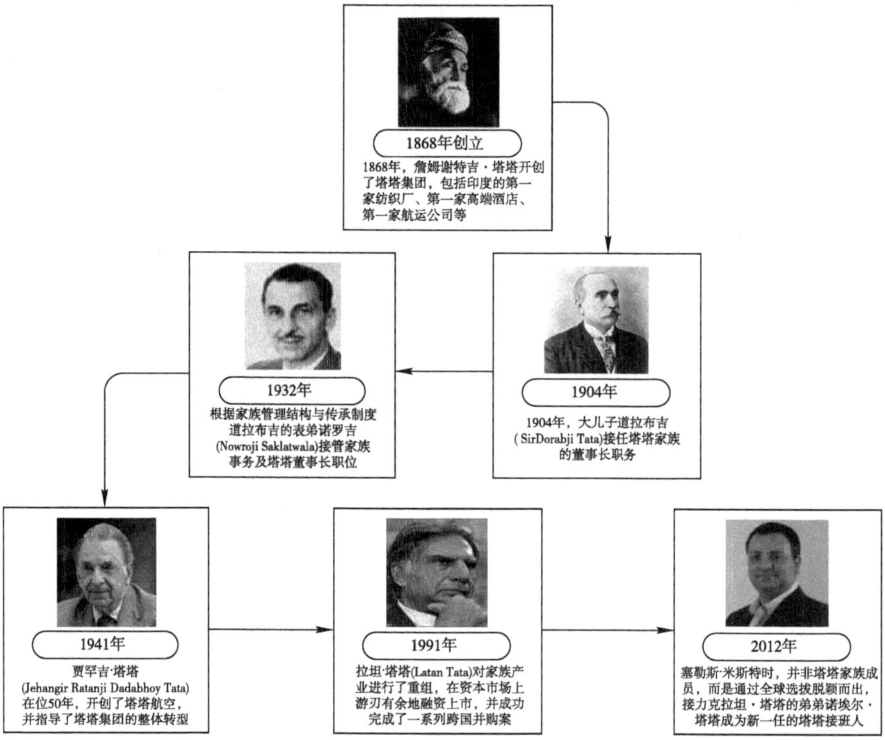

图 5-4 历任塔塔董事长

资料来源：作者自制。

从第四代掌权者开始，塔塔集团就形成了健全而系统的培养人才方式，各个公司也聘请了极具才干的职业经理来进行掌管，而非严格控制在塔塔家族自己手中。塔塔集团在寻觅、重用强有力的高层管理人员和技术专家的同时，大力加强对普通工人和中下层经管人员的培训。詹姆谢特吉在创办纺织厂时，就十分重视对员工的培养。他认为，如果缺乏学习和提升就有可能导致组织消沉甚至变坏。他在厂里实行学徒培训制，设立图书馆，馆内藏有棉纺织业的最新图书，供工人读书学习。之后塔塔不仅建立了冶金学院（后改名为技术学院），还为了适应现代技术进步，不断增加和更新培训设施，例如引进模拟装置，使学员在逼真的状态中接受训练等。在管理人员的培训上，塔塔集团后来在浦那设立了塔塔管理培训中心，为管理学员提供经济管理技术、心理学、行为科学等课程。对于一些高级经理，塔塔也会将他们派送到政府的行政管理学院学习。可见塔塔为培养组织内部的员工投入了很大成本。伴随着不断地发展，塔塔开设的学院也开始向外招生，为印度其他工业企业输出了不少专业人才。

（四）价值传输——服务社会的责任

詹姆谢特吉·塔塔非常注重企业经营人员的本土化，虽然在刚建立公司时因为生产技术落后而积极任用国外管理人员和技术人员（初期还包括技术工人），但与此同时，他也在不断培养印度本土员工的技术素养，传递服务社会的观念。

在培养技术人员方面，塔塔集团下的钢铁公司是很好的范例：塔塔钢铁公司建立前的全部勘探、选址等工作都是由美国专家完成的。塔塔钢铁厂投入生产之后，从总经理、总技术顾问到技术专家、中层经管人员再到车间的工长，乃至一般的技术工人，在相当长的一段时期内都是从欧美国家招聘来的，这批国外雇员的工资待遇比他们在自己国家要高出50%。此外，公司还需承担雇员往返国家的差旅费、在印度的住房费等其他一些开支，这些给公司增加了财政负担，使得生产成本提高。更加严重的是，一些外国雇员还经常进行罢工活动，严重影响生产效率。因此，塔塔集团下定决心培训出自己的管理人才和技术人才，以逐步实现本土化。

20世纪20年代，塔塔钢铁公司成立技术学院，在将近10年里培养了128名技术人员。1931年，学院改组增设研究生学位，同时还设立课程，培养高水平的钳工、焊工、锻工、铸工。经过10多年的努力，20世纪30年代以后，塔塔钢铁公司的外国雇员比例出现较大幅度下降。独立后，印度颇为发达的教育事业培养了一批批科技人员和管理人员，此时的塔塔集团自身也具备了雄厚的科学技术实力。虽然塔塔与外国各种形式的合作越来越多，但此时的塔塔已经不需要再向国外招聘雇员了。

在服务社会的价值传递过程中，除了培养一批印度本土的科研与技术人员，塔塔集团还做了很多的慈善工作。随着生意越做越大，创始人詹姆谢特吉·塔塔感到自己并不需要更多的钱，因而也不再热衷于进行商业扩张，他在给他的朋友、孟买的总督与印度国务卿雷伊勋爵的信中写道："我十分幸运，承蒙上天的眷顾获得了比常人多的财富和地位，我的成功归功于一系列的有利条件，我愿意回馈社会，用我的财富去帮助那些不如我幸运的同胞。"

19世纪末期，仅拥有纺织工厂的塔塔家族对卫生堪忧、疾病肆虐的孟买慷慨提供帮助，出资支持水痘疫苗的接种。20世纪初，又因孟买附近的工厂产生大量煤烟导致孟买空气质量不佳，塔塔家族投资了水电产业以改善孟买的空气污染。除了出资支持印度国大党，塔塔还支持包括孟买大学在内的一系列教育机构，詹姆谢特吉还花费大量资源在班加罗尔建立印度科学研究所（Indian Institute of Science），该研究所于1909年最终建成。时至今日，印度科学研究所仍然是印度最顶尖的科学研究机构之一，也是印度最好的科学图书馆之一，培养了大量印度一流的科学家，助力印度工业发展。除此之外，塔塔集团还设立巨额奖学金。印度到英国等西方国家深造的学生中，1/4上都受到过塔塔奖学金的资助。

詹姆谢特吉·塔塔认为创造财富并非单纯为了自己、塔塔家族或者是塔塔集团，而是为了整个印度的利益。财富增长有助于提高印度的国际地位，改善印度人民的生活。图5-5显示了品牌孕育阶段，塔塔集团受到所处内外部环境影响而实行的品牌发展机制。

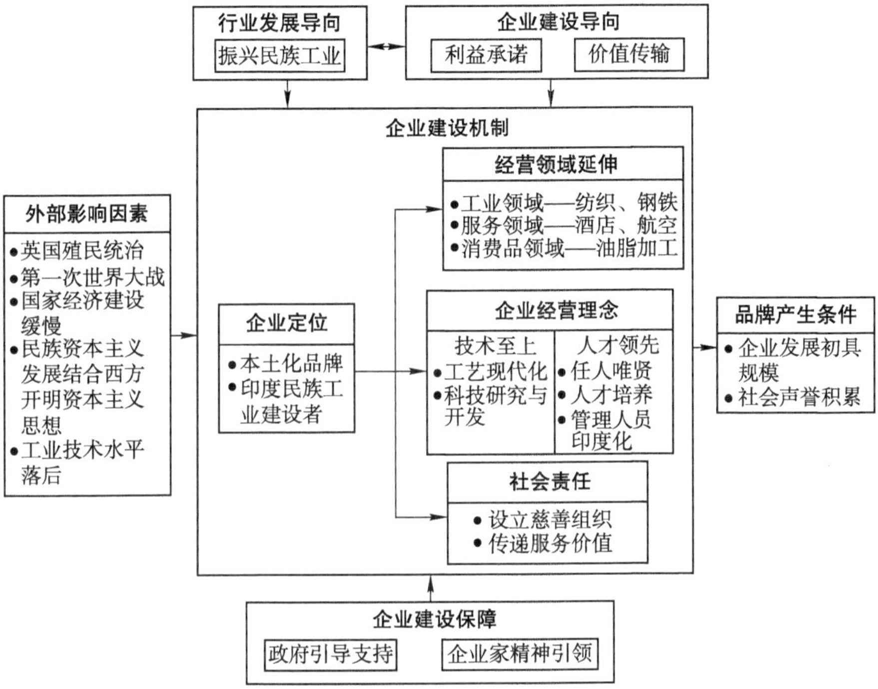

图5-5　品牌孕育阶段塔塔集团品牌发展机制

这一阶段，印度还处于英国的殖民统治下，印度民族工业在吸收西方开明资本主义思想与接受代加工过程中的技术指导后开始逐渐发展。印度政府为刚刚萌芽的民营企业提供了一定的资金支持，整个行业发展以发展民族企业、振兴民族工业为导向，民营企业受到创始者的精神引领，以对消费者进行利益承诺与价值传输为导向。

塔塔集团开创阶段，在印度民族工业发展的大浪潮下，将自己定位为服务社会的印度本土化企业，在70余年的发展中，主要完成了资本的原始积累和企业整体经营理念的确立，经营领域集中在重工业、工业消费品与高端服务领域。在经营理念上，塔塔集团设立研究机构进行技术研究开发，在生产中坚持采用最先进的技术进行生产制造。与此同时，为了长远发展，塔塔集团还形成了组织与员工的成长培养体系，在1930年后的生产中坚持实行员工本土化，任人唯贤。再配合一系列慈善机构的设立和关怀雇员、心系印度未来科学发展的价值传播，塔塔集团在品牌孕育这一阶段提供了资金条件并积累了社会声誉，为品牌诞生奠定了基础。

二、曲折发展，艰难求索

印度于1947年独立后，一度面临很大的政治问题，包括印巴领土争端和抗议性的工农运动与罢工游行，随后印度迎来执政党改变与领导人频繁交替的历史时期，宗教冲突也日渐凸显。政府开始设立一系列计划以监控和管理工业领域的发展，并建立了垄断调查委员会和许可证制度，对许多当时已经小有成就的私营企业进行了国有化改组。直到20世纪80年代末期，工业政策才逐渐放宽进出口限制，并且普遍向消费品企业倾斜，鼓励高新技术发展。

就塔塔集团而言，企业从发展服务社会的重工业行业转变到服务具体消费者的消费品与软服务领域的经营中，企业的经营领域进一步延伸，经营与发展的重点也随之转变。

（一）转化定位——更“轻”的工业

独立后的印度，政策上有了越来越浓厚的社会主义色彩，政府将很多企业收归国有，由中央进行控制，其中就有塔塔旗下的保险公司。除了收归国有，更多的企业被改组成为半私有化公司，由贾罕吉·塔塔一手创建的塔塔航空公司也被改组为印度航空公司。当时塔塔集团的支柱型分公司塔塔钢铁也面临着被改组的风险。面对众多重工业业务分支被改组的艰难境况，塔塔集团只能顺应政策要求，保持自身在重工业地位的同时尽量减少工业领域的扩张。塔塔集团就此开始转型兴办日用品和软服务企业，此时塔塔集团对于自身的定位是传统的工业企业，同时也是政策引导下的消费品和服务型企业。除此之外，在国内发展步步受限的情况下，塔塔集团在很多经营领域上进行了业务国际化的初步探索。

塔塔集团从詹姆谢特吉·塔塔那代领导人开始，就是国大党的坚决拥护者，在品牌探索阶段（1940—1989年）执掌塔塔集团的贾罕吉·塔塔与印度独立后的总理尼赫鲁有着非常深厚的交情，这使得在印度工业企业国有化改组的潮流中，塔塔钢铁得以保全，没有被收归国有，这在很大程度上为塔塔集团之后的发展提供了帮助。

塔塔集团经营重心的转移是在一次偶然机会下才进行的初步尝试：20世纪50年代，印度当局为了保护国内的制造业，禁止从国外进口香皂、香水和化妆品这类日用消费产品，而当时印度国内虽然没有生产这些化妆用品的能力，但消费者们的需求并没有随着禁止进口而有所抑制，印度政府便将这一任务安排给塔塔集团，在这种情况下，塔塔集团于1952年与法国一家企业合资建立了拉克希米Lakme公司，后来这家公司成为印度最知名的零售业巨头。

（二）拓展经营——是挑战也是契机

塔塔集团在品牌探索阶段对旗下子公司经营领域与方式进行了调整和拓展，相比之前的塔塔更加突出现代化、多元化与国际化特色。

在技术上，塔塔集团更加追求现代化，原有的中型、大型企业通过技术更新来加速现代化进程，规模不断扩大并且利用前期优势在各自的领域内衍生出一批相关产品的生产企业，形成了产业内企业群，产品种类大幅度增加，尤其增加了高科技、高质量品目。

在经营方向上，塔塔集团更加多元化，仅仅从20世纪50—70年代，塔塔集团就新创建了20多家公司企业。其中，与钢铁相关的工业如钢管、耐火材料等3家，出口贸易业2家，化妆品、工业香料各1家，技术咨询服务6家，茶叶种植与加工业1家，出版社1家，电脑业1家，海外合营企业

3家（设在新加坡的精密器械厂和设在马来西亚的棕榈油厂、商用车装配厂），以及其他企业若干家。20世纪80年代，塔塔公司企业的规模和经营领域继续扩大，电脑、咨询等软科学产业的发展速度尤为显著。

在贸易上，塔塔集团更加国际化，旗下的公司企业，不论是贸易性质、制造性质还是服务性质，都广泛开展国际化业务。近年来，塔塔集团的相关企业极大地增加了出口商品的数量和品目、增加了软件和硬件结合的“交钥匙”工程项目（向海外提供从可行性研究、设计、制造、技术设备到投产经营管理的全过程服务）。许多塔塔企业加强了与发达国家企业的经济联系，包括技术合作、在双方或者第三国建立合营企业等。

除此之外，当时的塔塔商业帝国掌权者贾罕吉·塔塔对集团的发展起到非常重要的作用，他在企业发展初期做出的很多慈善活动和企业价值传输，为其后来的发展提供了良好的企业声誉基础，在其执掌塔塔集团的几十年间，印度公众对其投身于社会福利的印象一直被强化。即使在印度贪污受贿现象日益严重时，塔塔集团也一直被视为诚实正直的典范。在全国范围内的消费者调研中，诚实与信赖成为塔塔集团最重要的标记。

直到20世纪70年代，塔塔集团旗下的企业之间都非常独立，仅通过一些软性的整合过程互相衔接。其中最重要的软性整合过程就是由当时的掌权者贾罕吉·塔塔本人的领导促成。在机制设计上，塔塔行政管理服务（Tata Administrative Service，TAS）进一步促进了管理上的流动性。TAS是塔塔集团的内部管理培训机构，从20世纪50年代开始招聘、培养年轻的管理人才，并鼓励他们在塔塔旗下的不同企业之间轮岗。这种机制的设计不仅对经理的职业发展有利，也有助于知识和理念在集团内部的传播，并加强了它的价值观。图5-6显示了品牌探索阶段，塔塔集团受到所处内外部环境影响而实行的品牌发展机制。

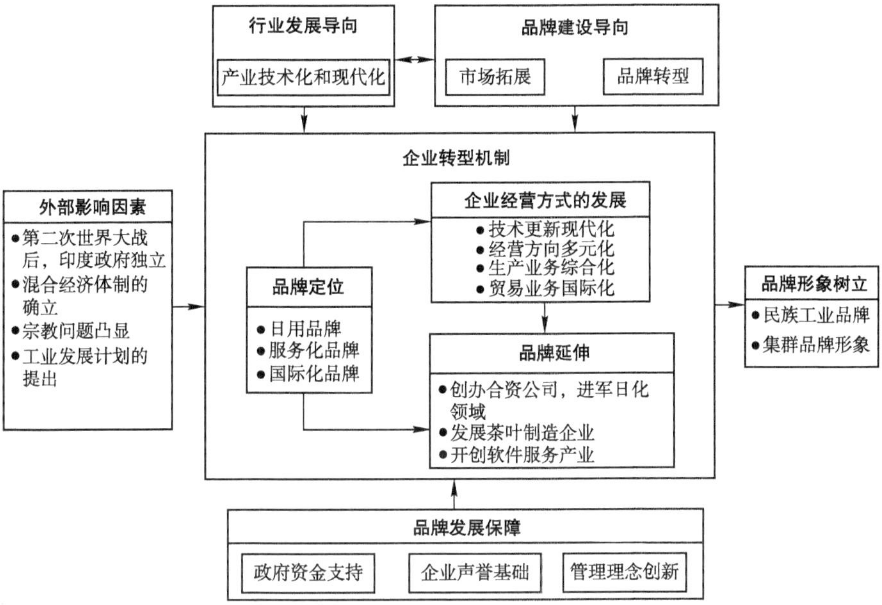

图 5-6　品牌探索阶段塔塔集团品牌发展机制

第二次世界大战之后，印度脱离英国殖民统治，印度政府设立了一系列发展计划以监控和管理工业领域的发展，并对很多中小型企业进行国有化改组，国家引导下的行业发展中心也向消费品、软件与咨询等服务行业扩展。涉及国家工业领域多条命脉的塔塔集团成了“企业国有化改组运动”的重要目标，面对国家政策的干预，塔塔集团在这一阶段完成了企业定位的转型，拓宽了自己的经营领域，其经营模式也发生了重大转变。

塔塔集团在品牌探索阶段进入到很多新领域，主要是政府政策允许发展的领域和软科学领域。塔塔集团在这方面的开拓与发展不仅是为了适应政府限制私营部门从事重工业政策的需要，更是为了迎合世界经济发展和科技发展的潮流——诸如经济全球化、软科学在经济中作用强化等。从这方面看，虽然塔塔集团制造业方面的企业数量增加不多，但是他们与时代同步，在许多方面的水平已经达到或者接近国际标准；在印度国内，塔塔集团已经成为工业革命的带头人，这标志着其生产经营方向发生了质的飞跃。

在品牌探索阶段，塔塔集团进行了初步的品牌延伸，开展消费品公司和软服务业。塔塔集团的品牌形象得以塑造，从一个单一的民族工业品牌形象转变为一个横跨多个领域的集群品牌的形象，品牌价值也得到了新的提升。

三、百年积淀，历久弥新

在印度这样一个刚刚独立的国家，塔塔集团的命运发展始终与政策的引导直接相关。当拉坦·塔塔1991年接替贾罕吉·塔塔成为塔塔集团董事长时，印度正处于重大变革的中心。1947年印度独立以来，印度经济长期由国家主导，但在1991年，印度开始了经济变革，经济形势开始有了根本改变。1991年，纳拉辛哈·拉奥（Narashimha Rao）接手政权时，印度正面临着前所未有的财政危机。之后印度进行的“拉奥改革”以自由化、市场化、全球化为方向，取消了生产领域的半管制体制，还主张大力引进外资和外国先进技术，放宽进口限制，积极鼓励出口，将印度经济由内向型经济逐步转变为外向型经济。作为当时已经进行了初步国际化的塔塔集团，自然不会放过这一绝佳的发展机会。

在这一时期，伴随着“技术创新”的浪潮，像印孚瑟斯（Infosys），威普罗（Wipro），兰伯西（Ranbaxy）这样的公司开始崛起，现代新兴的高科技企业向世界展示出一个全新的印度，这其中一些公司的发展速度让人咋舌。比拉集团（Aditya Birla Group）、信实集团（Reliance Industries Limited）、马恒达（Mahindra & Mahindra）等传统的制造业企业也在迅速成长。

虽然经过品牌探索阶段的发展，塔塔集团已经成长为在印度本土有威望的大规模国际化集团，在行业内占有一席之地并已建立了最初的品牌形象，但其实在很多方面，塔塔集团仍存在很多问题。就集团公司内部而言，在品牌探索阶段，塔塔集团所持有的旗下公司股份大幅减少。20世纪80年代，塔塔集团所持有的塔塔钢铁股份甚至低于它的竞争对手比拉集团，对汽车与卡车制造商——塔塔工程机车有限公司（Tata Engineering & Locomotive Co Ltd，TELCO）的持股比例只有3%，对印度酒店——泰姬玛哈酒店的母公司持股比例也只有12%。塔塔家族对塔塔集团的持股比例也下降到1.5%，而当时的建筑业巨头帕洛尼·米斯特则持股达17.5%。事实上，在拉坦·塔塔接手塔塔集团之前，塔塔集团的管理权力便日趋分散，对于品牌的管理更是无暇顾及。

20世纪80年代末，在印度新经济形势来临的前夕，塔塔集团比以往任何时候都显得垂垂老矣，在一次企业品牌形象调查过程中，当时的年轻人将塔塔集团称为“我老爸的塔塔”，可见塔塔集团在消费者面前的形象是过时、老套而守旧的。这时的塔塔集团被认为与印度的年轻人缺乏接触，而今日的年轻一代终将成为未来的领袖、消费者和员工。另外，塔塔集团越来越多地与铸造金属、钢铁和火车等旧工业形象联系在一起，而不是新经济的形象，当地人们认为塔塔集团不再具有创新精神。塔塔集团在20世纪90年代之后为改变这一原有的重工业品牌形象做出了很多努力。1991年，拉坦·塔塔成为塔塔集团董事长后，第一个任务就是重新建立塔塔集团与其旗下公司之间的联系。在对塔塔集团的所有权结构进行调整（塔塔集团对旗下公司的持股比例都提高到了26%以上）之后，制定了一系列品牌整合的措施以增强塔塔集团对品牌的掌控程度。

（一）再定位——将脚步迈向海外

自1990年起10年内，塔塔集团对家族所涉产业进行了一次彻底重组，对白色家电、化妆品、制药、水泥、油漆、快递等11个产业收缩阵线，然后大胆进入15个新产业，并将拳头集中于汽车、钢铁、消费品、信息服务等7大产业。在品牌发展阶段，塔塔集团对自身的定位从原有的重工业企业、服务型企业向一个形象更新、现代化程度更高、与年轻人联系更紧密的技术导向型的现代化企业转变。

塔塔集团通过一系列的产品出口、并购外国企业等方式，从一个本土化的民族企业逐渐转变为一个拥有庞大海外市场占有率的多元化、国际化企业。在投入25亿美元进行资本和企业组织结构现代化升级之后，塔塔钢铁公司成为印度国内最富有效率的生产商。为实现全球化，搭建一个富有竞争力的平台，塔塔钢铁公司与英国克鲁斯钢铁公司于2007年4月达成超过120亿美元的交易，塔塔钢铁公司得以进入欧洲市场，完善其产品组合，并获得1900万吨的生产能力。对于克鲁斯钢铁公司来说，塔塔钢铁公司是原料和半成品方面的完美合作伙伴。而且克鲁斯钢铁公司拥有一个出色的研究基地，帮助塔塔钢铁公司在开发自有技术方面取得进步，进一步拓展其在欧洲市场的产品出口。

20世纪90年代末，塔塔公司开始在印度之外进行小规模收购。第一宗大型收购是2000年塔塔茶叶（即现在的塔塔饮料）收购英国领先的茶叶品牌“泰特莱”。这笔收购是塔塔并购国外企业的一个开端。2001年，塔塔与全球保险巨头美国国际集团（AIG）达成合资，成功进入保险业。2004年，塔塔汽车成功收购韩国大宇汽车的重卡部。2008年，塔塔汽车收购捷豹—路虎公司，是公司最成功的一笔收购。

塔塔集团的子公司在海外进行收购之后，塔塔集团要求子公司将自己视为本土公司，而不是一个在外国的印度公司。如塔塔汽车公司在收购韩国大宇公司之后，将自己与韩国的社会、环境和政府等所有方面进行对接，不论是思想上还是外观上，都尽最大可能将自己变为韩国公司。这种理念意味着子公司需要保留外国的管理人员，并且从印度派出塔塔子公司的人员去外国协助经营。这个本土化的方法非常新颖，虽然有一定的成本投入，但是在很大程度上推动了与外国的融洽合作，增加了本土人民对外来的印度公司的接受程度，有利于下一步的市场扩张。

（二）坚持创新——“我老爸的塔塔”

为改变自身品牌形象老化的问题，塔塔集团采取了一系列的举措以进行品牌创新。主要思路为从内源性采用先进科技的技术创新，到外源性采用多种渠道混合传播的品牌形象创新。

创新是塔塔集团卓越商业计划的核心，并且所有的塔塔公司都采用了该计划。“努力改善印度人民生活质量”的广告正是为了推广塔塔集团的创新能力而推出的。更重要的是，塔塔集团本身在产品与服务创新方面做出的努力都被消费者看在眼里，进而改变了他们对塔塔集团旧有品牌形象的看法。塔塔集团推出的新产品能够很好地满足顾客需求，无论是世界上最薄的手表、世界上最便宜的汽车还是印度第一台由私人企业制造出的超级电脑，塔塔集团都表现出技术方面的领先优势。塔塔集团卓越商业计划以及2007年成立的塔塔集团创新论坛等制度进一步鼓励和支持了创新，它的主要目的是拨开迷雾，唤醒塔塔人的创新本能，向他们展示如何将创新的想法转化为现实行动。

（三）持续传播——“我的塔塔”

2002—2003年及2003—2004年的两次广告宣传活动均旨在强化塔塔集团的“传统”价值观，并将它的历史光辉与现在、未来相联系。最主要的广告语是“跨越世纪的信赖”（A Century of Trust）和“改善生活质量”（Improving the Quality of Life）。平面广告表明，塔塔集团采用了最新的科技成果继续为印度及其人民的利益而努力。其中一则广告展现出塔塔集团应用卫星遥感技术帮助农民提高收成，另一则广告则展示了一款能够在40小时内教人掌握足够的阅读能力来看书看报纸的软件。

2004年，塔塔集团迎来了具有双重意义的百年纪念：创始人詹姆谢特吉·塔塔去世100周年和贾罕吉·塔塔诞生100周年。新一轮的广告宣传活动着重于将两位塔塔集团历史上的卓越领袖所秉承的价值观和当代印度的信仰与诉求相结合。这些广告中并没有直接展现詹姆谢特吉或者贾罕吉·塔塔的元素，而是以年轻人为主角，展现塔塔集团的价值观与印度年轻人价值观的契合度。

从2004年开始，塔塔集团还启动了“跨越世纪的信赖”巡回展览，展现了塔塔集团的发展历程，并着重表现其精神内核和价值观：信赖和为国贡献的忠诚。根据塔塔服务有限公司（Tata Services）事务部的副总裁阿图尔·阿格拉瓦尔提供的数据，当年有超过8万成年人和超过250万儿童看过这个展览。少年儿童对巡展的热情回应启发了塔塔集团着手建立与学校的长期联系，从小培养印度青年人对塔塔品牌的感知。于是塔塔集团举行了“我为印度写未来”（Building India）小学生作文大赛，在比赛中，全印度的小学生面对一系列关于印度未来发展的问题各抒己见。以往的作文主题包括：“你将如何把印度打造成一个超级大国？”“印度将如何发展体育事业，以期在2016年奥运会上获得20枚以上的金牌？”可以看出，塔塔的这一系列针对小学生的公关活动，并不仅仅是在宣传塔塔集团的新形象、增加与年轻人的接触与联系，更是让塔塔集团一贯的“信赖和为国贡献的忠诚”理念与价值观感染青少年，对他们建设国家的意识进行培养。

塔塔“觉醒之旅”青年计划，进一步塑造了塔塔集团情系青年发展的形象。印度青年被邀请参与铁路旅行，去观察印度的社会企业和社区项目。这个项目彰显了塔塔集团民族建设和社会创业精神的理念，并帮助青年人获得这一信息。除此之外，塔塔挑战商业竞赛（Tata Crucible Business Quiz）有助于在商学院学生及年轻的管理人才中宣传塔塔品牌，现在这一竞赛已经成为年度盛事，除了印度，还发展到新加坡和伦敦，吸引了越来越多的参与者。

与之相匹配的是塔塔茶叶（现已更名为塔塔全球饮料公司）的一则口号“Jaago Re！”，即“醒来吧！”的广告。塔塔茶叶不仅推出了一系列的公益广告敦促人们积极参与投票，还将“醒来吧！”运动扩展到抵制贪污腐败现象的潮流中，助力社会问题的解决。这些广告都传递出了“印度人，尤其是印度的年轻人，应该清醒起来去承担他们的社会责任”的信息。

（四）品牌维护——追求一致性

品牌在很大程度上是一种隐性知识。消费者知道品牌对于他们最有价值的地方是什么，但是他们很难用语言来描述品牌价值。相比于品牌价值而言，品牌名称和品牌标志则是显性的，并且能够激发出一系列基于品牌隐性知识的反应和决定。因此，在品牌管理过程中，品牌的维护必不可少。塔塔集团品牌的建立，第一步就是要规范品牌标志，对于特殊的品牌还要树立品牌个性，最后为了应对长远发展，还要制定严格有效的品牌使用规范和措施，以达到品牌使用的一致性。

拉坦·塔塔在2009年的一次采访中说：“（在品牌显性化之前）我们并没有自己的品牌，对于我们的品牌，我们自己就有15种或者20种解读，每家公司都可以随意使用塔塔品牌。”这一现象目前已经不复存在，现在塔塔集团有了统一的标志系统：在任何场合出现的TATA的字样均采用统一字体，著名的“蓝色椭圆”——抽象化的字母T镶嵌在蓝色椭圆里的图案——成为塔塔集团的品牌标志（见图5-7）。

图5-7　集团品牌标志

资料来源：http://www.tatachina.com.cn/。

另一个变化是使“塔塔”的名字本身更加可见。在品牌显性化之前，许多成员公司的名字都是TISCO（塔塔钢铁公司）、TELCO（塔塔工程机车有限公司）、TOMCO（Tata Oil Mills Company，塔塔榨油公司）这种形式，这使得塔塔集团自身品牌并不突出。于是塔塔钢铁有限公司（TISCO）更名为塔塔钢铁（Tata Steel），塔塔工程机车有限公司（TELCO）现在更名为塔塔汽车（Tata Motors）。这些新名字简短而能引起共鸣，最重要的是让“Tata”的字样在其旗下公司的名称中均能得到体现。

泰姬玛哈酒店是这次公司名称整改中唯一没有更改名字的塔塔企业。泰姬玛哈酒店于1903年由塔塔集团的创始人詹姆谢特吉·塔塔所建，在百年的发展历史中，她已经不仅仅是一家酒店，更是孟买人的精神寄托，是塔塔集团内部价值极高的资产。为了保持泰姬玛哈酒店的文化地位，塔塔集团在品牌显性化整改中选择保留“泰姬玛哈酒店”的独立品牌，树立品牌文化个性、保留集团历史韵味，是非常明智的选择。

为强化对品牌的掌控权，1998年，塔塔集团从法律上正式注册了“塔塔”品牌，同年开始，各子公司如要使用“塔塔”品牌，都需要与塔塔集团签署《品牌资产与商业促进协议》，还要同时启用“塔塔卓越商业计划”以提高公司绩效并激励创新。为准确掌握和追踪“塔塔”品牌的使用情况，《品牌资产与商业促进协议》还提出一年一次的集团内部跨公司评估，通过这一协议，塔塔集团完全掌握了“塔塔”品牌的使用。塔塔集团除了规定成员公司在何种条件下使用“塔塔”品牌和标志，还提供“一揽子”服务，一些与品牌直接相关，另一些与品牌并不直接相关，如公共关系、商标保护、集训培训、法律支持等在内的集团人力资源服务等。反过来，签署了该协议的企业每年向塔塔集团缴纳营业额的0.25%作为品牌使用费。下属公司上缴的品牌使用费被用于推广和保护“塔塔”品牌，并提供不同的支持服务，包括“塔塔卓越商业计划”的行政管理。

这套品牌使用规则是塔塔集团在品牌价值管理方面迈出的重要一步，这不仅使塔塔品牌更加显性化、更容易被标识，还可以通过子公司塑造新的、更高标准的品牌形象来更新消费者对“塔塔”品牌形象的认知。整个集团公司通过严格遵守品牌使用协议，更加严谨而又系统化，集团内部的品牌自豪感与凝聚力也随之上升。

现如今，在不同成员公司工作的塔塔人对“塔塔”品牌的理解基本一致。这样一来，就为塔塔带来了两种结果：第一，帮助集团内部各个公司统一一致，并强化了统一的价值理念；第二，帮助塔塔集团及其下属公司向外界传递出一个更加凝聚的“塔塔”品牌形象，也进一步影响利益相关者对“塔塔”品牌的认知。图5-8显示了品牌发展阶段，塔塔集团受到所处内外部环境影响而实行的品牌建设机制。

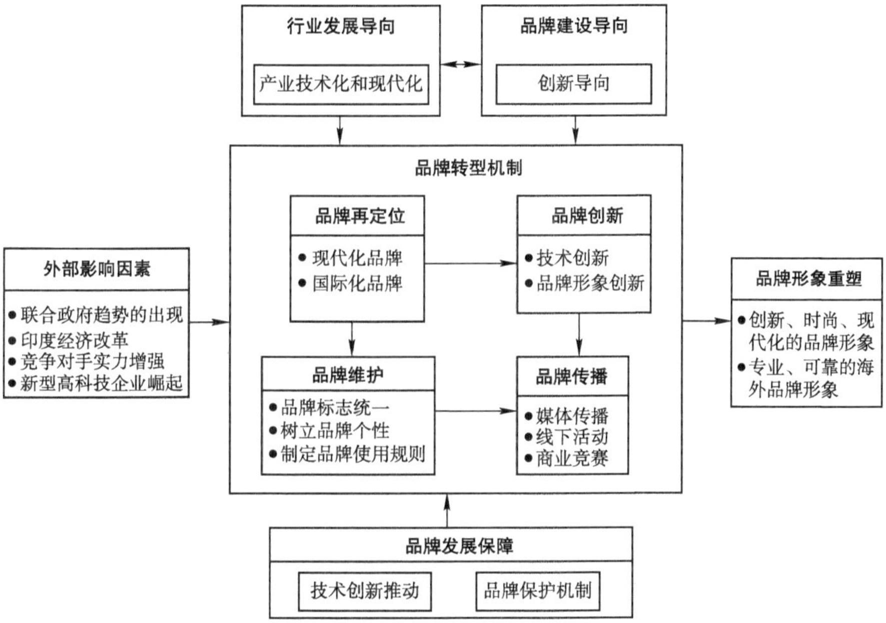

图 5-8　品牌发展阶段塔塔集团品牌建设机制

在这一阶段，印度经历了经济变革，而后国内的经济形势有了根本的改变：以自由化、市场化、全球化为导向的高科技企业以迅猛态势快速发展起来，整体工业的行业发展导向以产业技术化和现代化为主，传统企业也随着经济改革有了更新的面貌。

在品牌发展阶段，塔塔集团通过品牌资源整合，首先对品牌战略进行了重新设计，将企业发展向“现代化、国际化”的新经济方向指引。塔塔集团以此为指导进行了由技术创新与传播方式创新组成的品牌创新，采用贴近年轻人的线上、线下结合的品牌传播方式，再配以品牌标志设计与品牌使用权管理等维护措施，以此重塑品牌形象。这些措施使“塔塔”这一品牌所代表的价值理念更加清晰地传达出去，并被更多利益相关者所理解，树立了品牌的独特个性，丰富了品牌的价值内涵。

在技术创新与品牌保护体系的保障下，重塑后的塔塔集团成功转型为以创新为导向的现代化、多元化国际集团公司，在海外市场也树立了专业、科学、可靠的品牌形象，彻底摆脱了旧工业的禁锢，集团与品牌的发展体现出更大活力。

四、结语

从1868—2018年近150年的历史沿革中，塔塔集团从第一家“亚历山大纺织厂”到如今在世界六大洲100多个国家拥有超过100家运营公司的国际化集团，其品牌发展经验值得我们借鉴。

首先，从发展起点来看，塔塔集团以“印度民族工业领导者”作为最初的企业战略定位，前期的资本和企业声誉牢牢贴近印度人民，关注最基本的生计和国家建设问题，而资本和企业声誉又是孕育品牌最肥沃的土壤，在这种环境下萌发并发展起来的品牌在发展起点上就拥有先天优势。其次，从发展历程来看，塔塔集团在企业初具规模、成为印度工业品龙头时，及时把握时代与经济的发展，从重工业企业逐步向化妆品、饮料等消费品零售业和金融、咨询、软件外包等服务行业转变，随后又在汽车制造、软件设计等新兴领域不断突破创新。可见塔塔集团并未因初期具有的先天优势和政策扶持而将自己囿于第二产业的舒适圈内，反而在新领域、新技术上不断尝试、锐意进取，而后的成绩也表明消费品与服务业作为“后起之秀”为塔塔集团带来了不菲收入，更是丰富了塔塔品牌的内涵与价值。

值得强调的是，从品牌发展的整体来看，无论是在国内市场还是国际市场，无论是在第二产业还是第三产业，对于一个集团公司来讲，价值观的一贯性对品牌发展意义重大。塔塔集团严格遵循“全球范围内改善所服务社区的生活质量，并长期为其利益相关者创造价值”这一集团宗旨，扎根于印度并恪守传统价值观和良好的道德标准，在兼顾其股东、雇员和社会利益的同时，以客户为中心、创新、企业家精神、信誉和价值驱动来实现企业的长足发展。